Rainer Könecke

Stundenblätter
Goethes
„Die Leiden des jungen Werther"
und die Literatur
des Sturm und Drang

45 Seiten Beilage

Ernst Klett Verlag für Wissen und Bildung
Stuttgart · Dresden

Reihe: Stundenblätter Deutsch
Herausgeber dieses Heftes: Jürgen Wolff

Die vorliegende Unterrichtseinheit basiert auf folgenden Editionen-
heften:

Sturm und Drang. Lyrik, Texte und Materialien bearbeitet von
Friedrich Burkhardt, (Klettbuch 3525), Stuttgart 1979
(abgekürzt als: Editionen („Lyrik").

Aufklärung – Sturm und Drang. Kunst- und Dichtungstheorien, Texte
und Materialien bearbeitet von Wilhelm Große, (Klettbuch 35127),
Stuttgart 1981
(abgekürzt als: Editionen „Kunst- und Dichtungstheorien").

Johann Wolfgang von Goethe: Die Leiden des jungen Werther, Text
und Materialien bearbeitet von Doris Bonz, (Klettbuch 3519),
Stuttgart 1979

Eine ausführliche Übersicht darüber, welche Editionenhefte in welchen
Unterrichtsstunden eingesetzt werden, finden Sie in Kap. 5, S. 147

Gedruckt auf Recyclingpapier, hergestellt aus 100% Altpapier.

Die Deutsche Bibliothek – CIP-Einheitsaufnahme

Könecke, Rainer:
Stundenblätter Goethes „Die Leiden des jungen Werther"
und die Literatur des Sturm und Drang/Rainer Könecke. –
3. Aufl. – Stuttgart; Dresden: Klett, Verlag für Wissen und Bildung, 1993
   (Reihe: Stundenblätter Deutsch)
   ISBN 3-12-927329-8

3. Auflage 1993
Alle Rechte vorbehalten
Fotomechanische Wiedergabe nur mit Genehmigung des Verlags
© Ernst Klett Verlag für Wissen und Bildung GmbH, Stuttgart 1989
Satz: G. Müller, Heilbronn; W. Röck, Weinsberg
Druck: W. Röck, Weinsberg
Einbandgestaltung: Zembsch' Werkstatt, München
ISBN 3-12-927329-8

Inhalt

1 Epoche und Werk 7

1.1 Sturm und Drang/Empfindsamkeit 7
1.2 „Die Leiden des jungen Werther". 9

2 „Werther" als Schullektüre 12

2.1 Zur Frage der Lesemotivation 12
2.2 Ziele der Behandlung 14
2.3 Methodische Hinweise 15
2.4 Übersicht über Maximal- und Minimalprogramm 18

3 Kommentierte Auswahlbibliographie 19

4 Darstellung der Einzelstunden 24

1.–6. Stunde: „Sturm und Drang – Theorie und Poesie" (I–III)
Vorbemerkung 24
1./2. Stunde: „Sturm und Drang – Theorie und Poesie" (I) 25
3./4. Stunde: „Sturm und Drang – Theorie und Poesie" (II) 28
5./6. Stunde: „Sturm und Drang – Theorie und Poesie" (III) 30
7./8. Stunde: „Briefroman und Empfindsamkeit". 46
9./10. Stunde: „Zwei Briefe" 67
11./12. Stunde: „Freiheit und Regeln" 72
13. Stunde: „Kinder und Kindheit". 80
14.–17. Stunde: „Literatur in der Literatur – Werther als Leser" 85
18./19. Stunde: „Naturerfahrung und Naturdarstellung im ‚Werther'" 100
20./21. Stunde: „Selbstmord und Selbstverwirklichung" 107
22. Stunde: „Werther – Lotte – Albert" 118
23./24. Stunde: „Gesellschaftskritik im ‚Werther'" 123
25./26. Stunde: „Romanstruktur und Nebensachen und -figuren" 131
27. Stunde: „Die Gründe für Werthers Scheitern 138
28. Stunde: „Literatur und Leben. Die biographischen Hintergründe des
‚Werther'" (1. Zusatz: Referat) 138
29./30. Stunde: „Der ‚Werther'-Stoff in der Literatur" (2. Zusatz). 141
31. Stunde: „Produktive Auseinandersetzung mit dem ‚Werther'" (3. Zusatz). 145

5 Verwendete Texte aus Editionen-Heften 147

6 Leistungskontrollen 148

7 Literaturverzeichnis 160

Meiner Schwester
Ingrid

1 Epoche und Werk

1.1 Sturm und Drang / Empfindsamkeit

In den meisten neueren Gesamtdarstellungen zur deutschen Literaturgeschichte wird eingestanden, daß die Periodisierung und damit der Epochenbegriff problematisch geworden sind. Sowohl die exakte Trennung zwischen unterschiedlichen Stilepochen als auch die Zuordnung des Einzelwerks zu einer bestimmten Epoche bereiten mehr Schwierigkeiten, als oft angenommen wird: Überschneidungen, Einflüsse aus ausländischer Literatur, einander widersprechende Tendenzen, „Vorläufer" usw. schaffen ein so differenziertes Gesamtbild, daß der Begriff der Epoche darüber vielfach grob und unscharf erscheint. Noch willkürlicher und unbefriedigender geraten Bemühungen, einzelne Autoren bestimmten Epochen zuzuordnen – das beste Beispiel für die Unsinnigkeit solcher gewaltsamen Versuche einer Katalogisierung ist wohl Goethe.

Trotz dieser Einschränkungen und Bedenken gibt es im Bereich der Literaturwissenschaft und erst recht in der Schule kaum jemanden, der ernsthaft auf die traditionellen und vertrauten Epochenbegriffe als Orientierungsrahmen verzichten möchte, mögen auch über die jeweiligen Geltungsbereiche unterschiedliche Auffassungen bestehen. Relativ einheitlich wird die Phase des Sturm und Drang zeitlich eingegrenzt durch das Erscheinen von Herders „Fragmenten über die neuere deutsche Literatur" (1767) und Goethes erster Italienreise 1786 als Beginn der Klassik. Ob der Sturm und Drang als produktive Weiterentwicklung und als Vollendung der Aufklärung oder als Gegenbewegung, als scharfe Kritik an deren Vernunft- und Regelgläubigkeit gesehen werden muß, darüber gab es in der Forschung eine lange Debatte, in der sich die erstere Auffassung im ganzen als die schlüssigere erwiesen hat. Schwierig und im Einzelfall unmöglich ist eine genaue Abgrenzung des Sturm und Drang gegen die Empfindsamkeit, die ihre Quellen in der englischen Literatur (Sterne, Goldsmith, Richardson u. a.) und im deutschen Pietismus hat. Die Empfindsamkeit wird oft als eine dem Sturm und Drang vorausgehende Phase vorgestellt, manchmal als parallel verlaufende Bewegung behandelt und in einigen Literaturgeschichten gar nicht gesondert aufgenommen.

Die hier nur knapp angedeuteten Probleme einer Epochenbestimmung und -einteilung ergeben sich naturgemäß auch im Unterricht, wenn, wie in der Sekundarstufe II inzwischen wieder üblich, Literatur unter historischem Aspekt behandelt werden soll, um Kontinuität und Wandel sichtbar zu machen. Für die „Leiden des jungen Werther" erweist sich die Frage der Zuordnung als kompliziert, denn ungeachtet der Tatsache, daß der Jugendroman Goethes häufig zu Recht als authentischer Ausdruck der Tendenzen des Sturm und Drang herausgestellt worden ist, verweisen doch Kennzeichen wie etwa die Briefform und literarische Reminiszenzen (Klopstock, Goldsmith, Bibel) darauf, daß der „Werther" seine Wurzeln ebenso in der Empfindsamkeit hat. Beide Epochen, die mitunter gar nicht scharf zu trennen sind, müssen also Thema einer Unterrichtseinheit zum „Werther" sein, wobei sich die Chance ergibt, Bestrebungen und Tendenzen einer kurzen, aber für die deutsche Literaturgeschichte überaus wichtigen Periode differenziert und umfassend in den Blick zu bekommen.

Der Name „*Sturm und Drang*" verdankt sich dem gleichnamigen Drama von Friedrich Maximilian Klinger, das 1776 noch unter dem Titel „Der Wirrwarr" erschienen war. Die beiden Substantive können bereits als programmatisch-metaphorische Umschreibung wesentlicher Charakteristika dieser Epoche gelten: Ihre meist jugendlichen Vertreter setzten sich stürmisch für eine Abkehr von bisher gültigen Normen der künstlerischen und insbesondere der literarischen Tradition ein, die in der Aufklärung vor allem durch Johann Christoph Gottscheds „Versuch einer Critischen Dichtkunst vor die Deutschen" (1730) begründet worden war. Für Gottsched waren Vernunft und Moral die entscheidenden Kriterien für die Schaffung und Beurteilung von Poesie, die sich auf die Nachahmung der Natur zu beschränken hatte. Die Befolgung bestimmter Regeln wurde für unerläßlich erklärt, weshalb die aufklärerische Poetik auch als Regel- oder Musterpoetik bezeichnet wird.

Gegen die einseitige Betonung der Vernunft (Ratio) stellten die Vertreter des Sturm und Drang als Gegengewicht bzw. als Ergänzung die Aufwertung der Subjektivität, die sich in Gefühl und Leidenschaft äußert. Schwärmerei und Wahnsinn, Trieb und Sinnlichkeit sollten die engen, vom Verstand gezogenen Grenzen durchbrechen und ein neues Gefühl von Freiheit begründen; auf Grund dieser Tendenzen des Sturm und Drang wurde in polemisch gemeintem Sinn auch gelegentlich die Bezeichnung „Irrationalismus" für diese Bewegung gebraucht. Die Vokabeln „Herz" und „Seele", die ursprünglich dem pietistischen Sprachgebrauch entstammten, wurden nun zu Schlagwörtern einer Zeit, für die auch die Bezeichnung „*Empfindsamkeit*" verwendet wird – dieses Wort empfahl Lessing zur Übersetzung des englischen „sentimental" in Sternes Roman „Sentimental Journey" (1768), der großen Einfluß auf die deutsche Literatur hatte. Während aber mit „Empfindsamkeit" die beschauliche Sei-

te des Gefühlskultes jener Jahre angesprochen wird (Briefkultur, Tagebuch, Subjektivismus, Freundschaftskult usw.), kennzeichnet den Sturm und Drang das Element des Aufbegehrens, des Protests gegen vorgefundene soziale, politische und ästhetische Normen und Erstarrungen (Ständegesellschaft, Absolutismus, bürgerlicher und kirchlicher Dogmatismus u. a.). Der Anspruch auf Selbstverwirklichung und unbedingte Dignität der Subjektivität kristallisierte sich in dem zentralen Begriff des „Genies" oder „Originalgenies", der der Epoche gelegentlich auch den Namen „Geniezeitalter" gab. Das Genie, der unverwechselbare, einmalige „Kraftkerl", der nur aus sich selbst heraus originär und unnachahmlich schöpferisch tätig ist und dessen Vorbild der Titan Prometheus war, galt als das Ideal dieser Epoche: Der wahre Dichter mußte ein Genie sein!

Die jugendlichen Stürmer und Dränger verehrten als ihre Leitbilder vor allem Johann Gottfried Herder und Friedrich Gottlieb Klopstock. Herder hatte sich intensiv mit dem Volkslied beschäftigt, in dem er den Ausdruck von „Naturpoesie" sah. Er glaubte, daß dem sprachlichen Material dieser bis dahin nicht als Kunst betrachteten Gattung eine elementare Kraft, Unmittelbarkeit und Unverfälschtheit zugrunde lag, die einer von ihm angestrebten nationalen Literatur zur Grundlage dienen könnte. Insbesondere der junge Goethe, mit dem Herder in Straßburg zusammentraf, wurde durch Herder angeregt (Sesenheimer Lieder 1771). Er orientierte sich an den schlichten Formen des Liedes, die unmittelbar das Gefühl ansprechen sollten und die, obwohl formal genau kalkuliert und künstlerisch durchgestaltet, jeden Eindruck von Künstlichkeit ablegen sollten. Neben dem Lied zählte die Ballade infolge ihres volkstümlichen Ursprungs und Charakters zu den bevorzugten Gattungen der Lyrik des Sturm und Drang; hier sind vor allem die sozialkritischen oder politischen Balladen Goethes, Gottfried August Bürgers, Christian Friedrich Daniel Schubarts und Friedrich Schillers zu nennen. Daneben orientierten sich einzelne Dichter an Klopstock, der mit seinen Hymnen eine von der Regelpoetik gänzlich losgelöste Form des Erhabenen entwickelt hatte, die u. a. von Goethe („Prometheus", „Ganymed") und den Mitgliedern des Göttinger Hains (Hölty, Voss, Boie, die Brüder Stolberg u. a.) aufgegriffen wurde.

Schwerpunkt der Dichtung des Sturm und Drang war indes nicht die Lyrik, sondern das Drama; auf der Bühne konnte der Kraftkerl gleichsam persönlich in Erscheinung treten und sich darstellen. Wichtige Impulse für eine dramatische Kunsttheorie gab auch hier wiederum Herder, der die bis dahin übliche sklavische Befolgung der aristotelischen und in deren Nachfolge der klassizistischen französischen und der aufklärerischen Regeln kritisierte. Am Beispiel Shakespeares, der erst zu dieser Zeit wiederentdeckt wurde, zeigte Herder die Einbindung des Dramas in die nationalen und historischen Umstände auf und verwarf allgemeingültige Gesetze einer Dramenpoetik; Herder entwickelte somit im Bereich der Ästhetik ein Geschichtsbewußtsein. Sein Aufsatz „Shakespear" in der für die bewußt unsystematische Kunsttheorie des Sturm und Drang bedeutsamen Textsammlung „Von deutscher Art und Kunst. Einige fliegende [!] Blätter" (1773) ist bahnbrechend für das Sturm-und-Drang-Drama, als dessen Prototyp Goethes „Götz von Berlichingen" (1773) gelten kann. Hauptthemen der Dramatik der Epoche waren der Anspruch auf individuelle Freiheit und Selbstverwirklichung und die Kritik politischer und moralischer Mißstände. Weitere bedeutende Dramen des Sturm und Drang sind Goethes „Clavigo" (1774) und „Stella" (1776), Lenz' „Der Hofmeister" (1774) und „Die Soldaten" (1776) sowie Klingers „Der Wirrwarr" (1776), Wagners „Die Kindermörderin" (1776) und Schillers „Die Räuber" (1781). Als letztes Drama der Epoche wird meist Schillers „Kabale und Liebe" (1784) angesehen.

Insgesamt weniger wichtig für die Zeit des Sturm und Drang war die Prosadichtung; hier allerdings liegt mit den „Leiden des jungen Werther" ein Werk vor, das in vieler Hinsicht typische Merkmale und Tendenzen der Empfindsamkeit und des Sturm und Drang gleichermaßen spiegelt.

1.2 „Die Leiden des jungen Werther"

Johann Wolfgang Goethes „Die Leiden des jungen Werther" erschien zuerst anonym im Herbst 1774 in der Weygandschen Buchhandlung in Leipzig in einer zweibändigen, mit Vignetten von Adam Friedrich Oeser ausgestatteten Ausgabe. Goethe hatte nach eigenen Angaben nicht mehr als vier Wochen (Februar/März 1774) für die Fertigstellung benötigt; Anlaß des Schreibens war für ihn das Bemühen, durch eine Art „Generalbeichte" (Dichtung und Wahrheit; Editionen „Werther", S. 145) wieder zu sich selbst zu finden, indem er die Erfahrungen und Vorgänge der letzten Jahre verarbeitete. „Erleichtert und aufgeklärt fühlte" er sich hinterher, „die Wirklichkeit in Poesie verwandelt zu haben" (a.a.O., S. 146). Aufgrund der enthusiastischen Aufnahme seines Romans (Werther-Fieber, Selbstmorde in Werther-Manier usw.) sah sich Goethe schon für die zweite Auflage 1775 genötigt, dem „Werther" ein warnendes Motto („und folge mir nicht nach.") voranzustellen. Im Jahre 1787, während der Weimarer Zeit also, kam eine zweite Fassung des Romans heraus, in der einige Umänderungen und Erweiterungen vorgenommen wurden; obwohl diese Fassung nicht die authentische der Sturm-und-Drang-Periode ist, wird sie heute den meisten „Werther"-Ausgaben zugrunde gelegt.

„Die Leiden des jungen Werther" sind Goethes berühmtestes Werk geblieben und haben seinen Ruhm begründet. Der Roman ist ein Produkt aus Goethes „Geniezeit" und trägt zugleich deutliche Spuren der Empfindsamkeit. Mit dem Sturm und Drang war der junge Jurastudent 1770 in seiner Straßburger Zeit durch Johann Gottfried Herder bekanntgeworden, der ihm Ossian, Homer, Pindar und Shakespeare nahebrachte. Nach Ablegung des Doktorexamens ließ sich Goethe eine kurze Zeit in Frankfurt nieder, ging aber vor allem seinen schriftstellerischen Neigungen nach. Im Februar 1771 wurde er in Darmstadt in einen „Kreis von Empfindsamen" eingeführt, der sich insbesondere mit Klopstock beschäftigte und Goethe Anregungen für seine Hymnen gab. Auf Empfehlung des Vaters meldete sich Goethe im Mai 1772 am Reichskammergericht in Wetzlar, um ein juristisches Referendariat abzuleisten. Hier traf er u. a. mit Karl Wilhelm Jerusalem und Johann Georg Christian Kestner zusammen und lernte auch dessen Verlobte Charlotte Buff kennen, mit der er im Mai einen Ball in Volpertshausen besuchte.

Goethe, der wußte, daß er sich auf Lotte keine Hoffnungen machen durfte, empfand zärtliche Gefühle für die junge Frau und Freundschaft für Kestner; die drei verbrachten einen gemeinsamen Sommer, bis Goethe am 11. September 1772 überraschend und ohne Abschied aus Wetzlar abreiste.

Mitte September hielt sich Goethe in Ehrenbreitstein bei Sophie von La Roche auf, deren Briefroman „Das Fräulein von Sternheim" (1771) großen Anklang beim Publikum gefunden hatte. In die 16jährige Maximiliane („Maxe") von La Roche verguckte sich der junge Gast, ohne jedoch Lotte schon ganz vergessen zu haben. Auch nachdem Maxe im Januar 1774 mit dem mehr als 20 Jahre älteren Frankfurter Kaufmann Brentano verheiratet worden war, unterhielt Goethe Beziehungen zu der jungen Frau und wurde deshalb von dem eifersüchtigen Ehemann aus dem Hause gewiesen.

Bereits am 30. Oktober 1772, kurz nach Goethes Abreise aus Wetzlar, hatte sich Jerusalem mit einer von Kestner geliehenen Pistole erschossen; Goethe nahm starken Anteil am Schicksal des unglücklichen Gesandtschaftssekretärs und ließ sich von Kestner die genauen Umstände seines Todes mitteilen. Nach seiner peinlichen Ausweisung aus dem Hause Brentano hatte Goethe nun genügend Stoff, den lange geplanten „Werther" in kürzester Zeit niederzuschreiben. Später schrieb er: „Ich hatte mich durch diese Komposition, mehr als durch jede andere, aus einem stürmischen Elemente gerettet, (...)." (Dichtung und Wahrheit; Editionen „Werther", S. 145).

Goethe verfaßte in Anlehnung an Richardson, Rousseau, La Roche u. a. den „Werther" als Briefroman, wobei er im Unterschied zu diesen Vorbildern eine monologische Form verwandte, insofern er ausschließlich Werthers Briefe aufnahm. Im zweiten Band gegen Ende tritt an die Stelle der Briefe der Herausgeber als Berichterstatter, der Werthers Ende mitteilt und seine letzten Briefe kommentiert.

Werther ist ein junger bürgerlicher Intellektueller, der, um einer unangenehmen Beziehung zu einem Mädchen zu entfliehen und eine Erbschaftsangelegenheit zu regeln, im Mai 1771 aus der Stadt aufs Land zieht. Hier gibt er sich den als herrlich empfundenen Erscheinungen der Natur und der von ihm bevorzugten Literatur hin, um ein Glücksgefühl zu gewinnen, in dem die Utopie von einer allseitigen Harmonie mit dem All, seinen Mitmenschen und sich selbst aufscheint. Trotz der euphorischen Gestimmtheit einzelner Briefe klingt jedoch immer wieder die Skepsis gegenüber den eigenen Illusionen durch, denn Werther erkennt klar die überall vorhandene Begrenztheit der äußeren Verhältnisse, die ihn zunehmend bedrängen und mit denen er sich unmöglich abfinden kann. Schon früh faßt er deshalb die Möglichkeit des Selbstmordes ins Auge.

Als Werther die junge Amtmannstochter Lotte kennen und lieben lernt, scheint es für einen Augenblick, als ob sich sein Glücksverlangen erfüllen ließe und seine Sehnsucht befriedigt werden könnte. Da aber einerseits die eher bürgerliche Lotte trotz ihrer Sympathie für den jungen Verehrer ihre gesicherte Zukunft an der Seite des beamteten Albert nicht aufgibt, andererseits die Erfüllung seiner Sehnsucht Werther nur in neue Sehnsüchte treiben würde, sieht sich dieser auch im Bereich der Liebe enttäuscht. Er flieht aus der Nähe Lottes und Alberts und verlegt sich zunächst auf eine ihm im Grunde verhaßte Tätigkeit am Hofe. Infolge seiner Weigerung bzw. Unfähigkeit, sich den dort geltenden Vorschriften und Regeln zu fügen, und infolge einer demütigenden Ausweisung aus einer geschlossenen Adelsgesellschaft flieht Werther abermals. Schon bald zieht es ihn zu der inzwischen verheirateten Lotte zurück. Obwohl er weiß, daß seine Aussichten auf sie noch geringer sind als zuvor, versteigt er sich in eine sich verselbständigende und immer größer werdende Leidenschaft zu Lotte, aus der es schließlich kein Entrinnen mehr für ihn gibt. Um seinen Anspruch, keine Kompromisse einzugehen, aufrechtzuerhalten und um ein Leben zu beenden, das innerhalb der gegebenen Verhältnisse nicht sinnerfüllend sein und die subjektiven Bedürfnisse befriedigen kann, erschießt sich Werther (mit Alberts Pistole), womit er ein letztes Tabu durchbricht und zugleich seine Leiden beendet.

Wie in der Inhaltsangabe schon anzudeuten versucht wurde, werden im „Werther" mehrere Themen angeschlagen, die ein Licht auf eine in Aufbruchstimmung befindliche Epoche werfen: die Bedeutung von Regeln und Konventionen für das Zusammenleben der Menschen und die damit verbundenen Beeinträchtigungen der Freiheit und Selbstbestimmung; die Bedeutung der Literatur zur Bewältigung des Lebens und die Gefahren der Illusionen und Selbsttäuschungen; die Verklärung der Natur zu einem unverdorbenen, alternativen Raum, in dem die Einheit von Ich und Welt wiederhergestellt werden soll; die Liebe im Spannungsfeld zwischen permanenter Illusion und unbefriedigender Erfüllung; der Selbstmord als letzte Möglichkeit der Gewinnung von Freiheit durch Selbstzerstörung und Tabudurchbrechung.

Für die zeitgenössische Rezeption des „Werther" lassen sich grob drei Gruppen unterscheiden: Die jungen Stürmer und Dränger äußerten ihre Begeisterung ganz im Tone und im Stil der Zeit: Sie lasen den Roman mit Tränen in den Augen, identifizierten sich gar mit dem unglücklichen Helden und lobten seine Verfasser in den höchsten Tönen (Schubart, Heinse, Lenz, Bürger). Die Aufklärer wie Lessing, Lichtenberg, Nicolai usw. standen dem „Werther" eher distanziert bis ablehnend gegenüber; sie empfanden die Titelfigur als überspannt und übertrieben und vermißten eine klare moralische Verurteilung der Wertherschen Exentrik und seiner Kritik der Vernunft. In scharfer Form verdammt wurde der Roman durch die orthodoxen Kirchenvertreter, die (wie Götze und Ziegra) den „Werther" als Verspottung der Religion und den Schluß als frevelhafte Apologie des Suizids interpretierten, weshalb sie ein Verbot des Romans forderten; dem wurde in Leipzig bis ins Jahr 1825 entsprochen.

2 „Werther" als Schullektüre

2.1 Zur Frage der Lesemotivation

„Nach zwei Seiten schoß ich den Vogel in die Ecke. Leute, das konnte wirklich kein Schwein lesen. Beim besten Willen nicht."[1] So wie Edgar, der Held aus Plenzdorfs Roman „Die neuen Leiden des jungen W.", reagieren gewiß einige junge Leser auf die ersten Leseeindrücke zum „Werther". Die Behandlung dieses Romans im Unterricht galt deshalb viele Jahre lang als ausgesprochen problematisch. So schreibt z. B. Ulshöfer 1973: „Das Werk wird von den Schülern nach der Lektüre der ersten Seiten heute (!) in der Regel abgelehnt."[2] Ähnliches hatte derselbe Autor allerdings bereits 20 Jahre zuvor feststellen müssen: „Lesen wir heute (!) den ‚Werther' mit den Schülern, so finden sie ihn sentimental und unzeitgemäß."[3] Auch in den 60er Jahren beklagte sich ein Schulpraktiker: „Es gilt als schwierig, dem weitaus größeren Teil der heutigen Jugend Goethes ‚Werther' nahezubringen."[4] Als Grund für die Vorbehalte der Schüler dem „Werther" gegenüber wurden in der Regel die übersteigerte Gefühlsbetontheit des Helden sowie die damit zusammenhängende, als übertrieben und gekünstelt empfundene sprachliche Ausdrucksweise be-

nannt; Inhalt und Stil schienen weltfern und antiquiert und waren auch am Fach interessierten Schülern äußerst fremd. Diese Distanz war allerdings nicht nur Goethes Roman, sondern auch anderen älteren Werken des 19. und besonders des 18. Jahrhunderts gegenüber zu beobachten und von den Lehrern meist nur schwer zu überwinden.

Als die Lektüre von klassischer Literatur vor allem in den frühen 70er Jahren auf immer größere Motivationsprobleme stieß, wurde gelegentlich versucht, über einen Umweg das Interesse der Schüler zu wecken. Das einzelne Werk sollte nun nicht mehr (immanent) für sich betrachtet, sondern in einen größeren Zusammenhang gestellt werden. Aufgrund der spezifischen Umstände seiner Entstehung und Aufnahme beim Publikum bot sich für den „Werther" der rezeptionsästhetische Ansatz an (vgl. den Aufsatz von Stephan/Stephan 1975 sowie den Materialienband von K. Hotz 1974). Eine andere Möglichkeit, sich dem „Werther" zu nähern, bestand in der vorbereitenden Lektüre des Romans von Plenzdorf. Auf Grund der salopp-jugendlichen Sprache und der leicht erfaßbaren und zugänglichen Thematik wurden „Die neuen Leidens des jungen W." sehr positiv aufgenommen; viele Jugendliche vermochten in bestimmten Bereichen ihre Probleme in den ‚Leiden' Edgars wiederzuerkennen. Wie Edgar, der dann doch wieder zu dem „Vogel" greift und sich nach anfänglicher Distanzierung von „Old Werther" immer stärker mit diesem identifiziert, ihn sogar laufend für die eigene Lebenspraxis zitiert, bauten auch die Schüler ihre Vorbehalte gegenüber dem „Werther" und der Titelfigur allmählich ab bzw. waren auf die Lektüre von Goethes Roman eingestimmt und vielleicht sogar neugierig.

1 Ulrich Plenzdorf, Die neuen Leiden des jungen W., Frankfurt 1977, S. 36 (Suhrkamp, st 300)
2 Robert Ulshöfer, Gesellschaftskritische Literatur usw. In: Der Deutschunterricht (Jg. 25) Heft 2 (1973) S. 18
3 Robert Ulshöfer, Der Wandel des Menschenbildes in der Dichtung des 19. Jahrhunderts usw. In: Der Deutschunterricht (Jg. 3) Heft 6 (1951) S. 13
4 Reinhold Roche, Skizzen als Unterrichtshilfen. In: Der Deutschunterricht (Jg. 17) Heft 3 (1965) S. 106

Derartige didaktische Umwege und methodische Kniffe sind in aller Regel heutzutage nicht mehr erforderlich, um die Motivation der Schüler für „Die Leiden des jungen Werther" im Unterricht zu gewinnen. Abgesehen von gelegentlichen und auch verständlichen Einleseproblemen stellen sich dem Lehrer die genannten Schwierigkeiten nur noch selten, wofür m. E. mehrere Gründe angeführt werden können.

Wie ein Blick auf die Deutsch-Rahmenrichtlinien der meisten Länder zeigt, hat die Behandlung von Literatur im geschichtlichen Kontext in der Sekundarstufe II erheblich an Bedeutung gewonnen, wodurch die sogenannten „Klassiker" natürlich aufgewertet werden. Überhaupt scheinen diese vor dem Hintergrund eines neuen Bewußtseins von „Bildung" und Geschichtsbewußtseins einen weit besseren Ruf zu genießen als in den späten 60er und in den 70er Jahren, als die Literatur vor allem zum Transport politischer Botschaften für die Bewältigung aktueller Probleme benutzt wurde und nur so überhaupt ihren didaktischen Stellenwert behaupten konnte.

Daß im Zuge einer Renaissance der Klassiker der „Werther" eine besondere Bedeutung erlangt hat, liegt einmal daran, daß er zu Recht häufig als repräsentativ für die kurze, aber wichtige Epoche des Sturm und Drang angesehen wird. Wichtiger noch aber scheint mir, daß „Werther" eine Reihe von Themen beinhaltet, für die heutige Leser sehr sensibel geworden sind: Freiheitsbedürfnis angesichts ständig erfahrbarer Einschränkung, der Anspruch auf Selbstverwirklichung, das Verhältnis zur Natur, Verantwortung und Realitätsflucht usw. Ein weiterer und vielleicht der entscheidende Grund für die Wiederentdeckung des „Werther" mag die von vielen Menschen eingenommene veränderte Haltung zu Gefühlen und deren Äußerung sein: Gelegentlich wird von einer Bewegung der „neuen Innerlich-keit" gesprochen, die in gewisser Weise an die Epoche der Empfindsamkeit anknüpft. Werther nimmt sich, was heute kaum noch als „sentimental" und „weich" abgetan werden kann, ungeniert die Freiheit, offen seine Gefühle mitzuteilen. Diese Fähigkeit als Schwäche zu kritisieren, wie Engels es tat, als er von einem „schwärmerischen Tränensack" sprach (Editionen „Werther", S. 153), ist in unserer Zeit unangemessen; im Gegenteil: Innere Regungen und Bedürfnisse, auch Schwächen preiszugeben, gilt mehr denn je als Ausdruck von Offenheit, Ehrlichkeit, „Tiefgang" und Selbstbewußtsein, die das menschliche Miteinander humaner machen.

Die Aufwertung der Subjektivität schlägt sich auch in der Literatur nieder: Das Ich des Schreibenden hat, wie neuere Veröffentlichungen (verstärkt auch von Frauen) zeigen, einen hohen Stellenwert gewonnen (autobiographische Romane, Briefsammlungen, Bekenntnisschriften), weil die Bereiche der Subjektivität und der Kommunikation wie nie zuvor gefährdet erscheinen. Den Grund dafür kann man leicht in der zunehmenden Verunsicherung und Verängstigung des modernen Menschen angesichts einer von vielen Bereichen ausgehenden globalen Bedrohung der Menschheit ausmachen. Eine ähnlich bedrückende Verunsicherung und das Gefühl der Ohnmacht und des Ausgeliefert-Seins hatte viele Menschen auch im Zuge der Herausbildung der bürgerlichen Verkehrsformen ergriffen, was zu einer stärkeren Wendung des Individuums nach innen führte (Pietismus, Empfindsamkeit). Vor dem Hintergrund dieser – zugegebenermaßen etwas grob skizzierten – Parallelen wird m. E. verständlich, warum der „Werther" heute mit anderen Augen gelesen wird als noch vor mehreren Jahren. Durch den neuen Subjektivismus und seine Quellen hat der Roman an Aktualität gewonnen, und der Zugang zu ihm ist leichter geworden, was die Arbeit im Unterricht fruchtbarer werden läßt.

2.2 Ziele der Behandlung

Kaum eines der neueren Deutsch-Lehr- und Arbeitsbücher für die Sekundarstufe II verzichtet auf die Aufnahme von Textauszügen aus den „Leiden des jungen Werther", denen häufig einige Zeugnisse der Rezeptionsgeschichte beigegeben werden (vgl. Literaturverzeichnis: Unterrichtsmaterialien zum Thema). „Werther" ist unter vielen Fragestellungen von Interesse:

- literaturgeschichtlich (Bedeutung des Werks für Sturm und Drang und Empfindsamkeit),
- poetologisch (Besonderheit der Gattung, der Form und des Stils u. a.),
- rezeptionsästhetisch (auf welchen Erwartungshorizont trifft der Roman, welche Wirkung löst er aus?),
- soziologisch (Roman als Produkt und Abbildung von gesellschaftlichen Konflikten).

Die Frage nach der didaktischen Relevanz erübrigt sich, nicht aber die nach der Begründung im einzelnen.

„Werther" ist nicht nur ein bedeutendes Werk der Weltliteratur und der Erstlingsroman und größte Prosa-Erfolg des vielleicht bekanntesten deutschen Dichters; der Roman ist darüber hinaus ein zeitgeschichtliches Ereignis von hohem Rang, das in inhaltlicher und formaler Hinsicht neue Maßstäbe gesetzt hat. Die Form des Briefromans war zu Beginn der 70er Jahre des 18. Jahrhunderts zwar keineswegs neu, wurde durch Goethe aber in einer Weise radikalisiert, daß Konsequenzen für den Inhalt entstanden. Durch die monologischen Briefe wurde die Betonung der Subjektivität gleichsam auf die Spitze getrieben und für den Leser die Fiktion erzeugt, in das Innere des leidenden Ichs schauen zu können. Der Roman ist damit einmal ein eindrucksvolles Dokument der Epoche der Empfindsamkeit, ebenso

aber auch eines des Sturm und Drang, insofern Werther seinen Protest über die das Individuum (genauer: das Genie) beschränkenden Fesseln der äußeren Welt zum Ausdruck bringt. Die für den neuzeitlichen Menschen seit der Herausbildung der bürgerlichen Gesellschaft typische Erfahrung der Vereinzelung, der Ohnmacht und Einsamkeit wird im „Werther" gleichsam programmatisch gestaltet und – bis zu einem Grad, der von der historischen Situation und der jeweiligen Gestimmtheit des Lesers abhängt – nachvollziehbar gemacht. Als Roman eines sehr jungen Autors mit einem jungen Helden spricht „Werther" natürlich vor allem Jugendliche an. Identifikation und Distanz zugleich sollen das Verhältnis des Lesers zur Romanfigur bestimmen, und Ziel der Besprechung kann es sein, daß die Schüler über eine Auseinandersetzung mit Werther einen Schritt näher zu sich selbst gelangen. Literatur und Leben sind bei diesem Prozeß jedoch als zwei getrennte Bereiche durchaus auseinanderzuhalten; den Unterschied zwischen poetisch gestalteter und konkret gelebter Wirklichkeit, den Werther immer wieder aus den Augen verliert, gilt es im Literaturunterricht stets bewußt zu halten. Nur wenn dies gelingt, wird den Schülern verständlich, daß „Werther" ein Beispiel gibt für eine der bedeutsamsten Funktionen, die Literatur überhaupt hat: Kristallisation und Kompensation des Leidens am und im Leben zu sein. –

Die Ziele der einzelnen Stunden und Doppelstunden finden sich im Anschluß an die jeweiligen Kommentare zum Unterrichtsverlauf. Die groben Ziele der Unterrichtseinheit ergeben sich im wesentlichen aus den vorangestellten Überlegungen und bestehen darin, daß die Schüler

- wichtige Tendenzen, Ideen und Bestrebungen der literaturgeschichtlichen Epochen des Sturm und Drang und der Empfindsamkeit erarbeiten und kennen,

- Goethes Roman „Die Leiden des jungen Werther" als ein charakteristisches Zeugnis dieser Zeit kennenlernen und einordnen können,
- das poetische Werk als Ergebnis von zeitgeschichtlichen Verhältnissen, biographischem Hintergrund und individuellem Gestaltungswillen erkennen,
- genau lesen lernen und dabei
- erfahren, daß auch das scheinbar Nebensächliche in einem kunstvoll gestalteten Roman Aussagekraft besitzt,
- sich intensiv und über einen längeren Zeitraum hinweg unter verschiedenen Aspekten mit einem literarischen Werk auseinandersetzen,
- den Inhalt und die zentralen Themen der „Leiden des jungen Werther" in ihrem inneren Zusammenhang kennen,
- erfahren, daß erst die u. U. mühsame exakte Analyse Erkenntnisse und Einsichten über ein literarisches Werk und seine Epoche zutage fördert,
- die besonderen gestalterischen Elemente des „Werther" aufdecken und in einen Form-Inhalt-Zusammenhang stellen können,
- die Wirkung des Romans auf die Zeitgenossen kennenlernen und beurteilen,
- über die Auseinandersetzung mit einer Romanfigur sich mit sich selbst und anderen auseinandersetzen, dabei aber
- die Differenz von Poesie und Leben bewußt halten,
- erfahren, daß Schreiben (für Goethe, Werther, sich selbst?) Entlastung von einer als bedrückend empfundenen Realität bedeuten kann und darüber
- evtl. selbst schreibend kreativ werden.

2.3 Methodische Hinweise

Ziel der vorliegenden Unterrichtseinheit ist eine wechselseitige Erhellung von Werk und Epoche, den „Leiden des jungen Werther" und dem Sturm und Drang / der Empfindsamkeit. Die methodische Realisierung trägt dieser Absicht in zweierlei Weise Rechnung: Zunächst wird den Schülern in drei einführenden Doppelstunden ein erster Eindruck von wesentlichen Merkmalen der Literatur der Epoche vermittelt; im Hauptteil der Unterrichtseinheit erfolgt dann die ausführliche Besprechung des „Werther", in deren Rahmen immer wieder auf Charakteristika der Epoche abgehoben wird, so daß ein komplexes Verständnis vom Zusammenhang beider Bereiche gewonnen wird.

Auf die im Literaturunterricht sonst übliche Vorstellung des Autors vor Behandlung des Werkes wird hier bewußt verzichtet – die Verknüpfungen zwischen biographischen und poetischen Elementen werden erst später (vgl. 1. Zusatz und die dort vorgelegte Begründung) vorgestellt.

Vor Beginn der Interpretation des Romans muß dieser von den Schülern ganz gelesen worden sein; ein abschnittweises Vorgehen widerspricht in gewisser Weise der Romanstruktur, die als in sich geschlossene Einheit angelegt ist (trotz des gegenteiligen äußeren Eindrucks): Den „Werther" sollte man ‚in einem Zug' und darauf noch einmal gründlich durchlesen. Diese Empfehlung gibt der Lehrer den Schülern, verbunden mit dem Appell, evtl. sich einstellende Unlustgefühle nach Lektüre der ersten Seiten zu überwinden. Ein „Überfliegen" des Romans bzw. das „Diagonallesen" sollte unbedingt vermieden werden; ob der Lehrer, um dies zu verhindern, vorsorglich einen informellen Test ankündigt (vgl. Kapitel „Leistungskontrollen"), muß von Fall zu Fall entschieden werden. Natürlich kann trotz allem nicht erwartet werden, daß die Schüler alle für die zu behandelnden unterrichtlichen Schwerpunkte wichtigen Passagen nun parat haben; es wird deshalb immer wieder notwendig sein, daß einzelne Briefe und Textauszüge zu Hause oder auch in den Stunden nachgelesen werden.

Die Besprechung des „Werther" geht von einer thematischen Schwerpunktbildung aus, wobei die vorgeschlagene Reihenfolge der einzelnen Themen nicht abgeändert werden sollte, da diese inhaltlich aufeinander aufbauen. Daß es zu Überschneidungen kommt, bereits Bekanntes in anderen Zusammenhängen aufgegriffen wird, sollte dabei nicht als Nachteil gesehen werden: Die Schüler erhalten so Gelegenheit, ihre erworbenen Kenntnisse im Rahmen eines neuen Themas einzubringen, zu überprüfen und so zu weiterführenden und vertiefenden Einsichten über Werk und Epoche zu gelangen.

Die Darstellung der Doppel- und Einzelstunden ist jeweils in Sachanalyse und Kommentar zum Unterrichtsverlauf aufgeteilt. In der *Sachanalyse* finden sich Interpretationshilfen, die sich auf die inhaltliche Gestaltung des Unterrichts beziehen und z. T. auch darüber hinausgehen. Daß es sich dabei nur um erste Zugriffe und nicht um erschöpfende Analysen handeln kann, versteht sich schon im Hinblick auf den begrenzten Umfang dieses Bandes und der im Unterricht zur Verfügung stehenden Zeit von selbst. Sofern der Lehrer einzelne Themen, die ihm besonders wichtig erscheinen, eingehender als vorgeschlagen erörtern möchte, greift er zu den im Literaturverzeichnis angeführten „Einzeluntersuchungen".

Der *Kommentar zum Unterrichtsverlauf* enthält die genauen Beschreibungen und Begründungen zu den einzelnen Phasen, Zusätzen, Hausaufgaben usw. auf den Stundenblättern. Im Zusammenhang der inhaltlichdidaktischen und methodischen Kommentare kommt es zu gelegentlichen Wiederholungen aus der Sachanalyse, die sich nicht vermeiden ließen.

Die für die Doppel- und Einzelstunden vorgelegte Planung der Phasen geht von dem Idealfall aus, daß die gesamte Unterrichtszeit für die thematische Erarbeitung bereitsteht. Falls organisatorische kursinterne oder allgemeine schulische Belange diese Zeit beschränken, muß evtl. eine weitere Stunde eingeplant oder der Wegfall einzelner Unterrichtsabschnitte in Kauf genommen werden. Auf solche und ähnliche sich ergebende Störungen bzw. Abweichungen vom vorgesehenen Programm muß der Lehrer stets gefaßt sein; der Einsatz der Stundenblätter sollte also nicht starr, sondern flexibel gehandhabt werden. Es ist allerdings darauf zu achten, daß jede Stunde mit einer abgeschlossenen Phase endet und die neue Stunde nicht mit „Überhängen" beginnt („Wo waren wir noch mal steckengeblieben?"), die wenig motivierend wirken.

Über die vorgeschlagenen Zusätze innerhalb der Stunden sowie am Ende der Unterrichtseinheit hinaus können auf Wunsch der Schüler weitere Ergänzungen aufgenommen werden, sofern sich dies aus dem Unterrichtsverlauf heraus als sinnvoll darstellt. Die für einige Themen möglichen Alternativen und Exkurse sollte der Lehrer rechtzeitig in die Gesamtplanung einbeziehen bzw. ausschließen. So kann z. B. vermieden werden, daß ein geeignetes Klausurthema bereits im Unterricht besprochen wurde und nun nicht mehr gestellt werden kann.

In vielen Deutschkursen hat sich die kontinuierliche Anfertigung eines Stundenprotokolls (Ergebnisprotokolls) durch jeweils einen Schüler bewährt. Die gesammelten Protokolle (im Ordner in der Oberstufenbibliothek abgeheftet oder hektographiert an alle Kursteilnehmer ausgegeben) können bei der Vorbereitung auf Klausuren nützlich sein. Mit dem Verlesen und der Nachbesprechung des Protokolls zu Beginn einer Stunde sollte nicht zu viel Zeit verloren gehen, da es angesichts der Stoffülle sonst zu Engpässen kommt.

In der nachfolgenden Übersicht werden auf der Grundlage der ausgearbeiteten Stunden ein Maximal- sowie ein Minimalprogramm vorgestellt, die im Regelfall für einen Leistungs- bzw. für einen Grundkurs geeignet sind. Bei entsprechender Motivation der Schüler kann ein Grundkursprogramm selbstverständlich ausgeweitet werden, ebenso ist für Leistungskurse nicht das ganze Maximalprogramm verbindlich. Der Lehrer wird die ihm gebotenen Spielräume für die konkrete Planung und Durchführung voll ausschöpfen.

2.4 Übersicht über Maximal- und Minimalprogramm

Stunde Nr.	Maximalprogramm	Minimalprogramm	Stunde Nr.
1/2	Sturm und Drang – Theorie und Poesie (I)		1/2
3/4	Sturm und Drang – Theorie und Poesie (II)		3/4
5/6	Sturm und Drang – Theorie und Poesie (III)		5/6
7/8	Briefroman und Empfindsamkeit		7/8
9/10	Zwei Briefe		9/10
11/12	Freiheit und Regeln		11/12
13	Kinder und Kindheit	–	–/–
14/15	Literatur in der Literatur – Werther als Leser (I)		13/14
16/17	Literatur in der Literatur – Werther als Leser (II)	–	–/–
18/19	Naturerfahrung und Naturdarstellung im „Werther"		15/16
20/21	Selbstmord und Selbstverwirklichung		17/18
22	Werther – Lotte – Albert		19
23/24	Gesellschaftskritik im „Werther"		20/21
25/26	Romanstruktur und Neben- sachen und -figuren	–	–/–
27	Gründe für Werthers Scheitern	–	–/–
28	1. Zusatz: Literatur und Leben. Die biographischen Hintergründe des „Werther"	–	–/–
29/30	2. Zusatz: Der „Werther"-Stoff in der Literatur	–	–/–
31	3. Zusatz: Produktive Auseinandersetzung mit dem „Werther"	–	–/–

3 Kommentierte Auswahlbibliographie

Die vorliegende Literatur zu Goethe und auch zu „Werther" ist geradezu beängstigend unübersichtlich. Da sich ältere Darstellungen jedoch meist mehr für die Person Goethes als für sein Werk interessierten und von daher eine eingeengte und in literaturwissenschaftlicher Hinsicht weniger ergiebige Perspektive aufweisen, kann ein großer Teil der Sekundärliteratur beiseite gelegt werden. Neuere Untersuchungsergebnisse sind oft sehr speziell und liegen nur als Aufsatz vor. So beschränkt sich die nachfolgende Auswahl auf einige wenige umfassende, für die Vorbereitung des Unterrichts nützliche Werke zu Epoche und Werk.

Als Standardwerk zum Sturm und Drang kann nach wie vor die Darstellung *Der Sturm und Drang* von *Roy Pascal* gelten, das seit 1977 als Band 335 der Kröner Taschenausgaben in deutscher Übersetzung vorliegt. Pascal unternimmt den Versuch, „die wichtigsten Prinzipien [des Sturm und Drang, R. K.] aufzudecken, die den neuen Wertvorstellungen zugrunde liegen, ihre Entwicklung zu verfolgen in der Auseinandersetzung von Idee und Erfahrung, von Theorie und Praxis." (S. 5) Unter Kapitelüberschriften wie „Die Persönlichkeiten", „Der Sturm und Drang und die Stände", „Religion" und „Die schöpferische Persönlichkeit" stellt der Autor die wichtigsten Vertreter der Epoche sowie ihr Gedankengut in den jeweiligen thematischen Zusammenhang. Er arbeitet Gemeinsamkeiten und Unterschiede sowie Entwicklungen und Brüche dieser Bewegung heraus, indem er poetische Werke und andere Zeugnisse (Briefe, Tagebuchaufzeichnungen usw.) heranzieht. Obwohl gelegentlich auch soziale und politische Aspekte berührt werden, ist die Darstellung Pascals überwiegend geistesgeschichtlich ausgerichtet und kann insofern trotz der Materialfülle nicht vollständig überzeugen. –

Für eine erste Orientierung über Zeit, Autor und Werk eignet sich in hervorragender Weise der erste Band der Goethe-Biographie von *Karl Otto Conrady: Goethe. Leben und Werk. Erster Band: Hälfte des Lebens*, der 1982 erschien. Sehr einfühlsam, dabei aber ohne jeden germanistischen Schwulst, hat der Autor das Leben Goethes und die Entwicklung seines Werkes nachgezeichnet und sich erfolgreich darum bemüht, das jeweilige Zeitgefühl, den Literaturbetrieb, die Eigenart Goethes und die historischen und biographischen Umstände und Zufälligkeiten in einer Gesamtdarstellung zusammenzuführen, ohne sie jedoch zu vermengen. Zu diesem Zweck werden eine Vielzahl von Auszügen aus dem Werk, den Briefen und Goethes Autobiographie aufgenommen, die Conrady sachkundig interpretiert, indem er das jeweils Neuartige, Besondere prägnant und einfach verständlich herausstellt. Daß er dabei auf Fachterminologie und einen Anmerkungsapparat verzichtet, kommt der Lesbarkeit der Darstellung sehr zugute. Speziell für den Unterricht zum vorliegenden Thema eignen sich die Kapitel „Wertherzeit in Wetzlar" (insbesondere die Seiten 177–185) sowie „Frankfurter produktive Jahre" (hier vor allem die Seiten 193–226). –

Eine sehr gute Grundlage für das Verständnis vieler Details, Anspielungen und historischer Bezüge ist der außerordentlich umfangreiche *Anmerkungsapparat* zur Hamburger Goethe-Ausgabe (10. Auflage 1981), die *Erich Trunz* zusammengestellt hat. Der besondere Wert der Anmerkungen liegt darin, daß neben einführenden kurzen Erklärun-

gen und Einordnungen der Stichworte und Zitate immer wieder Querverweise zu anderen Stellen im Roman selbst sowie zu weiteren Werken und Briefen Goethes vorgenommen werden. Besonders aufschlußreich sind die Bezüge zur Literatur seiner Zeit und zu den Vorläufern, die im „Werther" eine Rolle spielen (Homer, Ossian, Klopstock, die Bibel u. a.). Hinzu kommen viele Angaben zu weiterführender Sekundärliteratur, die allerdings nicht mehr ganz auf dem neuesten Stand ist. Trunz beschränkt sich nicht darauf, die einzelnen Stichworte zu erklären, sondern er interpretiert ihre Bedeutung im Rahmen des Romans; Beispiel zum Brief vom 9. Mai: „,die Wallfahrt nach meiner Heimat'. Die Episode von Werthers Fahrt nach der Kleinstadt, in der er seine Kindheit verbrachte, bringt noch einmal einen Aufschub, bevor er zu Lotte fährt. Sie zeigt, daß er völlig seinen Stimmungen hingegeben ist und sich empfindsam treiben läßt. (Wörter wie ‚Wallfahrt' und ‚Pilgrim', aus der kirchlichen Sprache übernommen, waren Lieblingsausdrücke der Empfindsamkeit geworden)." (S. 585) Die Anmerkungen Trunz' stellen eine sinnvolle Ergänzung zu den im ganzen doch knapper gehaltenen Wort- und Sacherklärungen in den „Erläuterungen und Dokumenten" von Reclam dar. –
In seinem *Nachwort* versucht Trunz den „Werther" zunächst in den biographischen Zusammenhang zu stellen, indem er die geistesgeschichtlichen Positionen Goethes in den verschiedenen Phasen seines Lebens auf den Roman bezieht. Dabei löst er den „Werther" aus seiner Geschichtlichkeit heraus und versteht ihn als Ausdruck einer allgemein-menschlichen religiösen Problematik: „Eine Werthersche Sehnsucht – aber doch auch eine allgemein Goethesche (?), eine schlechthin menschliche." (S. 545) Ergiebiger als solche metaphysisch-nebulös gehaltenen Thesen sind dagegen die Angaben zum Aufbau und zur Form des Romans

(S. 551 ff.), zur Epoche der Empfindsamkeit (S. 558 ff.) sowie zur Rezeption und der Nachwirkung des „Werther" (S. 562 ff.). – Von großem Wert nicht nur für den Lehrer, sondern auch für die Schüler sind die in Reclams Universal-Bibliothek erschienenen *Erläuterungen und Dokumente* zu Goethes „Werther" (8113 [2], herausgegeben von *Kurt Rothmann*. Hier finden sich viele Hinweise, Dokumente und Texte (vereinzelt auch im Editionen-Heft aufgenommen), die das Verständnis des Romans sowohl im ersten Zugriff als auch bei vertiefender Bearbeitung erheblich erleichtern. Der erste Teil des schmalen Bändchens enthält „Wort- und Sacherklärungen", ähnlich denen von Trunz in der Hamburger Ausgabe, aber komprimierter und auf das Wesentliche beschränkt. Obwohl die Erläuterungen sich auf die Seitenzahlen der Reclam-Ausgabe des „Werther" beziehen, kann der Schüler, der die Klett-Editionen-Ausgabe benutzt, sich auf Grund der vorangestellten Briefdaten leicht zurechtfinden. Die gebotenen Erläuterungen enthalten nicht nur einfache Worterklärungen (etwa zu „Kringen" (15. Mai) oder zu „lüftig" (8. Julius)), sondern darüber hinaus häufig Ansätze zur Interpretation und Querverweise, so z. B. zu „,daß es würde der Spiegel deiner Seele, wie deine Seele ist der Spiegel': rhythmisch bedingte Wortstellung, die wegen ihres unmittelbaren Gefühlsausdrucks in Werthers Sprachgebrauch über der grammatisch-logischen Form rangiert. Vgl. Werthers Streit mit dem Gesandten um die ‚Inversionen' 24. 12. 71" (Anmerkung zum Brief vom 10. Mai). Im zweiten Teil werden „Entwürfe, Varianten, Paralipomena" abgedruckt, u. a. die in der zweiten Ausgabe des Romans von 1775 gestrichenen, umgestellten, geänderten und hinzugefügten Passagen (insgesamt ausführlicher als die „Gegenüberstellung der ersten und der zweiten Fassung" im Editionen-Heft [S. 136–142]). Die „historisch-biographischen Grundlagen" werden im dritten Teil als Montage von Quellen

(Briefen, Auszügen aus „Dichtung und Wahrheit" u. a.) und kürzeren verbindenden Erläuterungen belegt, während der vierte Teil „Dokumente zur Entstehungsgeschichte" (Briefe Kestners u. a.) aufweist. „Dokumente zur Wirkungsgeschichte", vor allem die Reaktionen der Beteiligten, der Rezensenten und der Nachahmer (Wertheriaden) enthält der fünfte Teil; im letzten schließlich finden sich „Texte zur Diskussion", u. a. von G. Storz, M. Walser, G. Lukács, H. Schöffer und A. Camus. Das preiswerte Bändchen, dessen Anschaffung sich schon wegen des ersten Teils unbedingt lohnt, ist angereichert mit Facsimiles, Scherenschnitten und zeitgenössischen Drucken zu „Werther", Goethe, Wetzlar usw. Vor allem diejenigen Lehrer, die zu bestimmten Themen mit den Materialien im Editionen-Heft nicht auskommen bzw. Ergänzungen benötigen, sollten zu den „Erläuterungen und Dokumenten" greifen. –

Im Zuge des Umbruchs der Germanistik Ende der 60er Jahre gab der Berliner Literaturwissenschaftler *Klaus R. Scherpe* sein Buch *Werther und Wertherwirkung. Zum Syndrom bürgerlicher Gesellschaftsordnung im 18. Jahrhundert* heraus. Wie der Untertitel schon vermuten läßt, verfolgt Scherpe einen konsequent materialistischen Ansatz, den er gegen die bis dahin vorherrschenden ideengeschichtlichen Interpretationen (Trunz u. a.) setzt. Anstatt von der inneren Verfassung des Briefschreibers Werther auszugehen, stellt Scherpe im Sinne des Marxschen Basis-Überbau-Modells zunächst die historische und ökonomische Situation der bürgerlichen Gesellschaft des 18. Jahrhunderts in Deutschland vor und leitet daraus wesentliche Merkmale der bürgerlichen Moral ab. Vor diesem Hintergrund untersucht er dann die Frage, weshalb der „Werther" die Erwartung eines bürgerlichen Publikums durchbrechen und eine so nachhaltig heftige Wirkung auslösen konnte bzw. mußte. Er widerlegt die nach seiner Meinung falsche

Alternative „Seelenroman oder gesellschaftskritischer Roman" (S. 14), indem er die gesellschaftlichen Verhältnisse als grundlegend für die psychische Disposition und das Handeln des Individuums erklärt. Im zweiten Kapitel („Verweigerung") zeigt Scherpe den Hauptgrund für die Bedrohung auf, die von dem Roman für die Gültigkeit bürgerlicher Wertvorstellungen ausging: Werthers Anspruch auf umfassende individuelle Freiheit kollidiert mit der gesellschaftlichen Forderung an den einzelnen, sich in die bestehenden Prinzipien bürgerlicher Erwerbstätigkeit einzufügen und ein nützliches Glied der Gesellschaft zu werden. In diesem Zusammenhang wird die Reaktion der „Werther"-Rezensenten auf die im Roman vorgeführte Verletzung der Regeln von Kunst, Wissenschaft und Lebensführung folgendermaßen eingeordnet:

Die regelfromme Kunstübung entsprach dem Ordnungsdenken der bürgerlichen Sozietät. Sie hat, mit Werther zu sprechen, dem artigen Bürger, der im praktischen Leben „unter der Bürde seinen Weg fortkeicht", „sein Gärtchen zum Paradiese zuzustutzen." (S. 46)

Als vergebliches Bemühen um „Selbstverwirklichung" (3. Kapitel) im Anschluß an den vollzogenen Bruch mit der Gesellschaft erläutert Scherpe Werthers Flucht in die Natur, in die Liebe und in den Selbstmord. „Der zwanghafte Ablauf des Geschehens ist der Reflex der Zwangssituation, in die die bürgerliche Gesellschaft das Individuum drängt." (S. 71) Die „Diffamierung und Unterdrückung" des Romans (4. Kapitel) erklärt Scherpe mit der Sprengkraft, die von ihm ausging: „Schuld an Werthers Leiden waren nicht zuletzt die bürgerlichen Verhältnisse. Wer dies erkannt hatte, mußte um so heftiger an den Fesseln der bürgerlichen Ordnung rütteln, um den Werther im eigenen Busen zu rächen." (S. 73) Den Streit um „Die Leiden des jungen Werther" deutet Scherpe somit als Streit um „die Prinzipien bürgerlicher Lebensordnung schlechthin." (S. 75) Im letzten Kapitel („Rebellion des Herzens") faßt der Verfasser die Ergebnisse seiner Untersuchung folgendermaßen zusammen:

Der „Fall Werther" entlarvt die bürgerliche Gesellschaft in ihrer Unfähigkeit, sich selbst Ziele zu setzen, die über die Selbstgenügsamkeit privater Glückseligkeit, den Selbstzweck williger Pflichterfüllung und den leidenden Gehorsam gegenüber den politischen Mächten hinausgehen. (S. 87)
Mit dem subjektiv motivierten Rückzug aus der bürgerlichen Gesellschaft gewinnt der Mensch allein die Freiheit der Selbstzerstörung. Verkündet der ‚Werther' eine ‚Lehre', so allein die, daß persönliche Freiheit nicht ohne soziale und politische Freiheit zu verwirklichen ist. (S. 91)

Scherpe weist nach, daß auch die „Werther"-Verehrer den wahren Kern des Romans verfehlen, da sie seine gesellschaftskritische Dimension nicht realisieren: „Die Identifikation mit Werthers Leiden bleibt unverbindlich, solange sie sich (...) in frommen Tränen und Andachtsstimmung erschöpft." (S. 96) Er zeigt auf, wie der „Werther" durch eine entsprechend gesteuerte Rezeption allmählich entschärft wurde, am Ende sogar durch Goethe selbst (vgl. Gespräche mit Eckermann, in: Editionen „Werther" S. 147). Dazu Scherpe:

Die Deutung, die Goethe dem Phänomen Werther nachträglich zuteil werden läßt, verwandelt die Rebellion des Individuums gegen die bürgerliche Lebenspraxis im absolutistischen Staat in ein Allerweltsgefühl jugendlichen Unbehagens. In dieser Dimension wurde der „Werther" von der Nachwelt sanktioniert. (S. 107)

Aufgrund seines materialistischen Ansatzes fördert Scherpe Zusammenhänge zwischen den sozioökonomischen Verhältnissen sowie den geistigen und psychischen Reaktionen Werthers zutage, die zuvor unbeachtet geblieben waren. Werthers Verhalten wird dabei jedoch als fast notwendiges hergeleitet, so daß die Besonderheit dieser Figur, der subjektive Faktor, kaum in den Blick gerät.

Weil Scherpe die Frage nach der individuellen Verantwortung nicht stellt und die sozialen Verhältnisse als prädestinierend hinstellt, entfällt eine kritische Auseinandersetzung mit der Figur Werthers. Da er der bürgerlichen Gesellschaft alle Verantwortung für die Leiden Werthers aufbürdet, fällt Scherpes Interpretation insgesamt doch etwas einseitig aus. –

Als radikale Abrechnung mit allen vorliegenden Interpretationen zum „Werther" versteht *Reinhard Assling* seine Dissertation *Werthers Leiden. Die ästhetische Rebellion der Innerlichkeit*, 1981 in der Reihe der Europäischen Hochschulschriften erschienen. Dabei will er nicht einen neuen „Ansatz" o. ä. entwickeln, sondern eine umfassende Bestimmung des Phänomens der Innerlichkeit an Hand des „Werther" vornehmen. Seine Arbeit soll ein „Beitrag zur Phänomenologie bürgerlicher Erfahrung" (S. 1) sein. Zu Beginn kritisiert er in einer an Hegel geschulten und gelegentlich etwas spitzfindigen Weise vorliegende Interpretationsansätze (ideengeschichtlich, widerspiegelungstheoretisch, soziologisch, positivistisch) und legt deren gedankliche Schwächen bloß (Tautologien, Zirkelhaftigkeit, Verkürzung u. a.). Auf der Grundlage einer ausführlichen Herleitung wesentlicher Merkmale der bürgerlichen Gesellschaft, bei der er sich an Marx orientiert, bestimmt Assling die „Konstitution bürgerlicher Innerlichkeit" (S 18). Werthers Leiden werden dabei immer wieder konsequent aus den in der kapitalistischen Warengesellschaft vorherrschenden praktischen und ideologischen Bedingungen (Egoismus, Konkurrenz, Vereinzelung, Instrumentalismus, Abstraktion, Entfremdung usw.) begründet. Werthers Innerlichkeit wird gesehen als Reflex auf erfahrene Entfremdungen, als Versuch, sich selbst zu finden und gleichzeitig in einen Raum der Illusionen zu verlieren („auf bewußte Selbsttäuschung gebaute Identität" (S. 135)). Die Bedeutung der durch Werther ästhetisierten Natur sowie sein problematisches Verhältnis zur Literatur arbeitet der Verfasser sehr scharfsinnig heraus, ebenso wird Werthers Beziehung zu Lotte, der Widerspruch zwischen sinnlichem Begehren und abstrakter Sehnsucht, einsichtig dargestellt. Als zentrales Element seiner Bestimmung der Wertherschen Subjektivität zieht Assling die Hegelsche Kategorie des „unglücklichen Bewußtseins" heran; Hegel meinte damit die Gespaltenheit des Ichs in die Einsicht und deren gleichzeitige Verdrängung durch Hingabe an Illusionen:

Das Bewußtsein ist unglücklich über seine Trennung von der Wirklichkeit und den Widerspruch in sich. Es ist unfähig zur Tat, zur praktischen Aufhebung der Gespaltenheit durch Veränderung der Wirklichkeit und sich selbst. Es leidet unter seiner Abgetrenntheit und Einzelheit, die es zugleich gegen die Armseligkeit der Welt hochhält. Einerseits erscheint es sich selbst als das Wesen, andererseits erscheint ihm die äußere Realität als das Wesen und es selbst als das Unwesentliche und Partikulare. Es sucht diesen Widerspruch für sich in der Phantasie zu lösen, wo die Einheit von Ich und Welt als wirklich vorgestellt wird. Aber seine Einheit ist für das Bewußtsein bloße Sehnsucht, weil es zugleich um die reale Entzweiung weiß. (S. 133)

(Der hier vorgetragene Zusammenhang wird in dieser Unterrichtseinheit vor allem im Kapitel „Kinder und Kindheit" thematisiert.) Werthers Tod interpretiert Assling als Folge einer Desillusionierung, als Einsicht Werthers in die Unmöglichkeit, die bewußte Selbsttäuschung dauerhaft auszuhalten. Die gespaltene Identität läßt sich nur noch durch deren Zerstörung aufheben. – Neben dieser rein inhaltlichen Bestimmung des Roman-Gehaltes bezieht der Verfasser auch immer wieder die Brief-Roman-Form der „Leiden des jungen Werther" in seine Darstellung ein, die auch dem mit dem Roman vertrauten Lehrer viele neue Anregungen bietet.

4 Darstellung der Einzelstunden

1.–6. Stunde:
„Sturm und Drang – Theorie und Poesie" (I – III)

Vorbemerkung

Da eine knappe Einführung in Sturm und Drang sowie Empfindsamkeit bereits im ersten Kapitel vorliegt, erübrigt sich an dieser Stelle eine Sachanalyse zu Theorie und Poesie der Epochen. – Ziel der drei Doppelstunden zum Thema „Sturm und Drang" ist es, die Schüler mit den wichtigsten Tendenzen der Epoche, die auch für „Die Leiden des jungen Werther" charakteristisch sind, vertraut zu machen. Das Thema „Empfindsamkeit" wird in der darauffolgenden Doppelstunde nachgeholt, in der es vor allem um die Bedeutung des Briefromans geht.

Das gewählte Verfahren einer Bearbeitung kürzerer poetischer und theoretischer Texte im Unterricht scheint auf den ersten Blick eklektisch und verwirrend, folgt aber der inneren Logik des Gegenstandes: Eine in sich geschlossene Theorie des Sturm und Drang liegt bekanntlich nicht vor, da sich die Vertreter dieser Richtung gerade von der systematischen Poetik der Aufklärung absetzen wollten. Bewußt provokativ nennt Herder seine programmatische Schrift von 1767 „Fragmente über die neuere deutsche Literatur", um den unabgeschlossenen Charakter seiner Überlegungen zu unterstreichen, und der Untertitel zu der bereits erwähnten Aufsatzsammlung „Von deutscher Art und Kunst", „Einige fliegende Blätter", ist durchaus als Polemik gegen die Bücher-Gelehrsamkeit aufklärerischer Poetiken zu verstehen. So scheint es erlaubt, die einzelnen Merkmale der Literatur der Epoche an kürzeren Texten exemplarisch aufzuzeigen. Daß die verschiedenen Tendenzen des Sturm und Drang gelegentlich innere Zusammenhänge aufweisen, wird durch die gewählte Abfolge der Unterrichtsphasen sowie der dazugehörigen Texte berücksichtigt. Die Übergänge zwischen den Phasen markieren häufig eine thematische bzw. programmatische Verknüpfung der vorgelegten Texte untereinander, wodurch allmählich ein Gesamteindruck entstehen soll, in den sich die Behandlung des „Werther" organisch einfügt.

Den Schwerpunkt der Einführung in die Epoche bildet die Lyrik; Dramen werden aus naheliegenden Gründen nur auszugsweise vorgestellt. Die Epik ist im Hauptteil der Unterrichtseinheit durch „Die Leiden des jungen Werther" vertreten. Selbstverständlich weisen die drei Doppelstunden zur Epoche eine enge Verbindung zur Behandlung des Romans auf: Auf die meisten Themen (z. B. Regelkritik, Naturenthusiasmus, Genieverständnis, Gesellschaftskritik, Volkstümlichkeit) werden die Schüler auch im „Werther" stoßen, wodurch das Ziel einer gegenseitigen Erhellung von Epoche und Werk befördert wird.

24

1./2. Stunde:
„Sturm und Drang – Theorie und Poesie" (I)

Unterrichtsverlauf

Vorphase:
Problemaufriß: Der Begriff des „Schönen"

Da der Begriff der literarischen Epoche untrennbar mit den jeweils geltenden Vorstellungen vom Begriff des Schönen im weitesten Sinne verknüpft ist, soll in der Einführung dieser Doppelstunde das Vorverständnis der Schüler hierzu angesprochen und problematisiert werden. Entsprechend der nachfolgenden Textauswahl wird nach den Kriterien für ein „schönes Gedicht" gefragt. Daß diese Fragestellung weniger banal ist, als es zunächst den Anschein hat, wird die Diskussion zeigen – was unter „schön" verstanden wird, hängt stark von der subjektiven Einstellung sowie von zeitlichen Gegebenheiten ab. Der Lehrer hält die Ergebnisse an der Tafel fest, da auf sie im letzten Teil der Phase 1 (Unterrichtsgespräch) zurückgegriffen werden soll.

Phase 1:
Vergleich zweier Gedichte aus Aufklärung und Sturm und Drang

Eingestimmt durch die Problematisierung in der Vorphase, erproben die Schüler ihre Vorstellungen von einem schönen Gedicht an zwei Texten mit ähnlicher Thematik aus unterschiedlichen Epochen: „Kirschblüte bei der Nacht" von Brockes (Textbogen, s. S. 27) und „Ganymed" von Goethe (Editionen „Lyrik", S. 97). Die relativ fein differenzierte Aufgabenstellung dazu soll die Ergebnissicherung vor allem im Hinblick auf den angestrebten Vergleich beider Gedichte erleichtern. – Der Lehrer hat den Partnergruppen für die Analyse genügend Zeit ein-

zuräumen, damit die Schüler sich mit der nötigen Muße auf die ihnen u. U. recht fremd erscheinenden Texte einlassen können. Bei der nachfolgenden Besprechung werden insbesondere die inhaltlichen und formalen Gegensätze festgehalten, ohne daß bereits jetzt eine Zuordnung zu den Epochen „Aufklärung" und „Sturm und Drang" vorgenommen wird. Abschließend äußern sich die Schüler zu den Fragen, welches Gedicht ihnen a) moderner erscheint und b) besser gefällt. Die in der Vorphase vorgetragenen Ansichten werden dabei anhand der konkreten Beispiele noch einmal überprüft und bestätigt bzw. relativiert. Um aber über das Stadium rein subjektiver Meinungen hinauszugelangen, stellt sich nun die Notwendigkeit einer theoretischen Vertiefung, die in Phase 2 erfolgt.

Phase 2:
Grundlagen aufklärerischer Poetik

Für die Lektüre des Auszugs aus Gottscheds „Versuch einer Critischen Dichtkunst vor die Deutschen" (Editionen „Kunst- und Dichtungstheorien", S. 16–24; von den Schülern nur bis S. 18, Zeile 33 zu lesen) wird eine Stillarbeitsphase eingelegt; anschließend wird mit Hilfe der Tafel die gemeinsame Auswertung vorgenommen, die sich eng an den Formulierungen Gottscheds orientieren sollte. Die Zusammenfassung (siehe Stundenblatt) wird ebenfalls an der Tafel festgehalten, ehe der Lehrer weitere Informationen zum Thema „Aufklärung" vorträgt. Bei den Vorschlägen für entsprechende Stichworte (siehe Stundenblatt) wurde bewußt auf Namen und spezielle theoretische Ansätze (Kant, Lessing, Wieland, Lichtenberg usw.) verzichtet, da es in diesem unterrichtlichen Zusammenhang nur um generelle Tendenzen gehen kann, gegen die die Epoche des Sturm und Drang abgegrenzt werden soll. Auf bestimmte Schlüsselbegriffe wie „Nachahmung", „Prinzip der

Wahrscheinlichkeit" u. a. sollte der Lehrer dagegen etwas näher eingehen.

Auf der Grundlage des Gottsched-Textes sowie des Lehrervortrags werden die Schüler nun unschwer in der Lage sein, anhand konkreter Merkmale das Gedicht von Brockes als Text der Aufklärung zu bestimmen. –

Für leistungsstarke Kurse mag der stoffliche Umfang dieser Doppelstunde möglicherweise etwas schmal ausgefallen sein; in diesem Falle kann der Lehrer die Schüler bereits mit der Anfertigung der *Hausaufgabe* beauftragen, die nach Möglichkeit schriftlich ausformuliert werden soll.

Stundenziele zur 1./2. Stunde

Die Schüler sollen

– den Begriff des „Schönen" problematisieren,

– zwei Gedichte aus unterschiedlichen Epochen nach inhaltlichen und formalen Gesichtspunkten analysieren und vergleichen können,

– mit wesentlichen Merkmalen der Epoche der Aufklärung bekannt gemacht werden,

– sich an Hand eines Auszuges aus Gottscheds „Critischer Dichtkunst" wesentliche Kriterien aufklärerischer Poetik erarbeiten.

Kirschblüte bei der Nacht

Ich sahe mit betrachtendem Gemüte
Jüngst einen Kirschbaum, welcher blühte,
In kühler Nacht beim Mondenschein;
Ich glaubt', es könne nichts von größrer Weiße sein.
5 Es schien, ob wär ein Schnee gefallen.
Ein jeder, auch der kleinste Ast
Trug gleichsam eine rechte Last
Von zierlich-weißen runden Ballen.
Es ist kein Schwan so weiß, da nämlich jedes Blatt,
10 Indem daselbst des Mondes sanftes Licht
Selbst durch die zarten Blätter bricht,
Sogar den Schatten weiß und sonder Schwärze hat.
Unmöglich, dacht ich, kann auf Erden
Was Weißers angetroffen werden.
15 Indem ich nun bald hin, bald her
Im Schatten dieses Baumes gehe,
Sah ich von ungefähr
Durch alle Blumen in die Höhe
Und ward noch einen weißern Schein,
20 Der tausendmal so weiß, der tausendmal so klar,
Fast halb darob erstaunt, gewahr.
Der Blüte Schnee schien schwarz zu sein
Bei diesem weißen Glanz. Es fiel mir ins Gesicht
Von einem hellen Stern ein weißes Licht,
25 Das mir recht in die Seele strahlte.

Wie sehr ich mich am Irdischen ergetze,
Dacht ich, hat Er dennoch weit größre Schätze.
Die größte Schönheit dieser Erden
Kann mit der himmlischen doch nicht verglichen werden.

Barthold Heinrich Brockes
(1680–1747)

Das vorliegende Gedicht ist Teil eines Gedichtzyklus, der zwischen 1721 und 1748 in neun Bänden erschien: „Irdisches Vergnügen in Gott bestehend in verschiedenen aus der Natur und Sitten-Lehre hergenommenen Gedichten".

B. H. Brockes: Irdisches Vergnügen in Gott, 2. Teil, (Hg.) J. G. Hamann, Hamburg ²1730 (Kißner). In: Das Buch der Gedichte. Deutsche Lyrik von den Anfängen bis zur Gegenwart, (Hg.) Karl Otto Conrady, Frankfurt/M. 1987, S. 113 (Hirschgraben)

3./4. Stunde:
„Sturm und Drang – Theorie und Poesie" (II)

Unterrichtsverlauf

Vorphase:
Herders Auffassung von Dichtung und Wirklichkeit

Die Auswertung der schriftlichen Hausaufgabe leitet die zweite Doppelstunde zur Epoche ein. Dabei dienen die ersten beiden Aufgaben der texterschließenden Reproduktion des Auszugs aus Herders „Fragmenten über die neuere deutsche Literatur", während die dritte Aufgabe die Unterschiede zwischen den Auffassungen Herders und Gottscheds herausstellen soll. Die vierte Aufgabe schließlich führt zur Hymne „Ganymed" (erste Doppelstunde, Phase 1) zurück und läßt deutlich werden, daß sich der junge Goethe von den Gedanken Herders leiten ließ, als er versuchte, die Einheit von Empfindung und Ausdruck im Erlebnis der Gotterfahrung dichterisch zu bewältigen. – Auf die Begegnung Goethes mit Herder 1771 in Straßburg weist der Lehrer in diesem Zusammenhang ergänzend hin.

Phase 1:
Der Genie-Begriff im Sturm und Drang (nach Lavater)

Nachdem über die Vorphase der Einstieg in die Thematik des Sturm und Drang erfolgt ist, wird nun der für die Bewegung wichtige Schlüsselbegriff „Genie" näher betrachtet. Der Text von Lavater (Editionen „Kunst- und Dichtungstheorien", S. 74–77, Z. 9) eignet sich hierzu besonders gut, da in ihm die von Herder geforderte Einheit von Inhalt/Empfindung und sprachlichem Ausdruck angestrebt wird. Dieser Zusammenhang soll im Anschluß an die Paraphrase

wichtiger Textaussagen zum „Genie"begriff (Teil a) sauber herausgearbeitet werden (Teil b).

Phase 2:
Goethes „Prometheus": Selbstbewußtsein und Autoritätskritik,

die als Fortführung der „Genie"-Thematik gedacht ist: Mit seiner 1774 entstandenen Hymne „Prometheus" hat Goethe den Versuch unternommen, den adäquaten inhaltlichen und formalen Ausdruck für das Selbstverständnis des Genies zu schaffen. Nach einer kurzen Informationssicherung zum Mythos des Prometheus (Hausaufgabe) wird die Hymne von Schülern mehrfach vorgetragen, wobei das dem Text eigene Pathos durchaus zum Tragen kommen soll. Die Reaktion der Schüler auf solch ungewohnte Töne kann den Einstieg in die Texterarbeitung erleichtern. Denkbar ist auch, daß die Besprechung mit einem inhaltlichen Vergleich zwischen dem Mythos und den Aussagen in der Hymne beginnt. Neben einer eher engen Führung des Unterrichtsgespräches durch gezielte Fragen zur Erschließung von Inhalt, Form und Gehalt/Aussage wird als Alternative eine Stillarbeitsphase vorgeschlagen, die primär auf einen Vergleich zwischen dem Lavater-Text und „Prometheus" ausgerichtet ist; dieses Verfahren eignet sich für leistungsstärkere Kurse, in denen die Schüler selbständiges Arbeiten vorziehen.

Phase 3:
Bürgers „Der Bauer": Selbstbewußtsein und Sozialkritik

Bürgers Gedicht „Der Bauer" (Editionen „Lyrik", S. 58) bietet sich für die anschließende Betrachtung an, weil hier deutliche Anknüpfungspunkte, aber auch Unterschiede zur Hymne „Prometheus" sichtbar werden. Das schon in der Hymne ausgedrückte ungezügelte Selbstbewußtsein des lyrischen

Ichs sowie sein vehementes Aufbegehren gegen radikal in Zweifel gezogene Autoritäten (die Götter) findet sich auch in Bürgers „Der Bauer", und zwar als Kritik am Fürsten. Auch die Wahl der eingesetzten formalen Mittel weist Gemeinsamkeiten auf. Während Goethe sich jedoch an einen gebildeten Leserkreis wendet und sein Thema mythologisch einkleidet, bleibt Bürger sprachlich und inhaltlich im Bereich des Alltäglichen, indem er die Nöte und Bedrängnisse des hörigen Bauern aus dessen Sicht beklagt und deren Urheber scharf verurteilt. Die Schüler erkennen an dem Vergleich beider Texte, daß im Sturm und Drang dieselbe oder doch ähnliche Thematik auf unterschiedlichen Stilebenen behandelt wurde (elitär/avantgardistisch bzw. einfach/volkstümlich). Noch auf den heutigen Leser wirkt Goethes Hymne eher abgehoben, Bürgers Gedicht dagegen leicht verständlich und unmittelbar eingängig.

Phase 4:
Bürgers „Des Pfarrers Tochter zu Taubenhain": Kritik des Adels und der bürgerlichen Moral

Mit Bürgers sozialkritischer Ballade „Des Pfarrers Tochter zu Taubenhain" von 1781 (Editionen „Lyrik", S. 48–53) wird den Schülern ein weiterer Text vorgelegt, den man als volkstümlich bezeichnen kann. Dafür sprechen sowohl die Balladenform als auch das konventionelle Motiv (Kindesmord) und der leicht verständliche, klar strukturierte Handlungsrahmen. Auch die klangvolle, liedhafte Sprache sowie deren Bildhaftigkeit sind ein Indiz dafür, daß dieser Text sich an den Bedürfnissen und Lesegewohnheiten eines einfachen Publikums orientiert. Leicht durchschaubar ist auch die Natursymbolik der Ballade, die in enger Parallelität zur Handlung steht. Bezeichnend für den Gehalt ist, daß Bürger sich nicht mit einer Verurteilung adliger Sitten- und Skru-

pellosigkeit begnügt, sondern auch die unmenschliche Härte bürgerlich-orthodoxer Moral anklagt, durch die Rosette ins Verderben und in den Tod geschickt wird. – Durch die klar gegliederte Aufgabenstellung, die in Still- oder Partnerarbeit erledigt wird, soll eine zeitsparende Auswertung gewährleistet werden. Das Tafelbild strukturiert hierbei die Ergebnisse zu Inhalt, Motiven und Aussage der Ballade.

Zur Hausaufgabe

Da die Lektüre der Textauszüge zu den Dramen von Goethe, Schiller und Lenz (1. Hausaufgabe) einige Zeit beanspruchen wird, reicht es, wenn der zweite Teil der Hausaufgabe, die Bearbeitung von Herders Vorstellung vom Volkslied und Goethes „Maifest", stichwortartig vorgelegt wird.

Stundenziele zur 3./4. Stunde

Die Schüler sollen

– am Beispiel des Herderschen Einflusses auf den jungen Goethe den Zusammenhang zwischen theoretischen Grundlagen und poetischer Realisierung im Sturm und Drang aufzeigen,

– die für den Sturm und Drang zentrale Kategorie des „Genies" kennen und bestimmen können,

– Goethes Hymne „Prometheus" analysieren und als idealtypische Verkörperung des Geniegedankens ausweisen können,

– am Beispiel eines Gedichts und einer Ballade Bürgers den volkstümlichen und den sozialkritischen Charakter von Werken des Sturm und Drang kennenlernen.

5./6. Stunde:
„Sturm und Drang – Theorie und Poesie" (III)

Unterrichtsverlauf

Vorbemerkung: Da das Drama die wohl wichtigste Gattung des Sturm und Drang darstellt, kann eine Epochenbehandlung im Unterricht nicht an ihm vorbeigehen. Allerdings sind im Rahmen der vorliegenden Unterrichtseinheit Abstriche unabdingbar, damit der zeitliche Rahmen nicht gesprengt wird. Die hier vorgeschlagene Bearbeitung von kürzeren Auszügen aus drei charakteristischen Dramen des Sturm und Drang muß deshalb mit dem Vorwurf der Oberflächlichkeit rechnen: In der Tat kann kaum mehr als ein erster Eindruck von Besonderheiten der dramatischen Produktion der Epoche vermittelt werden, auch dann nicht, wenn eine zusätzliche Einzelstunde, z. B. zur Erstellung der Synopse (Phase 3), eingeplant wird. Die Ausweitung der Thematik „Drama des Sturm und Drang" könnte allerdings im Anschluß an die „Werther"-Bearbeitung erfolgen, z. B. unter dem Aspekt der produktiven Weiterentwicklung von Stoffen und Motiven der Dramen im 20. Jahrhundert; ein Stundenblätterheft liegt dazu vor: Udo Müller: Stundenblätter Lenz/Brecht „Der Hofmeister", Lenz/Kipphardt „Die Soldaten" (Klettbuch 927171).

Vorphase:
Herders Verständnis vom Volkslied und Goethes „Maifest"

Die Auswertung der Hausaufgabe soll zeigen, daß die Schüler den Zusammenhang zwischen einem dichtungstheoretischen Text und der produktiven Umsetzung erkannt haben und benennen können. Der Umstand, daß Goethes Gedicht „Maifest" schon 1771, also vor Herders Niederschrift, fertig war,

ist unerheblich, da Goethe Herders Auffassungen seit Beginn ihrer Bekanntschaft 1770 in Straßburg vertraut waren. Um den Zauber, die „wundertätige Kraft" des Liedes „Maifest" zu spüren, bedarf es neben analytischen Fähigkeiten auch eines gewissen Einfühlungsvermögens; die Einheit von volkstümlicher Schlichtheit und künstlerischer Durchgestaltung im Gedicht, das häufig (bedingt zutreffend) der „Erlebnis-Lyrik" zugerechnet wird, ist herauszustellen.

Phase 1:
Shakespeares Theater in Goethes Sicht

Goethes Aufsatz zum Shakespeare-Tag 1771 kann in vielem als theoretische Grundlegung der Dramatik des Sturm und Drang gelten: In ihm sind Gedanken enthalten, die Herder in seiner Abhandlung „Shakespear" 1773 in dem Band „Von deutscher Art und Kunst" ausführlicher entwickelte. Goethes Shakespeare-Verehrung ist vor allem eine radikale Absage an das französische Theater und – in dessen Nachfolge – an die Poetik der deutschen Aufklärung (Gottsched). Noch ohne die geschichtsphilosophische Begründung, die Herder dann vortrug, verurteilte der junge Goethe die seiner Meinung nach inadäquate Nachahmung des griechischen Theaters in Frankreich. Die Regeln, insbesondere die aristotelische Lehre von den drei Einheiten, die Shakespeare nicht beachtete, verwirft der 22jährige als „Fesseln der Einbildungskraft". Außerdem favorisiert er die Bühnenfiguren des Engländers, weil sie für ihn wahre „Natur" verkörpern, d. h. nicht erkünstelt („Seifenblasen"), sondern aus dem „Raritätenkasten" der „Geschichte der Welt" gegriffen sind. Bereits der pathetische Ton, mit dem der Textauszug einsetzt, kann als programmatisch für die neue Generation und ihre Auffassung vom Theater angesehen werden: Die Begeisterung für Shakespeare spiegelt sich – über alle sonstigen Unterschiede hinweg – in den

30

deutschen Dramen des Sturm und Drang. Da auf den Aufsatz häufig zurückgegriffen wird, ist unbedingt eine gründliche Erarbeitung des Textauszuges zu gewährleisten; dazu wird ein abschnittweises Vorgehen empfohlen: Der Lehrer gibt mit erläuternden Kommentaren und Paraphrasen Verständnishilfen, z. B. zur Bedeutung der drei Einheiten.

Phase 2:
Analyse von Textauszügen aus Dramen des Sturm und Drang

Die in Auszügen vorgelegten drei Dramen „Götz von Berlichingen" (s. S. 32 ff.), „Die Räuber" (s. S. 37 ff.) und „Die Soldaten" (s. S. 41 ff.) sind jeweils Jugendwerke ihrer Verfasser: Goethe war 24, Lenz 23 und Schiller ganze 22 Jahre alt, als die Texte verfaßt wurden bzw. erschienen. Der Lehrer sollte darauf hinweisen, daß dieser Umstand – das jugendliche Alter der Autoren – typisch für viele Werke des Sturm und Drang ist (Goethe war gerade 25, als er den „Werther" vorlegte). –
Der Auswahl der Werke lagen folgende Überlegungen zugrunde: „Götz von Berlichingen" (1773) zeigt die vielleicht deutlichsten Anklänge an Goethes Shakespeare-Aufsatz; die Titelfigur trägt Züge des Genies; der Begriff der Freiheit ist zentral für das Verständnis der Kritik, die Goethe über die historische Distanz zum frühen 16. Jahrhundert hinweg gegenüber der eigenen politischen und sozialen Realität vorträgt. Wie auch im „Werther" werden patriarchalische Verhältnisse beschworen, womit Herrschaft nicht prinzipiell abgelehnt, wohl aber an moralischen Maßstäben gemessen wird. Viele Kurzszenen im Drama sorgen für Dynamik und verhindern jene ‚Langeweile', die Goethe in seinem Aufsatz am französischen (Regel)theater kritisiert hatte. – Formal und inhaltlich verwandt mit Goethes Jugenddrama sind „Die Räuber", die acht Jahre später

erschienen (1781). Auch Karl ist ein „Kraftkerl", der sich – allerdings aus privaten Gründen – der weltlichen Ordnung widersetzt. Er wird zum Anarchisten, um seinem beleidigten Gefühl Genugtuung und seinem heroischen Tatendrang ein zerstörerisches Ziel zu geben. Götz und Karl Moor scheitern an ihrer Rigorosität sowie an den festgefügten politischen und gesetzlichen Verhältnissen. – Von den beiden Dramen deutlich unterschieden sind „Die Soldaten" von Jakob Michael Reinhold Lenz, dessen Bedeutung für die Epoche des Sturm und Drang lange unterschätzt wurde. An Stelle der „Kraftkerls" werden hier eher durchschnittliche Menschen vorgestellt, die aufgrund ihrer Situation sozial unzufrieden bzw. sexuell unbefriedigt sind, schuldig werden und scheitern. Die Handlung der „Soldaten" ist, wie aus den kürzeren Auszügen bereits ersichtlich wird, etwas unübersichtlich, wozu vor allem die gegenüber dem „Götz" noch gesteigerte Kurzszenentechnik (vgl. vierter Akt) beiträgt.
Die Auszüge aus den drei Dramen werden von drei bzw. sechs Gruppen gemäß den Aufgaben- und Fragestellungen bearbeitet und anschließend im Rahmen des Kurses vorgestellt. Einen zumindest flüchtigen Eindruck von allen Dramen haben die Schüler durch ihre häusliche Lektüre gewonnen, so daß auf den Inhalt der einzelnen Handlungen nicht mehr intensiv eingegangen werden muß.

Phase 3:
Gemeinsamkeiten und Unterschiede in typischen Dramen des Sturm und Drang

Abschließend wird im Unterrichtsgespräch der Versuch unternommen, einige Gemeinsamkeiten, aber auch Unterschiede zwischen den drei Dramen des Sturm und Drang herauszuarbeiten und in einer Synopse (Tafel oder Arbeitsblatt) festzuhalten. Dabei werden in inhaltlicher Hinsicht die zeitkritischen Momente anzusprechen sein, während im Hinblick auf die Form als gemeinsames Merkmal die Orientierung auf Shakespeare zu thematisieren ist. – Sofern die Doppelstunde für die Bewältigung des Programms nicht ausreicht, kann die Synopse auch als *Hausaufgabe* angefertigt und in einer Zusatzstunde besprochen werden.

Zur Hausaufgabe

Die Lektüre der Auszüge aus den Briefromanen von Richardson, Rousseau und La Roche soll dazu dienen, den zeitlichen Aufwand für die Phase 3 der folgenden Doppelstunde „Briefroman und Empfindsamkeit" zu begrenzen.

Stundenziele zur 5./6. Stunde

Die Schüler sollen

– Herders Verständnis vom Volkslied an einem Gedicht Goethes aufzeigen können,
– die Gründe für die zeittypische Shakespeare-Verehrung aus einem Aufsatz Goethes herausarbeiten,
– Ausschnitte aus wichtigen Dramen des Sturm und Drang kennenlernen und analysieren,
– die für die Epoche eigentümlichen Merkmale in den Auszügen benennen können und
– die Auszüge unter inhaltlichen und formalen Aspekten miteinander vergleichen.

Textauszüge aus: Johann Wolfgang von Goethe: Götz von Berlichingen (1773)

1. [Mit dem Erstarken der Territorialherren zu Beginn des 16. Jahrhunderts geht der Einfluß des deutschen Kaisers deutlich zurück; darunter leiden vor allem die freien Ritter, zu denen Götz von Berlichingen gehört. Der kaisertreue Götz liegt mit dem Bamberger Hof in Fehde und wird wegen einiger Gewaltakte in die Reichsacht erklärt. Ein Exekutionsheer, das den Ritter gefangen nehmen soll, nähert sich seiner Burg in Jaxthausen.]

   Dritter Akt

   (Jaxthausen)
   (...)
   GEORG: Sie sind in der Nähe, ich habe sie vom Turn gesehen. Die Sonne ging auf, und ich sah ihre Piken blinken. Wie ich sie sah, wollt mir's nicht bänger werden, als einer Katze vor einer Armee Mäuse. Zwar wir spielen die Ratten.
5 GÖTZ: Seht nach den Torriegeln. Verrammelt's inwendig mit Balken und Steinen. *(Georg ab)* Wir wollen ihre Geduld für'n Narren halten, und ihre Tapferkeit sollen sie mir an ihren eigenen Nägeln verkäuen. *(Trompeter von außen)* Aha! ein rotröckiger Schurke, der uns die Frage vorlegen wird, ob wir Hundsfötter sein wollen. *(Er geht ans Fenster)* Was soll's? *(Man hört in der Ferne reden)*
10 GÖTZ *(in seinen Bart)*: Einen Strick um deinen Hals.
   (Trompeter redet fort)
   GÖTZ: „Beleidiger der Majestät!" – Die Aufforderung hat ein Pfaff gemacht.
   (Trompeter endet)
   GÖTZ *(antwortet)*: Mich ergeben! Auf Gnad und Ungnad! Mit wem redet ihr! Bin ich
15 ein Räuber! Sag deinem Hauptmann: Vor Ihro Kaiserliche Majestät hab ich, wie immer, schuldigen Respekt. Er aber, sag's ihm, er kann mich – – –
   (Schmeißt das Fenster zu)
   (...)

2. [Götz' Burg wird belagert]

Saal
Götz, Elisabeth, Georg, Knechte bei Tische.

20 Götz: So bringt uns die Gefahr zusammen! Laßt's euch schmecken, meine Freunde!
Vergeßt das Trinken nicht! Die Flasche ist leer. Noch eine, liebe Frau. *(Elisabeth
zuckt die Achsel)* Ist keine mehr da?

Elisabeth *(leise)*: Noch e i n e! ich hab sie für dich beiseitegesetzt.

Götz: Nicht doch, Liebe! Gib sie heraus! Sie brauchen Stärkung, nicht ich; es ist ja
25   meine Sache.

Elisabeth: Holt sie draußen im Schrank!

Götz: Es ist die letzte. Und mir ist's, als ob wir nicht zu sparen Ursach hätten. Ich bin
lange nicht so vergnügt gewesen. *(Er schenkt ein)* Es lebe der Kaiser!

Alle: Er lebe!

30 Götz: Das soll unser vorletztes Wort sein, wenn wir sterben! Ich lieb ihn, denn wir
haben einerlei Schicksal. Und ich bin noch glücklicher als er. Er muß den Reichsstän-
den die Mäuse fangen, inzwischen die Ratten seine Besitztümer annagen. Ich weiß, er
wünschte sich manchmal lieber tot, als länger die Seele eines so krüppligen Körpers zu
sein. *(Er schenkt ein)* Es geht just noch einmal herum. Und wenn unser Blut anfängt
35   auf die Neige zu gehen, wie der Wein in dieser Flasche erst schwach, dann
tropfenweise rinnt, *(er tröpfelt das Letzte in sein Glas)* was soll unser letztes Wort
sein?

Georg: Es lebe die Freiheit!

Götz: Es lebe die Freiheit!

40 Alle: Es lebe die Freiheit!

Götz: Und wenn die uns überlebt, können wir ruhig sterben. Denn wir sehen im Geist
unsere Enkel glücklich und die Kaiser unsrer Enkel glücklich. Wenn die Diener der
Fürsten so edel und frei dienen wie ihr mir, wenn die Fürsten dem Kaiser dienen, wie
ich ihm dienen möchte –

45 Georg: Da müßt's viel anders werden.

Götz: So viel nicht, als es scheinen möchte. Hab ich nicht unter den Fürsten treffliche
Menschen gekannt, und sollte das Geschlecht ausgestorben sein? Gute Menschen,
die in sich und ihren Untertanen glücklich waren; die einen edeln freien Nachbar
neben sich leiden konnten, und ihn weder fürchteten noch beneideten; denen das
50   Herz aufging, wenn sie viel ihresgleichen bei sich zu Tisch sahen, und nicht erst die
Ritter zu Hofschranzen umzuschaffen brauchten, um mit ihnen zu leben.

Georg: Habt Ihr solche Herrn gekannt?

Götz: Wohl. Ich erinnere mich zeitlebens, wie der Landgraf von Hanau eine Jagd gab,
und die Fürsten und Herrn, die zugegen waren, unter freiem Himmel speisten und
55   das Landvolk all herbeilief, sie zu sehen. Das war keine Maskerade, die er sich selbst
zu Ehren angestellt hatte. Aber die vollen runden Köpfe der Bursche und Mädel, die
roten Backen alle, und die wohlhäbigen Männer und stattlichen Greise, und alles
fröhliche Gesichter, und wie sie teilnahmen an der Herrlichkeit ihres Herrn, der auf
Gottes Boden unter ihnen sich ergetzte!

60 Georg: Das war ein Herr, vollkommen wie Ihr.

Götz: Sollten wir nicht hoffen, daß mehr solcher Fürsten auf einmal herrschen können?
daß Verehrung des Kaisers, Fried und Freundschaft der Nachbarn und Lieb der
Untertanen der kostbarste Familienschatz sein wird, der auf Enkel und Urenkel
erbt? Jeder würde das Seinige erhalten und in sich selbst vermehren, statt daß sie
65   jetzo nicht zuzunehmen glauben, wenn sie nicht andere verderben.

GEORG: Würden wir hernach auch reiten?

GÖTZ: Wollte Gott, es gäbe keine unruhige Köpfe in ganz Deutschland! wir würden noch immer zu tun genug finden. Wir wollten die Gebirge von Wölfen säubern, wollten unserm ruhig ackernden Nachbar einen Braten aus dem Wald holen, und dafür die
70 Suppe mit ihm essen. Wär uns das nicht genug, wir wollten uns mit unsern Brüdern, wie Cherubim mit flammenden Schwertern, vor die Grenzen des Reichs gegen die Wölfe, die Türken, gegen die Füchse, die Franzosen, lagern und zugleich unsers teuern Kaisers sehr ausgesetzte Länder und die Ruhe des Reichs beschützen! Das wäre ein Leben! Georg! wenn man seine Haut für die allgemeine Glückseligkeit
75 dransetzte. *(Georg springt auf)* Wo willst du hin?

GEORG: Ach, ich vergaß, daß wir eingesperrt sind – und der Kaiser hat uns eingesperrt – und unsere Haut davonzubringen, setzen wir unsere Haut dran?

GÖTZ: Sei gutes Muts!

(Lerse kommt)

80 LERSE: Freiheit! Freiheit! Das sind schlechte Menschen, unschlüssige, bedächtige Esel. Ihr sollt abziehen, mit Gewehr, Pferden und Rüstung. Proviant sollt Ihr dahinten lassen.

GÖTZ: Sie werden sich kein Zahnweh dran kauen.

LERSE: *(heimlich)*: Habt Ihr das Silber versteckt?

85 GÖTZ: Nein! Frau, geh mit Franzen, er hat dir was zu sagen.

(Alle ab)

3. [Obwohl ihm freier Abzug zugesichert worden war, ist Götz gefangen genommen und gezwungen worden, einen Eid zu leisten: Er soll sein Gut nicht verlassen und nicht mehr zur Waffe greifen dürfen.]

Fünfter Akt

Bauernkrieg.
Tumult in einem Dorf und Plünderung. Weiber und Alte mit Kindern und Gepäcke.
Flucht.
(. . .)

LINK: So brennt an allen Ecken!

5 METZLER: Wird ein hübsch Feuerchen geben. Siehst du, wie die Kerls übereinander purzelten und quiekten wie die Frösche! Es lief mir so warm übers Herz wie ein Glas Branntwein. Da war ein Rixinger; wenn der Kerl sonst auf die Jagd ritt, mit dem Federbusch und weiten Naslöchern, und uns vor sich hertrieb mit den Hunden und wie die Hunde. Ich hatt ihn die Zeit nicht gesehen, sein Fratzengesicht fiel mir recht
10 auf. Hasch! den Spieß ihm zwischen die Rippen, da lag er, streckt alle vier über seine Gesellen. Wie die Hasen beim Treibjagen zuckten die Kerls übereinander.

LINK: Raucht schon brav.

METZLER: Dort hinten brennt's. Laß uns mit der Beute gelassen zu dem großen Haufen ziehen!

15 LINK: Wo hält er?

METZLER: Von Heilbronn hieher zu. Sie sind um einen Hauptmann verlegen, vor dem alles Volk Respekt hätt. Denn wir sind doch nur ihresgleichen, das fühlen sie und werden schwürig.

(. . .)

(Götz, Lerse, Georg kommen)

20 GÖTZ: Was wollt ihr mit mir?

KOHL: Ihr sollt unser Hauptmann sein.

GÖTZ: Soll ich mein ritterlich Wort dem Kaiser brechen und aus meinem Bann gehen?

WILD: Das ist keine Entschuldigung.

GÖTZ: Und wenn ich ganz frei wäre, und ihr wollt handeln wie bei Weinsberg an den
25   Edeln und Herrn, und so forthausen, wie ringsherum das Land brennt und blutet,
    und ich sollt euch behülflich sein zu euerm schändlich rasenden Wesen – eher sollt ihr
    mich totschlagen wie einen wütigen Hund, als daß ich euer Haupt würde!

    (. . .)

KOHL: Wir haben nicht Sattelhenkens Zeit und langer unnötiger Diskurse. Kurz und
    gut. Götz, sei unser Hauptmann, oder sieh zu deinem Schloß und deiner Haut! Und
30   hiermit zwei Stunden Bedenkzeit. Bewacht ihn!

GÖTZ: Was braucht's das! Ich bin so gut entschlossen – jetzt als darnach. Warum seid
    ihr ausgezogen! Eure Rechte und Freiheiten wiederzuerlangen? Was wütet ihr und
    verderbt das Land! Wollt ihr abstehen von allen Übeltaten, und handeln als wackere
    Leute, die wissen, was sie wollen, so will ich euch behülflich sein zu euren Forderun-
35   gen, und auf acht Tag euer Hauptmann sein.

WILD: Was geschehen ist, ist in der ersten Hitz geschehen, und braucht's deiner nicht,
    uns künftig zu hindern.

KOHL: Auf ein Vierteljahr wenigstens mußt du uns zusagen.

STUMPF: Macht vier Wochen, damit könnt ihr beide zufrieden sein.

40 GÖTZ: Meinetwegen.

KOHL: Eure Hand!

GÖTZ: Und gelobt mir, den Vertrag, den ihr mit mir gemacht, schriftlich an alle Haufen
    zu senden, ihm bei Strafe streng nachzukommen.

WILD: Nun ja! Soll geschehen.

45 GÖTZ: So verbind ich mich euch auf vier Wochen.

    (. . .)

Bei einem Dorf
Götz. Georg.

GÖTZ: Geschwind zu Pferde, Georg! ich sehe Miltenberg brennen. Halten sie so den
    Vertrag! Reit hin, sag ihnen die Meinung. Die Mordbrenner! Ich sage mich von
50   ihnen los. Sie sollen einen Zigeuner zum Hauptmann machen, nicht mich. Ge-
    schwind, Georg. *(Georg ab)* Wollt, ich wäre tausend Meilen davon und läg im tiefsten
    Turn, der in der Türkei steht. Könnt ich mit Ehren von ihnen kommen! Ich fahr ihnen
    alle Tag durch den Sinn, sag ihnen die bittersten Wahrheiten, daß sie mein müde
    werden und mich erlassen sollen. (. . .)

4. [Die Bauern werden geschlagen, Götz muß fliehen.]

55 *Nacht, im wilden Wald. Zigeunerlager*
Zigeunermutter am Feuer.

MUTTER: Flick das Strohdach über der Grube, Tochter, gibt hint nacht noch Regen
    genug.
    (Knab kommt)
60 KNAB: Ein Hamster, Mutter. Da! Zwei Feldmäus.

MUTTER: Will sie dir abziehen und braten, und sollst eine Kapp haben vor den Fellchen.
– Du blutst?
KNAB: Hamster hat mich bissen.
MUTTER: Hol mir dürr Holz, daß das Feuer loh brennt, wenn dein Vater kommt, wird
65 naß sein durch und durch.
(Andre Zigeunerin, ein Kind auf dem Rücken)
ERSTE ZIGEUNERIN: Hast du brav geheischen?
ZWEITE ZIGEUNERIN: Wenig genug. Das Land ist voll Tumult herum, daß man seins
Leben nicht sicher ist. Brennen zwei Dörfer lichterloh.
70 ERSTE ZIGEUNERIN: Ist das dort drunten Brand, der Schein? Seh ihm schon lang zu.
Man ist der Feuerzeichen am Himmel zeither so gewohnt worden.
(Zigeunerhauptmann, drei Gesellen kommen)
HAUPTMANN: Hört ihr den wilden Jäger?
ERSTER ZIGEUNER: Er zieht grad über uns hin.
75 HAUPTMANN: Wie die Hunde bellen! Wau! Wau!
ZWEITER ZIGEUNER: Die Peitschen knallen.
DRITTER ZIGEUNER: Die Jäger jauchzen holla ho!
MUTTER: Bringt ja des Teufels sein Gepäck!
HAUPTMANN: Haben im Trüben gefischt. Die Bauern rauben selbst, ist's uns wohl
80 vergönnt.
ZWEITE ZIGEUNERIN: Was hast du, Wolf?
WOLF: Einen Hasen, da, und einen Hahn. Ein'n Bratspieß. Ein Bündel Leinwand. Drei
Kochlöffel und ein'n Pferdzaum.
STICKS: Ein wullen Deck hab ich, ein paar Stiefeln und Zunder und Schwefel.
85 MUTTER: Ist alles pudelnaß, wollen's trocknen, gebt her.
HAUPTMANN: Horch, ein Pferd! Geht! Seht, was ist.
(Götz zu Pferd)
GÖTZ: Gott sei Dank! dort seh ich Feuer, sind Zigeuner. Meine Wunden verbluten, die
Feinde hinterher. Heiliger Gott, du endigst gräßlich mit mir!
90 HAUPTMANN: Ist's Friede, daß du kommst?
GÖTZ: Ich flehe Hülfe von euch. Meine Wunden ermatten mich. Helft mir vom Pferd!
HAUPTMANN: Helf ihm? Ein edler Mann, an Gestalt und Wort.
WOLF *(leise)*: Es ist Götz von Berlichingen.
HAUPTMANN: Seid willkommen! Alles ist Euer, was wir haben.
95 GÖTZ: Dank euch!
HAUPTMANN: Kommt in mein Zelt.

Hauptmanns Zelt
Hauptmann. Götz.

HAUPTMANN: Ruft der Mutter, sie soll Blutwurzel bringen und Pflaster
100 *(Götz legt den Harnisch ab)*
HAUPTMANN: Hier ist mein Feiertagswams.
GÖTZ: Gott lohn's!
(Mutter verbindet ihn)
HAUPTMANN: Ist mir herzlich lieb, Euch zu haben.
105 GÖTZ: Kennt Ihr mich?
HAUPTMANN: Wer sollte Euch nicht kennen! Götz, unser Leben und Blut lassen wir vor
Euch.

(Schricks)

SCHRICKS: Kommen durch den Wald Reiter. Sind Bündische.

110 HAUPTMANN: Eure Verfolger! Sie sollen nit bis zu Euch kommen! Auf, Schricks! Biete
den andern! Wir kennen die Schliche besser als sie, wir schießen sie nieder, eh sie uns
gewahr werden. *(Ab)*

GÖTZ *(allein)*: O Kaiser! Kaiser! Räuber beschützen deine Kinder *(Man hört scharf
schießen)*: Die wilden Kerls, starr und treu!

115 *(Zigeunerin)*.

ZIGEUNERIN: Rettet Euch! Die Feinde überwältigen.

GÖTZ: Wo ist mein Pferd?

ZIGEUNERIN: Hier bei.

GÖTZ *(gürtet sich und sitzt auf ohne Harnisch)*: Zum letzten Mal sollen sie meinen Arm

120 fühlen. Ich bin so schwach noch nicht. *(Ab)*

ZIGEUNERIN: Er sprengt zu den Unsrigen. *(Flucht)*

WOLF: Fort! fort! Alles verloren. Unser Hauptmann erschossen. Götz gefangen.
(Geheul der Weiber und Flucht)

Textauszüge aus: Friedrich Schiller: Die Räuber (1781)

1. [Der Student Karl Moor wartet in einer Schenke in Leipzig auf einen Brief seines Vaters,
von dem er Verzeihung für sein ausschweifendes Leben und seine Schulden erhofft.]

Erster Akt
Zweite Szene

Schenke an den Grenzen von Sachsen. KARL VON MOOR *in ein Buch vertieft.* SPIEGELBERG
trinkend am Tisch

KARL VON MOOR *(legt das Buch weg)*: Mir ekelt vor diesem tintenklecksenden Säkulum,
wenn ich in meinem Plutarch[1] lese von großen Menschen.

5 SPIEGELBERG *(stellt ihm ein Glas hin und trinkt)*: Den Josephus[2] mußt du lesen.

MOOR: Der lohe Lichtfunke Prometheus' ist ausgebrannt, dafür nimmt man itzt die
Flamme von Bärlappenmehl[3] – Theaterfeuer, das keine Pfeife Tabak anzündet. Da
krabbeln sie nun wie die Ratten auf der Keule des Herkules, und studieren sich das
Mark aus dem Schädel, was das für ein Ding sei, das er in seinen Hoden geführt hat?

10 Ein französischer Abbé doziert, Alexander sei ein Hasenfuß gewesen, ein schwind-
süchtiger Professor hält sich bei jedem Wort ein Fläschchen Salmiakgeist vor die Nase
und liest ein Kollegium über die *Kraft*. Kerls, die in Ohnmacht fallen, wenn sie einen
Buben gemacht haben, kritteln über die Taktik des Hannibals – feuchtohrige Buben
fischen Phrasen aus der Schlacht bei Cannä, und greinen über die Siege des Scipio,

15 weil sie sie exponieren[4] müssen.

---

[1] ca. 46–120 n. Chr., beschrieb Leben, Charakter und Taten großer Männer des Altertums.
Lieblingsautor des jungen Schiller.

[2] Jüd. Geschichtsschreiber, geb. 37 n. Chr.

[3] Wurde zur Erzeugung von Bühnenblitzen verwendet.

[4] Grammatisch erklären und übersetzen.

SPIEGELBERG: Das ist ja recht alexandrinisch[5] geflennt.

MOOR: Schöner Preis für euren Schweiß in der Feldschlacht, daß ihr jetzt in Gymnasien lebet und eure Unsterblichkeit in einem Bücherriemen mühsam fortgeschleppt wird. Kostbarer Ersatz eures verpraßten Blutes, von einem Nürnberger Krämer um Lebku-

20 chen gewickelt – oder, wenns glücklich geht, von einem französischen Tragödien-schreiber auf Stelzen geschraubt, und mit Drahtfäden gezogen zu werden! Hahaha!

SPIEGELBERG *(trinkt)*: Lies den Josephus, ich bitte dich drum.

MOOR: Pfui! Pfui über das schlappe Kastratenjahrhundert, zu nichts nütze, als die Taten der Vorzeit wiederzukäuen und die Helden des Altertums mit Kommentationen zu

25 schinden und zu verhunzen mit Trauerspielen. Die Kraft seiner Lenden ist versiegen gegangen, und nun muß Bierhefe den Menschen fortpflanzen helfen.

SPIEGELBERG: Tee, Bruder, Tee!

MOOR: Da verrammeln sie sich die gesunde Natur mit abgeschmackten Konventionen, haben das Herz nicht, ein Glas zu leeren, weil sie Gesundheit dazu trinken müssen –

30 belecken den Schuhputzer, daß er sie vertrete bei Ihro Gnaden, und hudeln den armen Schelm, den sie nicht fürchten. – Vergöttern sich um ein Mittagessen und möchten einander vergiften um ein Unterbett, das ihnen beim Aufstreich überboten wird. – Verdammen den Sadduzäer, der nicht fleißig genug in die Kirche kommt, und berechnen ihren Judenzins am Altare – fallen auf die Knie, damit sie ja ihren

35 Schlamp ausbreiten können – wenden kein Aug von dem Pfarrer, damit sie sehen, wie seine Perücke frisiert ist. – Fallen in Ohnmacht, wenn sie eine Gans bluten sehen, und klatschen in die Hände, wenn ihr Nebenbuhler bankerott von der Börse geht. – – So warm ich ihnen die Hand drückte: – Nur noch einen Tag! – Umsonst! – Ins Loch mit dem Hund! – Bitten! Schwüre! Tränen! *(Auf den Boden stampfend)* Hölle und

40 Teufel!

SPIEGELBERG: Und um so ein paar tausend lausige Dukaten –

MOOR: Nein, ich mag nicht daran denken. Ich soll meinen Leib pressen in eine Schnürbrust und meinen Willen schnüren in Gesetze. Das Gesetz hat zum Schnecken-gang verdorben, was Adlerflug geworden wäre. Das Gesetz hat noch keinen großen

45 Mann gebildet, aber die Freiheit brütet Kolosse und Extremitäten aus. Sie verpalisa-dieren sich ins Bauchfell eines Tyrannen, hofieren der Laune seines Magens und lassen sich klemmen von seinen Winden. – Ah! daß der Geist Hermanns noch in der Asche glimmte! – Stelle mich vor ein Heer Kerls wie ich, und aus Deutschland soll eine Republik werden, gegen die Rom und Sparta Nonnenklöster sein sollen. *(Er*

50 *wirft den Degen auf den Tisch und steht auf)*

(. . .)

2. [Karl erhält den Brief, den sein gebrechlicher Vater durch den intigranten Bruder, Franz, hat schreiben lassen. Franz hat die versöhnliche Antwort des alten Moor ins Gegenteil verkehrt: Karl wird die erbetene Verzeihung versagt.]

(Erster Akt, zweite Szene)

MOOR: Es ist unglaublich, es ist ein Traum, eine Täuschung – So eine rührende Bitte, so eine lebendige Schilderung des Elends und der zerfließenden Reue – die wilde Bestie wär in Mitleid zerschmolzen! Steine hätten Tränen vergossen, und doch – man würde es für ein boshaftes Pasquill aufs Menschengeschlecht halten, wenn ichs aussagen

55 wollte – und doch, doch – oh, daß ich durch die ganze Natur das Horn des Aufruhrs blasen könnte, Luft, Erde und Meer wider das Hyänengezücht ins Treffen zu führen!

---

[5] Bezieht sich auf den »Alexandriner« genannten Normalvers der franz. Klassik und des deutschen Klassizismus.

GRIMM: Höre doch, höre! vor Rasen hörst du ja nicht.

MOOR: Weg, weg von mir! Ist dein Name nicht Mensch? Hat dich das Weib nicht geboren! – Aus meinen Augen, du mit dem Menschengesicht! – Ich hab ihn so
60 unaussprechlich geliebt! so liebte kein Sohn, ich hätte tausend Leben für ihn – *(Schäumend auf die Erde stampfend)* Ha! wer mir itzt ein Schwert in die Hand gäb, dieser Otterbrut eine brennende Wunde zu versetzen! wer mir sagte, wo ich das Herz ihres Lebens erziehl, zermalmen, zernichten – er sei mein Freund, mein Engel, mein Gott – ich will ihn anbeten!

65 ROLLER: Eben diese Freunde wollen ja wir sein, laß dich doch weisen!

SCHWARZ: Komm mit uns in die böhmischen Wälder! Wir wollen eine Räuberbande sammeln, und du – *(Moor stiert ihn an)*

SCHWEIZER: Du sollst unser Hauptmann sein! du mußt unser Hauptmann sein!

SPIEGELBERG *(wirft sich wild in einen Sessel)*: Sklaven und Memmen!

70 MOOR: Wer blies dir das Wort ein? Höre, Kerl! *(Indem er Schwarzen hart ergreift)* Das hast du nicht aus deiner Menschenseele hervorgeholt! Wer blies dir das Wort ein? Ja, bei dem tausendarmigen Tod! das wollen wir, das müssen wir! Der Gedanke verdient Vergötterung – *Räuber und Mörder!* – So wahr meine Seele lebt, ich bin euer Hauptmann!

75 ALLE *(mit lärmendem Geschrei)*: Es lebe der Hauptmann!

SPIEGELBERG *(aufspringend, vor sich)*: Bis ich ihm hinhelfe!

MOOR: Siehe, da fällts wie der Star von meinen Augen! was für ein Tor ich war, daß ich ins Käficht zurückwollte! – Mein Geist dürstet nach Taten, mein Atem nach Freiheit, – *Mörder, Räuber!* – mit diesem Wort war das Gesetz unter meine Füße gerollt –
80 Menschen haben Menschheit vor mir verborgen, da ich an Menschheit appellierte, weg dann von mir Sympathie und menschliche Schonung! – Ich habe keinen Vater mehr, ich habe keine Liebe mehr, und Blut und Tod soll mich vergessen lehren, daß mir jeweils etwas teuer war! Kommt, kommt! – Oh ich will mir eine fürchterliche Zerstreuung machen – es bleibt dabei, ich bin euer Hauptmann! Und Glück zu dem
85 Meister unter euch, der am wildesten sengt, am gräßlichsten mordet, denn ich sage euch, er soll königlich belohnet werden – tretet her um mich ein jeder und schwöret mit Treu und Gehorsam zu bis in den Tod! – schwört mir das bei dieser männlichen Rechte!

ALLE *(geben ihm die Hand)*: Wir schwören dir Treu und Gehorsam bis in den Tod!

90 MOOR: Nun, und bei dieser männlichen Rechte! schwör ich euch hier, treu und standhaft euer Hauptmann zu bleiben bis in den Tod! Den soll dieser Arm gleich zur Leiche machen, der jemals zagt oder zweifelt oder zurücktritt! Ein Gleiches widerfahre mir von jedem unter euch, wenn ich meinen Schwur verletze! Seid ihrs zufrieden? *(Spiegelberg läuft wütend auf und nieder)*

95 ALLE *(mit aufgeworfenen Hüten)*: Wir sinds zufrieden.

MOOR: Nun dann, so laßt uns gehn! Fürchtet euch nicht vor Tod und Gefahr, denn über uns waltet ein unbeugsames Fatum! Jeden ereilet endlich sein Tag, es sei auf dem weichen Kissen von Flaum, oder im rauhen Gewühl des Gefechts, oder auf offenem Galgen und Rad! Eins davon ist unser Schicksal!
100 *(Sie gehen ab)*

SPIEGELBERG *(ihnen nachsehend, nach einer Pause)*: Dein Register hat ein Loch. Du hast das Gift weggelassen *(Ab)*

---

3. [Karl hat als Anführer seiner skrupellosen Spießgesellen große Schuld auf sich geladen. Als er zum väterlichen Schloß zurückkehrt, erdrosselt sich sein Bruder Franz; der alte Vater stirbt, als er erfährt, daß Karl ein „Räuber und Mörder" ist, und Karl tötet seine Braut Amalia auf ihren eigenen Wunsch hin, da er durch seinen Eid an die Räuber gebunden ist.]

Fünfter Akt, zweite Szene

(. . .)

RÄUBER MOOR: Halt! Wag es – Moors Geliebte soll nur durch Moor sterben! *(Er ermordet sie)*

DIE RÄUBER: Hauptmann! Hauptmann! Was machst du? bis du wahnsinnig worden?

MOOR *(auf den Leichnam mit starrem Blick)*: Sie ist getroffen! Dies Zucken noch, und
5   dann wirds vorbei sein – Nun, seht doch! Habt ihr noch was zu fordern? Ihr opfertet
mir ein Leben auf, ein Leben, das schon nicht mehr euer war, ein Leben voll
Abscheulichkeit und Schande – ich hab euch einen Engel geschlachtet. Wie, seht
doch recht her! Seid ihr nunmehr zufrieden?

GRIMM: Du hast deine Schuld mit Wucher bezahlt. Du hast getan, was kein Mann würde
10   für seine Ehre tun. Komm itzt weiter!

MOOR: Sagst du das? Nicht wahr, das Leben einer Heiligen um das Leben der
Schelmen, es ist ungleicher Tausch? – O ich sage euch, wenn jeder unter euch aufs
Blutgerüste ging, und sich ein Stück Fleisch nach dem andern mit glühender Zunge
abzwicken ließ, daß die Marter eilf Sommertäge dauerte, es wiege diese Tränen nicht
15   auf. *(Mit bitterem Gelächter)* Die Narben, die böhmischen Wälder! Ja, ja! dies mußte
freilich bezahlt werden.

SCHWARZ: Sei ruhig, Hauptmann! Komm mit uns, der Anblick ist nicht für dich. Führe
uns weiter.

RÄUBER MOOR: Halt – noch ein Wort, eh wir weiter gehn – Merket auf, ihr schadenfro-
20   he Schergen meines barbarischen Winks – Ich höre von diesem *Nun* an auf, euer
Hauptmann zu sein. Mit Scham und Grauen leg ich hier diesen blutigen Stab nieder,
worunter zu freveln ihr euch berechtigt wähntet, und mit Werken der Finsternis dies
himmlische Licht zu besudeln – Gehet hin zur Rechten und Linken – Wir wollen ewig
niemals gemeine Sache machen.

25 RÄUBER: Ha Mutloser! Wo sind deine hochfliegende Plane? Sinds Seifenblasen gewesen, die beim Hauch eines Weibes zerplatzen?

RÄUBER MOOR: O über mich Narren, der ich wähnete die Welt durch Greuel zu
verschönern, und die Gesetze durch Gesetzlosigkeit aufrecht zu halten. Ich nannte es
Rache und Recht – Ich maßte mich an, o Vorsicht, die Scharten deines Schwerts
30   auszuwetzen und deine Parteilichkeiten gutzumachen – aber – O eitle Kinderei – da
steh ich am Rand eines entsetzlichen Lebens, und erfahre nun mit Zähnklappern und
Heulen, daß *zwei Menschen wie ich den ganzen Bau der sittlichen Welt zugrund
richten würden.* Gnade – Gnade dem Knaben, der *Dir* vorgreifen wollte – *Dein* eigen
allein ist die Rache. *Du* bedarfst nicht des Menschen Hand. Freilich stehts nun in
35   meiner Macht nicht mehr, die Vergangenheit einzuholen – schon bleibt verdorben,
was verdorben ist – was ich gestürzt habe, steht ewig niemals mehr auf – Aber noch
blieb mir etwas übrig, womit ich die beleidigte Gesetze versöhnen, und die mißhan-
delte Ordnung wiederum heilen kann. Sie bedarf eines Opfers – eines Opfers, das
ihre unverletzbare Majestät vor der ganzen Menschheit entfaltet – dieses Opfer bin
40   ich selbst. Ich selbst muß für sie des Todes sterben.

RÄUBER: Nimmt ihm den Degen weg – Er will sich umbringen.

RÄUBER MOOR: Toren ihr! Zu ewiger Blindheit verdammt! Meint ihr wohl gar, eine
Todsünde werde das Äquivalent gegen Todsünden sein, meint ihr, die Harmonie der
Welt werde durch diesen gottlosen Mißlaut gewinnen? *(Wirft ihnen seine Waffe*
45   *verächtlich vor die Füße)* Er soll mich lebendig haben. Ich geh, mich selbst in die
Hände der Justiz zu überliefern.

RÄUBER: Legt ihn an Ketten! Er ist rasend worden.

RÄUBER MOOR: Nicht, als ob ich zweifelte, sie werde mich zeitig genug finden, wenn die
obere Mächte es so wollen. Aber sie möchte mich im Schlaf überrumpeln, oder auf der
50   Flucht ereilen, oder mit Zwang und Schwert umarmen, und dann wäre mir auch das
einige Verdienst entwischt, daß ich mit Willen für sie gestorben bin. Was soll ich
gleich einem Diebe ein Leben länger verheimlichen, das mir schon lang im Rat der
himmlischen Wächter genommen ist?
RÄUBER: Laßt ihn hinfahren! Es ist die Großmannsucht. Er will sein Leben an eitle
55   Bewunderung setzen.
RÄUBER MOOR: Man könnte mich darum bewundern. *(Nach einigem Nachsinnen)* Ich
erinnere mich, einen armen Schelm gesprochen zu haben, als ich herüberkam, der im
Taglohn arbeitet und eilf lebendige Kinder hat – Man hat tausend Louisdore
geboten, wer den großen Räuber lebendig liefert – dem Mann kann geholfen werden.
60   *(Er geht ab)*

Textauszüge aus: Jakob Michael Reinhold Lenz: Die Soldaten (1776)

1. [Der skrupellose Obrist Desportes hat Mariane, die Tochter des Galanteriewarenhändlers
    Wesener aus Lille, die bereits dem Tuchhändler Stolzius versprochen war, verführt. Für ihn ist
    sie, schon weil er als Soldat nicht heiraten darf, nur ein Abenteuer; durch sein nichteingelö-
    stes Heiratsversprechen sowie durch einen unbeglichenen Wechsel stürzt er die Familie
    Weseners ins Unglück. Mary dagegen, ein Offizierskamerad Desportes, liebt Mariane
    aufrichtig, wird von ihr aber nicht wiedergeliebt. Stolzius tritt als Ordonnanz von Mary ins
    Heer ein.
    Die verlassene Mariane wird von der gütigen Gräfin de La Roche aufgenommen, entfernt
    sich aber heimlich aus deren Haus, um ihrem Geliebten nach Armentières nachzureisen.]

Vierter Akt

(...)

Vierte Szene

In Armentières
DESPORTES *im Prison, hastig auf- und abgehend, einen Brief in der Hand.*
DESPORTES: Wenn sie mir hieher kommt, ist mein ganzes Glück verdorben – zu Schand
    und Spott bei allen Kameraden. *(Setzt sich und schreibt.)* – – Mein Vater darf sie
5   auch nicht sehen –

Fünfte Szene

In Lille
Weseners Haus
Der alte WESENER. *Ein Bedienter der Gräfin.*
WESENER: Mariane fortgelaufen –! Ich bin des Todes.
10 *(Läuft heraus. Der Bediente folgt ihm.)*

Sechste Szene

Marys Wohnung
MARY. STOLZIUS, *der ganz bleich und verwildert dasteht.*
MARY: So laßt uns ihr nachsetzen, zum tausend Sackerment. Ich bin schuld an allem.
    Gleich lauf hin und bring Pferde her.

15 STOLZIUS: Wenn man nur wissen könnte, wohin –
MARY: Nach Armentières. Wo kann sie anders hinsein.
(Beide ab.)

Siebente Szene

Weseners Frau
FRAU WESENER *und* CHARLOTTE *in Kappen*[1]. WESENER *kommt wieder.*
20 WESENER: Es ist alles umsonst. Sie ist nirgends ausfündig zu machen. *(Schlägt in die
Hände.)* Gott! – wer weiß wo sie sich ertränkt hat.
CHARLOTTE: Wer weiß aber noch Papa –
WESENER: Nichts. Die Boten der Frau Gräfin sind wiedergekommen und es ist noch
keine halbe Stunde daß man sie vermißt hat. Zu jedem Tor ist einer herausgeritten
25 und sie kann doch nicht aus der Welt sein in so kurzer Zeit.

Achte Szene

In Philippeville
Desportes' JÄGER *einen Brief von seinem Herrn in der Hand.*
JÄGER: O! da kommt mir ja ein Stück Wildpret recht ins Garn hereingelaufen. Sie hat
meinem Herrn geschrieben, sie würde grad nach Philippeville zu ihm kommen *(sieht
30 in den Brief),* zu Fuß – o das arme Kind – ich will dich erfrischen.

Neunte Szene

In Armentières
Ein Konzert im Hause der Frau Bischof
(...)

2. Fünfter Akt

Erste Szene

Auf dem Wege nach Armentières
WESENER, *der ausruht.*
WESENER: Nein keine Post nehm ich nicht und sollt ich hier liegen bleiben. Mein armes
Kind hat mich genug gekostet eh sie zu der Gräfin kam, das mußte immer die
5 Staatsdame gemacht sein, und Bruder und Schwester sollen's ihr nicht vorzuwerfen
haben. Mein Handel hat auch nun schon zwei Jahre gelegen – wer weiß was
Desportes mit ihr tut, was er mit uns allen tut – denn bei ihm ist sie doch gewiß. Man
muß Gott vertrauen – *(Bleibt in tiefen Gedanken.)*

Zweite Szene

MARIANE *auf einem andern Wege nach Armentières unter einem Baum ruhend, zieht ein
10 Stück trocknes Brod aus der Tasche.*
MARIANE: Ich habe immer geglaubt, daß man von Brod und Wasser allein leben könnte.
(Nagt daran.) O hätt ich nur einen Tropfen von dem Wein, den ich so oft aus dem
Fenster geworfen – womit ich mir in der Hitze die Hände wusch – *(Kontorsionen.*[2]*)* O
das quält – – nun ein Bettelmensch – *(Sieht das Stück Brod an).* Ich kann's nicht essen
15 Gott weiß es. Besser verhungern. *(Wirft das Stück Brod hin und rafft sich auf.)* Ich
will kriechen, so weit ich komme, und fall ich um, desto besser.

---

[1] Kapuzenmäntel
[2] Verdrehungen, Zuckungen, Sichwinden

Dritte Szene

In Armentières
Marys Wohnung
MARY *und* DESPORTES *sitzen beide ausgekleidet an einem kleinen gedeckten Tisch.*
20 STOLZIUS *nimmt Servietten aus.*

DESPORTES: Wie ich dir sage, es ist eine Hure vom Anfang an gewesen und sie ist mir nur darum gut gewesen, weil ich ihr Präsenten machte. Ich bin ja durch sie in Schulden gekommen, daß es erstaunend war, sie hätte mich um Haus und Hof gebracht, hätt ich das Spiel länger getrieben. Kurz um Herr Bruder, eh ich mich's
25 versehe, krieg ich einen Brief von dem Mädel, sie will zu mir kommen nach Philippeville. Nun stell dir das Spektakel vor, wenn mein Vater die hätte zu sehen gekriegt. *(Stolzius wechselt einmal ums andere die Servietten um, um Gelegenheit zu haben, länger im Zimmer zu bleiben.)* Was zu tun, ich schreib meinem Jäger er soll sie empfangen und ihr solange Stubenarrest auf meinem Zimmer ankündigen, bis ich
30 selber wieder nach Philippeville zurückkäme und sie heimlich zum Regiment abholte. Denn sobald mein Vater sie zu sehen kriegte, wäre sie des Todes. Nun mein Jäger ist ein starker robuster Kerl, die Zeit wird ihnen schon lang werden auf einer Stube allein. Was der nun aus ihr macht will ich abwarten *(lacht höhnisch)*, ich hab ihm unter der Hand zu verstehen gegeben daß es mir nicht zuwider sein würde.
35 MARY: Hör Desportes, das ist doch malhonett.

DESPORTES: Was malhonett, was willst du – Ist sie nicht versorgt genug wenn mein Jäger sie heuratet? Und für so eine –

MARY: Sie war doch sehr gut angeschrieben bei der Gräfin. Und hol mich der Teufel Bruder ich hätte sie geheuratet, wenn mir nicht der junge Graf in die Quer
40 gekommen wäre, denn der war auch verflucht gut bei ihr angeschrieben auch.

DESPORTES: Da hättest du ein schön Sauleder an den Hals bekommen. *(Stolzius geht heraus.)*

MARY *(ruft ihm nach)*: Macht daß der Herr seine Weinsuppe bald bekommt – Ich weiß nicht wie es kam, daß der Mensch mit ihr bekannt ward, ich glaube gar sie wollte
45 mich eifersüchtig machen, denn ich hatte eben ein paar Tage her mit ihr gemault. Das hätte alles noch nichts zu sagen gehabt, aber einmal kam ich hin, es war in den heißesten Hundstagen, und sie hatte eben wegen der Hitze nur ein dünnes dünnes Röckchen von Nesseltuch an, durch das ihre schönen Beine durchschienen. Sooft sie durchs Zimmer ging und das Röckchen ihr so nachflatterte – hör ich hätte die Seligkeit
50 drum geben mögen, die Nacht bei ihr zu schlafen. Nun stell dir vor, zu allem Unglück muß den Tag der Graf hinkommen, nun kennst du des Mädels Eitelkeit. Sie tat wie unsinnig mit ihm, ob nun mich zu schagrinieren, oder weil solche Mädchens gleich nicht wissen, woran sie sind wenn ein Herr von hohem Stande sich herabläßt, ihnen ein freundlich Gesicht zu weisen. *(Stolzius kommt herein, trägt vor Desportes auf und*
55 *stellt sich totenbleich hinter seinen Stuhl.)* Mir ging's wie dem überglühten Eisen, das auf einmal kalt wie Eis wird. *(Desportes schlingt die Suppe begierig in sich.)* Aller Appetit zu ihr verging mir. Von der Zeit an hab ich ihr nie wieder recht gut werden können. Zwar wie ich hörte daß sie von der Gräfin weggelaufen sei –

DESPORTES *(im Essen):* Was reden wir weiter von dem Knochen? Ich will dir sagen Herr
60 Bruder, du tust mir einen Gefallen, wenn du mir ihrer nicht mehr erwähnst. Es ennuyiert mich wenn ich an sie denken soll. *(Schiebt die Schale weg.)*

STOLZIUS *(hinter dem Stuhl, mit verzerrtem Gesicht):* Würklich?
(Beide sehen ihn an voll Verwunderung.)

DESPORTES *(hält sich die Brust):*
65 Ich kriege Stiche – Aye! –
MARY *(steif den Blick auf Stolzius geheftet ohne ein Wort zu sagen).*
DESPORTES *(wirft sich in einen Lehnstuhl):* – Aye. – *(Mit Kontorsionen.)* Mary! –
STOLZIUS *(springt hinzu, faßt ihn an die Ohren und heftet sein Gesicht auf das seinige. Mit fürchterlicher Stimme):* Mariane! – Mariane – Mariane!
70 MARY *(zieht den Degen und will ihn durchbohren).*
STOLZIUS *(kehrt sich kaltblütig um und faßt ihm in den Degen):* Geben Sie sich keine Mühe, es ist schon geschehen. Ich sterbe vergnügt da ich den mitnehmen kann.
MARY *(läßt ihm den Degen in der Hand und läuft heraus):* Hülfe! – Hülfe –
DESPORTES: Ich bin vergiftet.
75 STOLZIUS: Ja Verräter das bist du – und ich bin Stolzius, dessen Braut du zur Hure machtest. Sie war meine Braut. Wenn ihr nicht leben könnt, ohne Frauenzimmer unglücklich zu machen, warum wendt ihr euch an die, die euch nicht widerstehen können, die euch aufs erste Wort glauben. – Du bist gerochen meine Mariane! Gott kann mich nicht verdammen. *(Sinkt nieder.)*
80 DESPORTES: Hülfe! *(Nach einigen Verzuckungen stirbt er gleichfalls.)*

Vierte Szene

WESENER *spaziert an der Lys in tiefen Gedanken. Es ist Dämmerung. Eine verhüllte Weibsperson zupft ihn am Rock.*
WESENER: Laß Sie mich – ich bin kein Liebhaber von solchen Sachen.
DIE WEIBSPERSON *(mit halb unvernehmlicher Stimme):* Um Gottes willen, ein klein
85 Almosen, gnädiger Herr.
WESENER: Ins Arbeitshaus mit Euch. Es sind hier der lüderlichen Bälge die Menge, wenn man allen Almosen geben sollte hätte man viel zu tun.
WEIBSPERSON: Gnädiger Herr ich bin drei Tage gewesen ohne einen Bissen Brod in Mund zu stecken, haben Sie doch die Gnade und führen mich in ein Wirtshaus, wo
90 ich einen Schluck Wein tun kann.
WESENER: Ihr lüderliche Seele! schämt Ihr Euch nicht, einem honetten Mann das zuzumuten? Geht, lauft Euren Soldaten nach.
(Weibsperson geht fort ohne zu antworten.)
WESENER: Mich deucht, sie seufzte so tief. Das Herz wird mir so schwer. *(Zieht den*
95 *Beutel hervor.)* Wer weiß wo meine Tochter itzt Almosen heischt. *(Läuft ihr nach und reicht ihr zitternd ein Stück Geld.)* Da hat Sie einen Gulden – aber bessere Sie sich.
WEIBSPERSON *(fängt an zu weinen):* O Gott! *(Nimmt das Geld und fällt halb ohnmächtig nieder.)* Was kann mir das helfen?
100 WESENER *(kehrt sich ab und wischt sich die Augen. Zu ihr ganz außer sich):* Wo ist Sie her?
WEIBSPERSON: Das darf ich nicht sagen. Aber ich bin eines honetten Mannes Tochter.
WESENER: War Ihr Vater ein Galanteriehändler?
WEIBSPERSON *(schweigt stille).*
105 WESENER: Ihr Vater war ein honetter Mann? – Steh Sie auf, ich will Sie in mein Haus führen. *(Sucht ihr aufzuhelfen.)* Wohnt Ihr Vater nicht etwan in Lille –
(Beim letzten Wort fällt sie ihm um den Hals.)
WESENER *(schreit laut):* Ach meine Tochter.
MARIANE: Mein Vater!
110 *(Beide wälzen sich halb tot auf der Erde. Eine Menge Leute versammeln sich um sie und tragen sie fort.)*

Fünfte und letzte Szene

Des Obristen Wohnung
Der Obriste GRAF VON SPANNHEIM. *Die* GRÄFIN LA ROCHE.

GRÄFIN: Haben Sie die beiden Unglücklichen gesehen? Ich habe das Herz noch nicht.
115   Der Anblick würde mich töten.

OBRISTE: Er hat mich zehn Jahre älter gemacht. Und daß das bei meinem Corps soll geschehen sein. – Aber gnädige Frau! was kann man da machen. Es ist das Schicksal des Himmels über gewisse Personen – Ich will dem Mann alle seine Schulden bezahlen und noch tausend Taler zur Schadloshaltung obenein. Hernach will ich
120   sehen, was ich bei dem Vater des Bösewichts für diese durch ihn verwüstete und verheerte Familie auswirken kann.

GRÄFIN: Würdiger Mann! nehmen Sie meinen heißesten Dank in diesen Tränen. Ich habe alles getan das unglückliche Schlachtopfer zu retten – sie wollte nicht.

OBRISTE: Ich wüßt ihr keinen andern Rat, als daß sie Beguine[3] würde. Ihre Ehre ist hin,
125   kein Mensch darf sich ohne zu erröten ihrer annehmen. Obschon sie versichert, sie sei den Gewalttätigkeiten des verwünschten Jägers noch entkommen. O gnädige Frau, wenn ich Gouverneur wäre, der Mensch müßte mir hängen –

GRÄFIN: Das beste liebenswürdigste Geschöpf – ich versichere Ihnen, daß ich anfing die größte Hoffnungen von ihr zu schöpfen. *(Sie weint.)*

130 OBRIST: Diese Tränen machen Ihnen Ehre gnädige Frau! Sie erweichen auch mich. Und warum sollte ich nicht weinen, ich der ich fürs Vaterland streiten und sterben soll, einen Bürger desselben durch einen meiner Untergebenen mit seinem ganzen Hause in den unvermeidlichsten Untergang gestürzt zu sehen.

GRÄFIN: Das sind die Folgen des ehlosen Standes der Herren Soldaten.

135 OBRIST *(zuckt die Schultern)*: Wie ist dem abzuhelfen? Wissen Sie denn nicht gnädige Frau, daß schon Homer[4] gesagt hat, ein guter Ehmann sei immer auch ein schlechter Soldat.

GRÄFIN: Ich habe allezeit eine besondere Idee gehabt, wenn ich die Geschichte der Andromeda gelesen. Ich sehe die Soldaten an wie das Ungeheuer, dem schon von
140   Zeit zu Zeit ein unglückliches Frauenzimmer freiwillig aufgeopfert werden muß, damit die übrigen Gattinnen und Töchter verschont bleiben.

OBRIST: Ihre Idee ist lange die meinige gewesen, nur habe ich sie nicht so schön gedacht. Der König müßte dergleichen Personen besolden, die sich auf die Art dem äußersten Bedürfnis seiner Diener aufopferten, denn kurz um, den Trieb haben doch alle
145   Menschen; dieses wären keine Weiber die die Herzen der Soldaten feig machen könnten, es wären Konkubinen die allenthalben in den Krieg mitzögen und allenfalls wie jene medischen Weiber[5] unter dem Cyrus die Soldaten zur Tapferkeit aufmuntern würden.

GRÄFIN: O daß sich einer fände diese Gedanken bei Hofe durchzutreiben. Dem ganzen
150   Staat würde geholfen sein.

OBRIST: Und Millionen Unglückliche weniger. Die durch unsere Unordungen zerrüttete Gesellschaft würde wieder aufblühen und Fried und Wohlfahrt aller und Ruhe und Freude sich untereinander küssen.

---

[3] Die Beguinenkonvente waren seit der Reformation vielfach Versorgungsanstalten für unverheiratete Töchter geworden.

[4] Lenz denkt an folgendes: Hektor im Homer hat immer recht gehabt, wären der Griechen Weiber mit ihnen gewesen, sie hätten Troja nimmer erobert. Eine entsprechende Äußerung Hektors findet sich jedoch bei Homer nicht.

[5] Lenz meint die persischen Frauen, die in der entscheidenden Befreiungsschlacht des Cyrus gegen die Meder ihre Männer angefeuert haben sollen.

7./8. Stunde:
„Briefroman und Empfindsamkeit"

Vorbemerkung

Angaben zur Sachanalyse sind für diese Doppelstunde in den Kommentar zum Unterrichtsverlauf eingearbeitet und in der Textvorlage für Phase 3 enthalten.

Phase 1:
Briefschreiben

Auch ohne literaturtheoretische und -historische Vorkenntnisse können Schüler Einsichten über die ästhetische Funktion und die erzählerischen Möglichkeiten von Briefromanen gewinnen, wenn sie ihren eigenen alltäglichen Umgang mit Briefen reflektieren. Diesem Zweck dient die Einstiegsphase mit einem mehr oder weniger systematischen Erfahrungsaustausch, an dem der Lehrer durch vorsichtig strukturierendes Fragen und durch Festhalten wichtiger Stichworte an der Tafel beteiligt ist. Im Mittelpunkt des Gespräches sollen private Briefe stehen. Der Lehrer muß damit rechnen, daß die Schüler nur zögernd oder gar nicht bereit sind, über diesen intimen Bereich Auskunft zu geben, gelten Briefschreiber doch auch in unserer Zeit nicht selten als „sentimental" und unmodern. Warum noch schreiben, wenn das Telefonieren doch viel einfacher und bequemer ist...? – dieser Frage sollte einmal kritisch, vielleicht sogar selbstkritisch nachgegangen werden.

Phase 2:
Brief-Roman

Im Anschluß an Phase 1 sollen die Vorüberlegungen zum realen Brief, der einen realen Empfänger hat, auf den Brief-*Roman*, der für einen anonymen Leser bestimmt ist, übertragen werden. Ziel ist es, bereits vor der eigentlichen Textarbeit die ästhetischen Möglichkeiten eines literarischen, d. h. fiktiven Gebildes mitzubedenken. Die Absicht des Autors, der ja nicht selber der Briefschreiber ist, sondern diesen nur erdacht und aus guten Gründen als Briefschreiber konzipiert hat, ist herauszuarbeiten. Dabei sollte auf die in Phase 4 vorgestellten Briefromane sowie auf den „Werther" noch nicht näher eingegangen werden.

Es ist sinnvoll, daß der Lehrer die Ergebnisse des Unterrichtsgesprächs am Ende zusammenfaßt, indem er den Zusammenhang von *Form* (Briefroman) und *Inhalt* (Schwerpunkt im Bereich der Subjektivität) deutlich macht. Der Autor, der sich für einen Briefroman entscheidet, trifft damit zugleich die Entscheidung für einen Inhalt, der weniger von äußeren als vielmehr von inneren Vorgängen bestimmt sein soll. Und umgekehrt: Wenn das äußere Ereignis seine eigentliche Bedeutung erst vor dem Hintergrund seiner seelischen Bewältigung durch das Subjekt erhalten sollte, bietet sich der Briefroman als adäquate epische Form an. Da die Beliebtheit des Briefromans als literarisches Phänomen nur aus seiner Zeit heraus verstanden werden kann, schließt sich an diese Phase ein Lehrervortrag zum Thema „Empfindsamkeit und Briefroman" an.

Phase 3:
Empfindsamkeit und Briefroman

Der „Vorschlag einer Textvorlage für einen Lehrervortrag" wurde mit Hilfe verschiedener Quellen zusammengestellt, von denen hier nur die wichtigsten genannt sein sollen:

H. A. und E. Frenzel, Daten deutscher Dichtung. Chronologischer Abriß der deutschen Literaturgeschichte, Band I: Von den Anfängen bis zur Romantik, München [8]1972, S. 187ff. (Deutscher Taschenbuch Verlag).

Horst Dieter Schlosser, dtv-Atlas zur deutschen Literatur. Tafeln und Texte, München 1983, S. 147 u. a. (Deutscher Taschenbuch Verlag).

Theo Herold und Hildegard Wittenberg, Aufklärung und Sturm und Drang (= Geschichte der deutschen Literatur, Band 1, (Hg.) Joachim Bark / Dietrich Steinbach / Hildegard Wittenberg, Stuttgart 1983, S. 25f. (Klett).

Obwohl es gängige Praxis im Literaturunterricht ist, Themen wie das vorliegende durch Schüler vorbereiten zu lassen (Referat, Hausaufgabe), wird hier dem Lehrervortrag der Vorzug gegeben (Vorschlag einer Textvorlage für den Lehrervortrag siehe S. 49f.). Eine sinnvolle, d. h. dem Schülerverständnis gerecht werdende Aufbereitung des Themas „Empfindsamkeit" erfordert einen Epochen-, Autoren- und Werküberblick, den Schüler in der Regel nicht besitzen und den sie sich erst in der konkreten Auseinandersetzung mit einem oder mehreren Werken erarbeiten sollen. Der Lehrer hingegen kann auf Grund seines Informationsvorsprungs bei der Zusammenstellung seiner Daten eine schon auf „Werther" bezogene Auswahl treffen und bei Nachfragen der Schüler Teile seines Vortrages vertiefend erläutern. Hierbei sollte er aber den späteren Doppelstunden zum Thema „Literatur" (insbesondere zu „Ossian" und zu Klopstock) nicht vorgreifen. Der im übrigen zeitsparende Lehrervortrag fügt sich nahtlos in den Ablauf des Unterrichts ein, indem er die Textanalyse in Phase 4 vorbereitet.

Zum Zwecke der Informationssicherung sollen die Schüler eigene Notizen anfertigen (Mitschreibe-Übung), und zwar auch dann, wenn ein Stundenprotokoll geschrieben wird.

Phase 4:
Werthers Vorgänger: Drei Briefromane

Die mit der Analyse der Textauszüge betrauten Gruppen tragen ihre Ergebnisse zu den vorgegebenen Fragen nacheinander vor, wobei sie davon ausgehen können, daß alle Kursteilnehmer die Texte zu Hause gelesen haben. Der Lehrer achtet darauf, daß die Beobachtungen und Aussagen genau am Text belegt werden. –

Phase 5:
Besonderheiten des Briefromans „Werther"

Nachdem deutlich geworden ist, daß „Werther" in einer europäischen Tradition des Briefromans steht, sollen nun die Besonderheiten, die dieser Roman von seinen Vorgängern unterscheidet, benannt und auf ihre poetische Funktion und Wirkung hin befragt werden. Nach einer kurzen Still- oder Partnerarbeitsphase, die zur Anfertigung von Stichworten dient, erfolgt die Auswertung, die mehrere Aspekte berücksichtigen sollte: Während in den älteren Briefromanen mehrere Briefschreiber zu Wort kommen und so viele Vorgänge polyperspektivisch berichtet und beurteilt wurden, wird die Perspektive im „Werther" auf eine einzige eingeengt. Eine moralische Korrektur oder Relativierung der Briefe Werthers durch einen weiteren Schreiber erfolgt nicht, und auch der Herausgeber beschränkt sich ja am Ende des Romans weitgehend auf die kommentarlose Wiedergabe der Geschehnisse. Durch diese einseitige Perspektive wird die im Briefroman ohnehin vorfindliche Subjektivität der Darstellung noch radikalisiert, wodurch sich naturgemäß die Gefahr verstärkt, daß sich der Leser mit dem Briefschreiber und seiner Sicht der Dinge identifiziert. Der Leser verfolgt nicht mehr den Dialog zwischen Briefpartnern, sondern wird Zeuge eines Monologs Werthers, der den Roman einem Tagebuch ähnlich werden läßt: Werther spricht mehr mit sich selbst als mit dem Adressaten seiner Briefe, die eher einem Wunsch nach Ausdruck seiner Befindlichkeit und Gedanken als einem wirklichen Mitteilungsbedürfnis entspringen. Die hierin verborgene Stimmigkeit von Form und Inhalt hat Gert Mattenklott feinfühlig beschrieben: „Die Bewegung des Romans zwischen Ausschweifung und Einkehr, Erleben und Reflexion, Dehnung und Kontraktion folgt dem Rhythmus des Lebensmuskels. Diese Bewegung ist in die Komposition übertragen, der lebendige Herzschlag oder auch das Atmen." (Mattenklott, S. 198) Der Adressat Wilhelm spielt als Empfänger der Briefe nur eine untergeordnete Rolle, er gibt Werther gelegentlich Stichworte und provoziert ihn durch seine Kritik zu Reflexionen und Selbstrechtfertigungen. Der eigentliche Empfänger aber ist immer der wirkliche Leser, der damit auch Werthers Einsamkeit und sein Gefühl des Unverstandenseins als Klage übermittelt bekommt.

Noch in einem weiteren Punkt bedeutet der „Werther" eine Neuerung der Gattung Briefroman. So waren Tränen und leidenschaftliche Herzensergießungen (sieht man von Saint Preux aus Rousseaus „Julie" einmal ab) die Domäne der Frauenfiguren, die deshalb auch als Titelfiguren dieser Romane fungierten. Daß sich das Leiden und die empfindsam-expressive Darstellung desselben nun auf einen männlichen Helden/Briefschreiber konzentrierte, war für die Leser etwas gänzlich Ungewöhnliches; nun mußten sich auch männliche Leser ihrer Tränen nicht schämen, wenn sie Werthers Leiden mitlitten. Auf einen weiteren Punkt wird der Lehrer die Schüler vermutlich hinweisen müssen: Während Rousseau und La Roche auf Datierungen der Briefe ganz verzichten und Richardson nur den jeweiligen Tag, nicht jedoch das Jahr erwähnt, fällt auf, daß im „Werther" ganz präzise Angaben über den Zeitpunkt der Entstehung der Briefe vorliegen. Hierdurch wird der Eindruck der Authentizität noch verstärkt. – Abschließend informiert der Lehrer darüber, daß der „Werther" im Unterschied zu den außerordentlich breit angelegten und für heutige Leser deshalb in ungekürzter Fassung nur

schwer genießbaren Romanen von Richardson, Rousseau und La Roche sehr knapp geraten ist. Statt epischer Breite und eines Sich-Verlierens in empfindsamer Schwärmerei bietet der „Werther" eine geraffte, konsequent auf das Ende hin ausgerichtete Komposition, die den Roman damit in die Nähe des Dramas rückt und ihn so auch als Zeugnis des Sturm und Drang ausweist.

Der mögliche Zusatz,

der bei Zeitmangel ohne weiteres entfallen kann, bezieht sich auf die Beobachtung, daß in der Erstausgabe von 1774 unter den knapp 90 Briefen, die zwischen Mai 1771 und Dezember 1772 geschrieben werden, nur ein einziges Datum (21. August; S. 52 und S. 77) zweimal auftaucht (die Briefe vom 16. Junius 1772 (S. 75) sowie vom 26. November 1772 (S. 89) sind Zusätze der Ausgabe des „Werther" von 1787). Man kann in diesem Kunstgriff das Bemühen sehen, jeden Brief als Original, als unverwechselbare und einmalige Entäußerung ihres Verfassers Werther erscheinen zu lassen. Die beiden Briefe vom 21. August ähneln einander in der Klage über die Unerreichbarkeit Lottes, über die Werther durch Träume zeitweise hinweggetäuscht wird.

Zur Hausaufgabe

Die Hausaufgabe 1, die schriftlich auszuführen ist, dient der Nachbereitung der Doppelstunde, insbesondere der Phasen 1 und 3. Die Schüler erhalten einen Eindruck davon, daß an reale Personen gerichtete Briefe in der Empfindsamkeit u. U. noch pathetischer ausfallen konnten als die Briefe der Romanfigur Werther. Es sollte deutlich werden, daß diese Briefe keinen eigentlichen Inhalt mehr haben und sich auf die expressive Verbalisierung von Verehrung und Freundschaftsgefühlen beschränken. Das übersteigerte Pathos wirkt auf uns heute fremd und legt den Verdacht nahe, daß diese Briefe auch als Zeugnisse der Selbstverliebtheit, die sich im Schreiben realisiert, zu lesen sind. – Die zweite Hausaufgabe ist stichwortartig zu lösen und bereitet die Phase 1a der folgenden Doppelstunde vor.

Stundenziele zur 7./8. Stunde

Die Schüler sollen
- ihren Umgang mit Briefen und dem Briefeschreiben erörtern,
- die poetischen Möglichkeiten eines Brief-Romans reflektieren,
- die Bedeutung der Empfindsamkeit für die Gattung des Briefromans kennenlernen,
- Auszüge aus drei Briefromanen, die vor dem „Werther" entstanden, analysieren,
- die Besonderheiten des Briefromans „Werther" im Unterschied zu seinen Vorgängern herausarbeiten.

Vorschlag einer Textvorlage für einen Lehrervortrag zum Thema Empfindsamkeit und Briefroman

Die Gattung des Briefromans wurde in Deutschland durch die Empfindsamkeit populär gemacht, eine Epoche, die zeitlich ungefähr parallel zur Aufklärung verläuft.

Ihren Ursprung hat die Empfindsamkeit im *Pietismus* (lat. pius = fromm), einer religiösen Erweckungsbewegung, die gegen Ende des 17. Jahrhunderts einsetzte. Ihr Begründer, der lutherische Theologe Jakob Spener, forderte eine Verchristlichung der Welt und verlangte die Ausweitung echter Frömmigkeit auf alle Lebensbereiche, Herzensfrömmigkeit und tätiges Christentum sollten Vorrang vor kirchlichen Dogmen und Institutionen haben, dem Gläubigen sollte eine persönliche, unaustauschbare und gefühlsbetonte Beziehung zu Gott eröffnet werden. Diese Absage an Institutionen und Konventionen verband die Empfindsamkeit mit der Aufklärung: Dem einzelnen wurde die Verantwortung für sich und vor sich selbst zurückgegeben. Während allerdings die Vertreter der Aufklärung den Verstand zur obersten Instanz kritischen Selbstbewußtseins erklärten, beriefen sich die Pietisten (und in ihrer Folge die Empfindsamen) auf das Herz als Quelle ständiger Gewissensforschung und moralischen Urteilsvermögens. Auf Spener und seinen Schüler August Hermann Francke ging die 1727 von Graf von Zinzendorf gegründete Herrnhuter „Brüdergemeine" zurück, die das Ideal der Nächstenliebe (auch Andersgläubigen gegenüber) betonte, der Seelsorge breiten Raum gab und sich um die Förderung von Erbauungsschriften und Kirchenliedern bemühte; auf viele Dichter des 18. Jahrhunderts hat diese Bewegung, die sich schon bald ausbreitete, nachhaltigen Einfluß ausgeübt.

Der durch den Pietismus neu definierte Begriff einer Gott-Mensch-Beziehung ohne die traditionell-orthodoxe kirchliche Vermittlung führte dazu, daß die Versenkung des Individuums in sich selbst, der Blick in das eigene Innere („*Seele*", „*Herz*") stark an Bedeutung gewann. Diese Entwicklung ging einher mit sozialen und ökonomischen Veränderungen im Zuge der allmählichen Herausbildung und Etablierung bürgerlicher Verkehrsverhältnisse, in denen der einzelne stärker als bisher auf sich selbst gestellt war, um in der Konkurrenz bestehen zu können. Die hierdurch hervorgerufene Erfahrung zunehmender Vereinzelung rief das Interesse des Subjekts für sich selbst, aber auch für die Subjektivität und die Gefühlswelt anderer wach. Die Folge dieser Innenschau und Seelenzergliederung war eine neue Erfahrung des Ichs, die schon bald über das Religiöse hinausging und im Bereich der weltlichen Literatur nach angemessenen Ausdrucksformen suchte. Das Streben des Subjekts nach Erforschung eigener und fremder Identität – wobei Identität weitgehend mit den Gefühlen und der Gefühlsfähigkeit des einzelnen gleichgesetzt wurde – sowie der Drang, sich anderen mitzuteilen, um gesellschaftlich bedingte Fremdheit zu überwinden, ließ als Formen von Bekenntnis und *Bekenntnisdichtung* das Tagebuch, die Autobiographie, Brief und Briefroman bedeutsam werden; sie eigneten sich für psychologische Studien und Selbstbeobachtungen ebenso wie für die Darstellung schwärmerischer und rührseliger Empfindungen, die den Leser zu Tränen hinreißen sollten.

Neben den genannten Prosaformen war die *Lyrik* eine wichtige Gattung zur Zeit der Empfindsamkeit; ihr vor allem widmete sich der wohl bedeutendste Vertreter dieser Epoche, Friedrich Gottlieb Klopstock (dessen Name im „Werther" einmal auftaucht). Er behandelte in seinen frei-rhythmischen Oden und Hymnen in eigenwilligen, mit Wortneubildungen versetztem Sprachgestus erhabene Gegenstände wie Gott, Unsterblichkeit, Natur, Freundschaft etc. Besonders schwärmerische Verehrung erfuhr Klopstock durch die Mitglieder des Göttinger „Hainbundes" (Voß, Hölty, Stolberg u. a.). Diese pflegten einen für die Empfindsamkeit typischen Freundschaftskult und hatten ihren Bund nach einer Ode ihres Idols („Der Hügel und der Hain") benannt. Es ist überliefert, daß sie den Geburtstag Klopstocks am 2. Juli 1773 mit einer Feier begingen, bei der ein leerer, mit Blumen geschmückter Stuhl den Meister vertreten mußte, während seine Jünger auf sein Wohl tranken. (Solche Formen der Huldigung dürften heute selbst eingeschworenen Fan-Clubs fremd sein . . .)

Wichtige Anregungen erhielt die Empfindsamkeit aus England; ihren Namen prägte Lessing, der vorschlug, das englische „sentimental" (in Laurence Sternes „Sentimental Journey" [1768]) mit „empfindsam" zu übersetzen. Neben Sternes Romanen übten auch die von Samuel Richardson große Wirkung in Deutschland aus, vor allem sein umfangreicher Briefroman „Clarissa Harlowe" (1748). Schilderungen des Einfachen, Ländlichen bot der im „Werther" einmal erwähnte „Vicar of Wakefield" von Oliver Goldsmith (1766). Vorbild für larmoyante, schwermütige Szenen fanden sich u. a. in dem epischen Gedicht „Night Thoughts" (1742/45) von Edward Young, das ebenso wie die gälischen Gesänge „Ossians" (1760–63; eine Fälschung ihres Herausgebers John MacPherson) in Deutschland hoch geschätzt wurde.

Aus Frankreich wirkte besonders der Philosoph und Dichter Jean-Jacques Rousseau mit seinem Briefroman „La Nouvelle Héloïse (1761) auf die Empfindsamkeit. An ihm und der bereits erwähnten „Clarissa" orientierte sich die Schriftstellerin Sophie von La Roche, die mit ihrem Briefroman „Geschichte des Fräuleins von Sternheim" (1771) ihrerseits Goethes „Werther" beeinflußte.

Textvorlage: Auszüge aus Samuel Richardsons „Clarissa Harlowe" (1748)

Der Roman, der ausschließlich aus Briefen besteht, erzählt das tragische Schicksal der tugendhaften und schönen Clarissa Harlowe, Tochter aus einer wohlhabenden bürgerlichen Familie. Um sie wirbt der junge Adlige Robert Lovelace vergeblich: Seines schlechten Rufes wegen wird sein Heiratsgesuch abgelehnt, obwohl Clarissa ihn – trotz seines zweifelhaften Charakters – heimlich liebt. Statt dessen soll sie einen vom Vater bestimmten reichen jungen Mann namens Solmes heiraten, den sie verabscheut. Lovelace, der sich vorgenommen hat, Clarissa zu verführen, um sich an der Familie Harlowe für die Demütigung zu rächen, hat alles vorbereitet, Clarissa unter Vortäuschung falscher Tatsachen zu entführen. – Von diesem Vorgang berichten Clarissa und Lovelace unabhängig voneinander ihren jeweiligen Freunden in Briefen. Die Briefe werden in der vom Autor gewählten Reihenfolge auszugsweise wiedergegeben.

① *Miss Clarissa Harlowe an Miss Howe*

Dienstag abend, 11. April

(...) Wie mein Herz flatterte! Es war keine Zeit zu verlieren. Ich ging zum Gartentor, und da alles still blieb, riegelte ich die Pforte auf. Da stand er, in höchster Ungeduld auf
5 mich wartend.
Panischer Schrecken befiel mich, als ich ihn sah. Mein Herz krampfte sich zusammen, und ich zitterte so, daß ich mich nicht mehr auf den Beinen halten konnte. Da stützte er mich.
„Fürchten Sie nichts, Teuerste!" sagte er. „Nur fort von hier! Der Wagen wartet! Ihre
10 holde Einwilligung hat mich über die Maßen glücklich gemacht!"
Ich erholte mich ein wenig und sagte, während er mich nach sich zog: „Oh, Mr. Lovelace, ich kann nicht mitkommen! Wirklich, ich kann nicht! Ich schrieb es Ihnen schon. Lassen Sie meine Hand los! Sie müssen den Brief sehen! Er hat seit gestern morgen bis vor einer halben Stunde in dem Mauerversteck gelegen. Habe ich Sie nicht
15 gebeten, auf Briefe von mir zu achten?"
„Ich wurde beobachtet, geliebtes Leben!" sagte er, noch halb außer Atem. „Man hat mich auf Schritt und Tritt beobachtet! Auch mein treuer Diener wurde seit Sonnabend überwacht und wagte sich nicht bis an die Mauer. Auch wir können in diesem Augenblick entdeckt werden. Kommen Sie rasch, meine Zauberin! Dies ist der
20 Augenblick Ihrer Befreiung! Wenn Sie ihn versäumen, wird es keinen andern mehr für Sie geben!"
„Was reden Sie da, Herr? – Lassen Sie meine Hand los, denn ich sage Ihnen, daß ich lieber sterben will, als mit Ihnen fortgehen."
„Guter Gott!" sagte er, Wildheit und Erstaunen im Blick. „Was muß ich hören?" Dabei
25 zog er mich, während er sich weiter von der Tür entfernte, hinter sich her. „Jetzt können wir nicht diskutieren! Bei allen Heiligen, Sie müssen fort! Sie können doch nicht an meiner Ehrenhaftigkeit zweifeln noch mir Grund geben, an der Ihren irre zu werden?"
„Wenn Sie mich achten, Mr. Lovelace, dann drängen Sie mich nicht weiter! Ich komme fest entschlossen. Hören Sie: Meine Gründe werden Sie überzeugen!"
30 „Nichts, Gnädigste, kann mich überzeugen. Bei allem, was mir heilig ist, kann ich Sie nicht verlassen. Sie jetzt verlassen, hieße Sie für immer verlieren! Meine Verwandten erwarten Sie. Die Ihren haben sich gegen Sie entschieden. Mittwoch ist der verhängnisvolle Tag. Wollen Sie denn bleiben und Solmes' Frau werden?"
„Nein, nie werde ich diesem Mann gehören! Aber ich will auch nicht mit Ihnen gehen.
35 Zerren Sie mich nicht fort! Wie können Sie es wagen? Lassen Sie mich bitte zurückgehen, ehe es zu spät ist! Es ist besser so für uns beide. Keine Gewaltsamkeit! Was soll ich

sonst von Ihrem so oft geschworenen Gehorsam halten? Lassen Sie mich sofort los, oder ich schreie um Hilfe!"

„Ich gehorche Ihnen, geliebtes Wesen!" Er ließ meine Hand los, besorgte Verzagtheit
40 im Blick, was mich, da ich sein ungestümes Temperament kenne, wieder für ihn einnahm. Doch während ich von ihm forteilte, musterte er mit feierlichem Ernst seinen Degen, riß seine Hand zurück und verschränkte die Arme, als ob eine plötzliche Eingebung ihn von einer übereilten Regung abhalten würde.

„Bleiben Sie, nur einen Augenblick lang bleiben Sie noch, Geliebteste meiner Seele!
45 Ihr Rückzug ist gesichert – wenn Sie zurück wollen! Der Schlüssel liegt unter dem Tor."

Schon war ich nahe der Pforte. Da hielt ich inne; ich fühlte mich sicherer, als ich den Schlüssel gewahrte.

„Noch auf ein Wort, Madame! (Er näherte sich mir noch immer mit verschränkten
50 Armen, um, wie ich meinte, sich zu keinem Unglück hinreißen zu lassen.) Bedenken Sie: Ich komme auf Ihre Anordnung, um Sie unter Einsatz meines Lebens von Ihren Wächtern und Verfolgern zu befreien, mit dem Entschluß – Gott ist mein Zeuge, oder verdammt will ich sein (er gebrauchte diese schockierende Verwünschung) –, Ihnen Vater, Onkel, Bruder und, wie ich demütig hoffe, Gatte zu sein, wenn Sie es an der Zeit
55 finden. Da ich Sie aber so bereit sehe, um Hilfe gegen mich zu schreien, was die Rache Ihrer ganzen Familie über mich bringt, so will ich Sie jetzt auch nicht bitten mit mir zu kommen, sondern ich begleite Sie in den Garten und in das Haus hinein – sofern man mir nicht den Weg abschneidet. – Nein, Madame, seien Sie nicht erstaunt! Die Hilfe, die Sie herausfordern wollten, will ich Ihnen selbst leisten. Denn ich werde ihnen
60 allen die Stirn bieten, nicht einmal als Rächer, wenn man mich nicht zu sehr reizt. Ja, wir wollen sehen, ob nicht ernste Vorhaltungen und das Betrachten eines Gentleman eine ihm gebührende Behandlung erzwingen!"

Hätte er angeboten, seinen Degen gegen sich zu zücken, so hätte ich ihn verachtet seiner kläglichen Annahme wegen, einen Neuling wie mich könnte man durch einen gewöhnli-
65 chen Kniff einschüchtern. Aber dieser mit so feierlicher Miene vorgebrachte Entschluß, mich zu den Meinen zu begleiten, verschlug mir vor Schreck den Atem.

„Was glauben Sie denn, Mr. Lovelace? Ich flehe Sie an, verlassen Sie mich!" sagte ich.

„Verzeihen Sie mir – ich bitte, mir zu verzeihen, Madame! Zu lange schon bin ich wie ein Dieb um diese einsamen Mauern geschlichen. Meine Fügsamkeit hat der Haß der
70 Ihren geschürt und das Gift nur wirksamer gemacht. Jetzt bin ich verzweifelt. Das Leben bedeutet mir nichts mehr, wenn ich Sie verliere. Bitte, Madame, würden Sie mir den Weg in den Garten weisen! (Und er bewegte sich auf die Tür zu.) Ich werde Sie begleiten, und wenn es zu meinem Untergang ist! Überglücklich wäre ich, wenn mich das Verhältnis in Ihrer Gegenwart träfe! Führen Sie mich, Sie holdes Geschöpf!"
75 Und er bückte sich und hob den Schlüssel auf und wollte ihn ins Schloß stecken, ließ ihn aber, auf meine Vorstellungen hin, noch einmal sinken.

„Wie, Mr. Lovelace"? fragte ich. „Wollen Sie sich so ausliefern und mich dazu? Ist das Ihr Edelmut?"

Und ich weinte. Ich konnte nicht anders.
80 Er warf sich mir zu Füßen und sagte (mit einer Glut, die nicht geheuchelt sein konnte, denn auch seine Augen glänzten feucht): „Wer könnte Ihren Tränen widerstehen? Zauberin meines Herzens (immer noch ehrerbietig kniend, nahm er meine Hand in seine beiden Hände und drückte seine Lippen darauf), befehlen Sie, daß ich mit Ihnen gehe, befehlen Sie, daß ich von Ihnen gehe – ich werde blind gehorchen!
85 Muß ich Sie an alles, was Sie wissen, an alles, was Sie litten, erinnern? Der Wagen steht bereit. Meine Verwandten erwarten ungeduldig Ihre Entscheidung. Ihnen zu Füßen der

Mann, der seinen Willen dem Ihren gänzlich unterordnet, Sie nur beschwört, Ihre
Freiheit zu wahren – nichts weiter. Ich dränge Sie nicht einmal zu Ihren Jawort, ehe ich
es nicht vollgültig zu verdienen scheine. Lassen Sie diese Gelegenheit nicht vorüberge-
90 hen, liebstes Geschöpf!" sagte er und führte wieder meine Hand an seine Lippen.
Ich bat ihn aufzustehen. Er tat es, und ich sagte ihm, wir würden beide dem Mittwoch
mit größeren Befürchtungen entgegensehen als nötig. „Aber die Eheerlaubnis ist schon
eingeholt, der Pfarrer bestellt. Sollen denn solche Vorbereitungen nur als eine Prüfung
gemeint sein?" Ich sagte, ich sei sicher, noch einen Aufschub zu erwirken. Dabei bückte
95 ich mich und hob den Schlüssel auf, um aufzuschließen, als er plötzlich erschrocken und
wie außer Atem flüsterte: „Da ist wer an der Tür, meine Geliebte!" Er nahm mir den
Schlüssel ab und drehte ihn, als wollte er zweimal umschließen. In diesem Augenblick
warf sich von innen jemand gegen die Tür, um sie aufzubrechen, und schrie laut: „Seid
ihr da? Kommt schnell her! Schnell! Hier sind sie! Alle beide! Deine Pistole! Dein
100 Gewehr!" Dann wieder ein Stoß und noch einer gegen die Tür.
Lovelace zog seinen Degen und klemmte ihn unter den Arm, nahm meine zitternden
Hände in die seinen und zog mich hastig mit sich fort: „Fliehe! Fliehe, Zauberin! Es ist
keine Zeit mehr zu verlieren! Ihr Bruder – Ihre Onkel – oder gar Solmes – brechen die
Tür auf! Fliehen Sie, Liebste, wenn Sie nicht Zeuge von zwei oder drei Morden hier zu
105 Ihren Füßen werden wollen! Fliehen Sie! Ich beschwöre Sie!"
„Hilfe! Zu Hilfe! O Gott!" schrie drinnen der Narr in höchster Verwirrung.
Ich kehrte mein erschrecktes Gesicht erst zurück, dann geradeaus, bald zu der einen,
bald zu der anderen Seite, erwartete einen rasenden Bruder hier, einen bewaffneten
Diener dort, eine wie toll schreiende Schwester und einen Vater, dessen Entsetzen mir
110 fürchterlicher zu sehen gewesen wäre als Lovelaces gezogener Degen, den ich sah, oder
die Waffen, die ich zu sehen vermeinte.
Ich lief so schnell wie er, ohne zu wissen, daß ich rannte. Furcht beflügelte meine
Schritte und beraubte mich gleichzeitig jeder Überlegung. Schon aus Angst hätte ich
nicht gewußt, wohin meine Schritte lenken, hätte er mich nicht fortgezogen, zumal als
115 ich einen Mann erblickte, der aus der Tür getreten sein mußte, uns nachrannte und
dann in den Garten zurück. Er winkte und rief jene, die er sehen mochte, die mir aber
durch die Mauer verborgen waren: wahrscheinlich doch mein Bruder, mein Vater und
ihre Bedienten. In solcher Angst verlor ich die Tür bald aus den Augen.
Während ich vom Laufen noch außer Atem war, legte er meinen Arm in den seinen,
120 hielt seinen Degen in der anderen Hand und drängte mich zu noch größerer Eile. Meine
Stimme widersprach meinem Tun: „Nein, nein, nein!" rief ich die ganze Zeit, während
ich mir den Hals verrenkte, um zurückzusehen, solange noch die Gartenmauer und der
Park sichtbar waren. Lovelace brachte mich zum Wagen. Dort warteten zwei seiner
eigenen Diener in Waffen und zwei berittene Diener von Lord M.
(. . .)
125 Wenn es sich herausstellen sollte, daß dieser Mensch im Garten sein Werkzeug war,
bestochen, bestellt, um mich ihm in die Arme zu treiben, müßte ich ihn und mich nicht
hassen dafür? Aber er kann doch nicht so gemein sein! Weshalb aber kam nur ein
einzelner Mann aus dem Gartentor und niemand weiter? Warum hielt er sich so
entfernt und verfolgte uns nicht oder lief ins Haus zurück, um Alarm zu schlagen?
130 Wenn ich jetzt zurückdenke, meine ich wirklich, ich hätte das abscheuliche Gesicht von
Joseph Leman erkannt.

Mr. Lovelace an Joseph Leman

Bester Joseph,

135 endlich hat Deine geliebte junge Herrin darein gewilligt, sich von der grausamen Behandlung, die sie seit langem erduldet, zu befreien. Sie wird mich am Montagnachmittag gegen vier Uhr vor dem Gartentor treffen. Ich werde einen Sechsspänner in dem Seitenweg bereit halten, der den Privatweg zur Harlowe-Koppel kreuzt. Bewaffnete Helfer und Diener werden in der Nähe sein, um sie, falls nötig, zu schützen; doch haben
140 sie Weisung, jedes Unglück zu vermeiden.

Meine Befürchtung ist nur, wenn es zum Handeln kommt, wird Deine Herrin aus übergroßer Empfindsamkeit wieder wankend und will umkehren, obwohl ihre Ehre meine Ehre und meine Ehre die ihre ist, verstehst Du wohl! Wenn es dazu käme und ich sie nicht zurückhalten könnte, wären alle Deine bisherigen
145 Dienste umsonst und sie mir auf immer verloren. Sie würde die Beute jenes verfluchten Solmes, der in seinem schmierigen Geiz niemals an die Dienstboten denkt. Nun zweifle ich nicht an Deiner Treue, mein redlicher Joseph, noch an Deinem Eifer, einem gekränkten Gentleman und einer bedrängten jungen Dame zu helfen. Und sollte sie schwankend werden, ist nur eine harmlose List vonnöten.
150 Paß also auf: Halte Dich verkleidet und von dem Fräulein unbemerkt im Garten auf. Wenn Du unsere Stimmen hörst, so warte, bis ich zweimal „Mh, mh!" mache; aber passe gut auf, denn ich kann mich nicht laut räuspern, ohne ihren Verdacht zu erregen. Vielleicht finde ich auch Gelegenheit, mit dem Ellbogen oder dem Absatz gegen die Tür zu schlagen. Dann mußt Du Dich gegen die Tür werfen, als ob Du sie aufbrechen
155 wolltest, an dem Riegel rütteln und wieder gegen die Tür stoßen, aber mit mehr Lärm als Kraft, damit das Schloß nicht nachgibt, und dann schreie, als ob Du die von der Familie sehen würdest: „Kommt her! Schnell! Hier sind sie! Rasch!" Rufe nach Schwestern, Pistolen, Gewehren mit Deiner schrecklichsten Stimme! Dann werde ich sie schon bewegen, mit mir zu fliehen.
160 Wenn Du uns weit genug entfernt glaubst (ich werde sie mit noch lauterer Stimme zu eiligerer Flucht antreiben), dann öffne die Tür nur vorsichtig, wenn wir auch weit genug entfernt sind, denn ich möchte nicht, daß sie Dich erkennt und ahnt, daß Du die Hand im Spiel hast – dafür achte ich Dich zu sehr. Ist alles gut gegangen, so mußt Du herauskommen und uns verfolgen und um Hilfe rufen. Wir werden bald im Wagen
165 sein.

Später kannst Du der Familie sagen, Du hättest mich mit ihr einen Wagen besteigen sehen, der von einem Dutzend oder mehr Reitern begleitet war. Sie wären, wie Du meinst, mit Donnerbüchsen und Schießprügeln bewaffnet gewesen, und sage, wir seien in der entgegengesetzten Richtung als der tatsächlichen davongefahren.
170 Du siehst, Joseph, mein redlicher Diener, wie umsichtig ich vorgehe, um jedes Unglück zu verhüten. Das wird eines Tages von beiden Familien anerkannt werden. Und Du wirst überall in hoher Gunst stehen, und jeder gute Diener wird künftig stolz darauf sein, mit Joseph Leman verglichen zu werden. Und noch einmal: Verlaß Dich auf Deine Belohnung bei der Ehre Deines Freundes   R. Lovelace

175 *Mr. Lovelace an John Belford, Esq.*

Dienstag, Mittwoch, 11. und 12. April

Du erinnerst mich an mein Versprechen, daß ich Dir so eingehend wie nur möglich alles schildern wollte, was zwischen meiner Göttin und mir vorgeht. Und nie hatte ich ein glänzenderes Sujet für meine Feder. Außerdem habe ich eben Zeit; denn wenn es nach

180 ihr ginge, so könnte ich ebenso wenig zu ihr vordringen wie der niedrigste Sklave zum
Großmogul. So könnte mir höchstens die Lust zum Schreiben fehlen, aber das verbieten
mir unsere Freundschaft und Deine aufopfernde Gesellschaft im „Weißen Hirsch".
Wir hatten ja miteinander verabredet, wenn sie mich wieder enttäuschen sollte und
nicht gekommen wäre, zusammen ihren grollenden Vater aufzusuchen, uns Gehör bei
185 dem Tyrannen zu verschaffen, um, wenn möglich auf faire Weise, ihn zu bestimmen,
seine Entscheidung zu ändern und seine reizende Tochter menschlicher und mich
höflicher zu behandeln. Ich nannte Dir auch die Gründe, derentwegen ich ihren Brief
mit der Abbestellung nicht annahm. Ich hatte recht!
Erst, als ich sie die Tür aufriegeln hörte, war ich ihrer sicher. Der Laut ließ mir das Herz
190 bis zum Halse schlagen. Als darauf mein bezauberndes Mädchen erschien, blitzartig,
wie in einem Feuerstrom vor mir stehend, reizend angezogen, wenn auch völlig
unvorbereitet für die Reise, da wandelte ich wie auf Luft und wußte mich nicht mehr
sterblich.
(...)
Ich habe Dir gesagt, was ich empfand, als der Riegel zurückgeschoben wurde und
195 meine lang ersehnte Zauberin erschien.
Nach den ersten Augenblicken begann das Feuer ihrer Sternenaugen zu ermatten und
stumpf zu werden. Sie zitterte. Sie wußte nicht, wie den Aufruhr ihres Herzens
meistern, das noch nie so unbeherrscht gewesen war. Sie wäre umgesunken, hätte ich sie
nicht in meine stützenden Arme genommen. Welch unbezahlbarer Augenblick! Wie
200 nah, wie wunderbar nahe waren sich die beiden klopfenden Herzen!
Und dann begann der heftigste Kampf, den ich je mit einer Frau ausgetragen habe. Es
würde Dein Freundesherz betrüben, zu hören, welche unendliche Mühe es mich gekostet
hat. Ich bat, ich flehte, ich kniete – vergeblich. Ich beschwor sie, bei ihrem Entschluß
zu bleiben; aber hätte ich nicht Vorsorge getroffen – denn ich wußte ja, wen ich würde
205 überreden müssen –, dann hätte ich meine Absicht sicher nicht erreicht und hätte sie
ebenso sicher ins Haus zurückbegleitet ohne Dich und die anderen, und wer weiß, mit
welchen Folgen!
Doch tat mein wackerer Spion auf mein Zeichen hin, zwar etwas später, als ich
erwartete, alles, was wir ihn geheißen hatten. Ich aber rief: „Fliehe! Fliehe, Geliebte!"
210 und schwang den gezogenen Degen, als ob ich ein halbes Hundert vermeintlicher
Angreifer erschlagen wollte. Dann ergriff ich ihre zitternden Hände und zog sie so rasch
mit mir, daß meine Füße, von der Liebe beflügelt, kaum mit den ihren, der Angst
getrieben, Schritt halten konnten. So wurde ich ihr Herr.
Aber siehst Du nicht, wie meine den Wind überflügelnde Schöne von Liebe zu Liebe
215 flieht? Welch eine Jagd! Bedenke, sie verläßt ihre Familie, die sie nicht verlassen
wollte, und flieht zu einem Mann, dem sie nicht folgen wollte! So sind die Frauen, alle
miteinander. Ach, wundervoller Widerspruch! – Ich muß die Feder fortlegen, um mich
auszulachen; ja, ich muß mir die Seiten halten vor Lachen.

② *Mr. Lovelace an John Belford, Esq.*
Bei Mrs. Sinclair, Montag nachmittag*
Alles steht nach Herzenswunsch. Trotz allen Einwänden, trotz einer der Ohnmacht
nahen Gegenwehr, trotz aller Vorsorge und Wachsamkeit ist sie, die meine Seele
5 behext hat, wieder in ihrer alten Wohnung. Gerade befiehlt die Geliebte, daß ihre
Kleider gepackt würden, will sie doch mit Lady Betty und Miss Montague nach

---

* Mrs. Sinclair ist eine Bordellwirtin, bei der Lovelace die ahnungslose Clarissa einquartiert
hat.

Hampstead zurückfahren. Noch keine Spur von Vergebung. Die Harlowe-Hartnäckig-
keit meiner Schönen verdient meine Vergebung nicht!
(...)
Daß sie mich verachtet, daß sie sich sogar weigert, meine *Frau* zu werden! Stolzer
10 Lovelace – ausgeschlagen von einer Frau! Und gar von einer Harlowe! Ob ihre
Gefühlskälte echt ist? Ob ihre Tugend Grundsatz? Ob, wenn einmal unterworfen, sie
nicht hörig sein würde?
Jetzt ist das Ziel meiner Wünsche, so lange niedergehalten, so oft aufgeschoben, nahe!
„Ich verabscheue Gewalt, jeden Gedanken daran, denn Gewalt ist kein Triumph über
15 den Willen!" Ich weiß, ich habe es gesagt. Aber habe ich noch eine andere Wahl? Und
wenn ihre Empfindlichkeit übermäßig ist, kann ich es nicht gutmachen durch Heirat?
Die hochmütige Schönheit wird sich mir nicht verweigern, wenn ihr Stolz auf ihre
körperliche Unantastbarkeit gedemütigt ist. Ist sie nicht eine Frau? und muß sie nicht
leben? Ihre Frömmigkeit wird sie retten. Und wird nicht die Zeit mein Verbündeter
20 sein? In einem Wort: Was kann sie *nachher* tun? Sie kann mich nicht fliehen, sie muß
mir verzeihen, und einmal verziehen, immer verziehen! Warum bloß schleicht sich
dieses entnervende Mitleid in mein Herz? (...)

[Clarissa erhält die Nachricht, daß die Abfahrt nach Hamsteadt verschoben werden muß.]

Kaum hatte Clarissa das Billet gelesen, rief sie aus: „Nun bin ich verloren!" und kam,
fast gleichzeitig mit Dorcas, wie wahnsinnig hereingestürzt, riß an ihrer Haube, fragte,
25 wo ich wäre (ihre glänzenden Flechten fielen ihr auf die Schultern), reckte die Arme
(ihre Manschetten hingen in Fetzen herunter) – und verdrehte die Augen.
Ich drückte sie auf einen Stuhl, und in verwirrt-erregten Worten sagte ich, ihre Ängste
seien sinnlos, wunderte mich, bat sie, mir zu vertrauen, erneuerte meine alten Schwüre
– und hängte neue an. Sie aber schluchzte herzzerbrechend und sagte nur: „Ich sehe,
30 Mr. Lovelace, sehe, daß es um mich geschehen ist, wenn nicht Ihr Mitleid – lassen Sie
mich Ihr Mitleid anrufen!" Und ihr Kopf sank herab wie eine vom Morgentau
überschwere Lilie auf einem geknickten Stengel.
Kaum erholt, wollte sie wissen, warum ich nicht Lady Bettys Kutsche hatte kommen
lassen. Aber die mußte doch jetzt zum Doktor für Miss Montague fahren! „Ah,
35 Lovelace!" sagte sie zweifelnd. Nichts wollte sie glauben von allem was ich sagte, wenn
ich nicht augenblicklich die Kutsche kommen ließe! Ich ermunterte sie, beauftragte
Will., sofort ein Gefährt aufzutreiben, das uns nach Hampstead bringen sollte, gleichgültig zu welchem Preis.
Oh, Jack, eine Welle der Liebe, eine Welle der Rache überkam mich!

. . .

40 Will. noch nicht zurück. Fast 11 Uhr.

. . .

Will. erschien. Kein Gefährt zu haben. Nicht für Geld und gute Worte. Sie bestürmte
mich: „Lovelace, bester Lovelace, lassen Sie mich nach Hampstead zurück, um des
Allmächtigen willen, lassen Sie mich!" „Wie, mein Engel, so ungestüm? Weißt du nicht,
es ist 11 Uhr vorbei?"
45 „Zwölf, eins, zwei, drei, vier – die Stunde ist mir gleich, nur lassen Sie mich aus diesem
verhaßten Hause fort, wenn Sie es ehrlich mit mir meinen!"
Bei diesen Worten kam Mrs. Sinclair in großer Erregung herein. Der alte Drache
spreizte sich vor ihr auf, und mit Augenbrauen, erhoben wie die Borsten auf dem

Rücken einer Wildsau, dabei finster aus den halbversteckten Frettchenaugen blickend,
herrschte sie sie an. So verging ihr vor Schrecken die späte Stunde – und was danach
kam.

Mr. Lovelace an John Belford, Esq.

Dienstag, 13. Juni

Und nun, Belford, kann ich nicht weitergehen. Die Sache ist geschehen. Clarissa lebt.
Und ich bin Dein gehorsamer Diener   Robert Lovelace

Mr. Belford an Robert Lovelace, Esq.

Watford, Mittwoch, 14. Juni

Lovelace. Du Ausgeburt! Was hast Du getan – in einer schuldvollen Stunde genug für
ein Leben der Reue!
Ich bin um das Schicksal dieser unvergleichlichen Frau unsäglich besorgt. Noch einmal
hatte ich einen langen Brief an Dich angefangen, um Dein hartes Herz zu erweichen,
war ich doch sicher, daß es Dir gelingen würde, sie in das verfluchte Haus zurückzubrin-
gen. Aber nun ist es zu spät, ihn zu beenden und abzuschicken. Doch kann ich nicht
unterlassen, in Dich zu dringen, daß Du das einzig Mögliche für sie tust und jetzt von
der erlangten Heiratslizenz Gebrauch machst.
Es peinigt mich, daß ich sie je gesehen habe. Sie, die die Tugend hochhielt – dem
Gemeinsten geopfert! Und Du – Werkzeug in des Teufels Hand für ein so niedriges,
unrühmliches Ziel! Nun brüste Dich, Du brutaler Mensch, daß Dein Sieg über eine Frau,
die alle ihre Freunde auf der Welt Deinetwegen verlor, nicht durch Schwäche und
Gutgläubigkeit bewerkstelligt wurde, sondern durch die schwärzeste List, nachdem eine
lange Kette vorbereiteter Täuschungen nichts gefruchtet hatte. Und diesen alten
Drachen auf die entsetzte Unschuld loszulassen! Welche Barbarei, welch armselige
Barbarei, durch Angst und Schrecken zu erreichen, was Du verzweifelt gerne durch
Liebe gewonnen hättest, noch dazu unter Zuhilfennahme der hinterhältigsten List!

Mr. Lovelace an John Belford, Esq.

Donnerstag, 15. Juni

„Laß mich in Ruhe, Du Hund! Laß mich!" – habe ich einen kleinen Jungen, mit seinen
Armen feig das Gesicht bedeckend, zu einem größeren sagen hören, der ihn schlug.
So sage ich zu Dir, der Du mit dem Freund so unbarmherzig umgehst, der Dich mit
eben den Waffen versorgt hat, die Du jetzt so fürchterlich gegen ihn schwingst. Und
wozu, da das Unglück unwiderruflich geschehen ist? Und wenn eine Clarissa mich nicht
abhalten konnte! Doch muß ich gestehen, daß dies ein besonderer Fall war, da sich
diese Frau weder mit ihrem Körper noch mit ihrer Seele mir ergab.
Belford, überspannte Ansichten können doch an den Dingen nichts ändern. Schließlich
hat Miss Clarissa Harlowe dasselbe Schicksal erfahren wie Tausende ihres Geschlechts,
nur daß diese nicht ihre Ehre, wie sie es nennen, derartig romantisch bewerten. Das ist
alles.
Lieber wäre es mir gewesen, sie hätte sich in der Gewalt gehabt, und wenn ich ihre Nägel
und Zähne zu spüren bekommen hätte, als daß sie in einen Zustand völliger Fühllosigkeit
(soll ich es so nennen?) versunken wäre seit Dienstag früh.
Was ist bloß los mit ihr? Ich sollte für ein paar Tage frische Luft haben. Aber was soll
ich in der Zeit mit der Bewundernswerten tun? Denn, wenn ich fort bin, dann wird die

Giftspinne dieser Behausung über meine reizende Fliege herfallen, deren seidene Flügel
sich schon so in meinem Riesennetz verfangen haben, daß sie sich nicht rühren kann, ist
95 sie doch derart vom Schmerz betäubt, daß sie gegenwärtig so ohne Willen ist wie vorher
ohne Begierde.
Belford, sie wollte Rache schreien, als glücklicherweise der bleierne Gott aus Mitleid
mit ihrem zitternden Lovelace über ihre halb geschlossenen Lider seinen Zauberstab
schwang und die schöne Schreierin zum Schlafen brachte, noch ehe sie mich verwün-
100 schen konnte.
Du wirst aus meinem Geschriebenen erraten haben, daß ein *kleiner* Kunstgriff gebraucht worden ist. Aber es war in freundlicher Absicht (wenn Du das Wort zuläßt),
um den raschen Schmerz, den sie erfahren mußte, zu lindern. Eine Rücksicht, die ich
nie zuvor geübt, und woran ich auch nicht gedacht hätte, wenn nicht Mrs. Sinclair ihn
105 angewandt hätte. Seither habe ich nichts anderes getan, als sie verflucht, hätte doch die
Dosis genügen können, ihren klaren Verstand für immer zu trüben.

Samuel Richardson: Clarissa Harlowe. Roman. Aus dem Englischen übersetzt und bearbei-
tet von Ruth Schirmer, Zürich 1966 (Manesse Verlag)
Auszug 1: S. 173–197
Auszug 2: S. 372–379

**Textvorlage: Auszüge aus Jean Jacques Rousseaus „Julie ou La Nouvelle Héloïse"
(1761)**

Die adlige Julie d'Etanges und ihr bürgerlicher Hauslehrer Saint Preux lieben sich heimlich,
wissen aber, daß sie aufgrund bestehender Standesschranken einander entsagen müssen. Ihre
leidenschaftlichen Gefühle füreinander teilen sie sich im ersten Teil des Romans in einer
Reihe von Briefen mit.

③ **10. Brief**

AN JULIE

Wie sehr haben Sie recht, meine Julie, wenn Sie sagen, daß ich Sie nicht kenne! Ich
glaube immer, alle Schätze Ihrer schönen Seele zu kennen, und immer entdecke ich
neue.
5 Welches weibliche Wesen vereinte je wie Sie zarte Liebe mit Tugend und verlieh,
indem es jene durch diese sanfter bestimmte, beiden neue Reize? Ich weiß nicht, ich
finde etwas Liebenswürdiges, Anziehendes in dieser Sittsamkeit, die mich trostlos
macht, und Sie schmücken die Entbehrungen, die Sie mir auflegen, so anmutig aus, daß
wenig fehlt, sie würden mir lieb.
10 Mit jedem Tage fühle ich es mehr, das höchste der Güter ist, von Ihnen geliebt zu
werden. Es gibt keins und kann keins geben, das ihm gliche; und wenn es darauf
ankäme, zwischen Ihrem Herzen und Ihrem Besitze selbst eine Wahl zu treffen, nein,
reizende Julie! ich würde keinen Augenblick schwanken! Woher aber diese bittere
Wahl; und warum das unverträglich machen, was die Natur vereinigen wollte? Die Zeit
15 ist kostbar, sagen Sie, wir wollen sie zu genießen trachten, so wie sie ist, und wollen uns
hüten, ihren friedlichen Lauf durch unsere Ungeduld zu stören. Wohlan, so fließe sie
denn dahin, und möge sie glücklich sein! Soll man aber, um einen angenehmen Zustand
zu genießen, einen besseren verscherzen und die Ruhe der höchsten Wonne vorziehen?

Verliert man nicht all die Zeit, die man besser anwenden könnte? Ach, wenn man
20 tausend Jahre in einer Viertelstunde leben kann, warum mühselig die Tage zählen, die
man bis dahin gelebt hat?

Alles, was Sie vom Glück unserer jetzigen Lage sagen, ist nicht zu bestreiten; ich fühle,
daß wir glücklich sein müssen, und dennoch bin ich es nicht. Die Weisheit hat durch
ihren Mund gut predigen, die Stimme der Natur ist stärker. Und wie ist ihr zu
25 widerstehen, wenn sie mit der Stimme des Herzens im Einklang ist?

Außer Ihnen allein seh' ich in diesem irdischen Aufenthalte nichts, was wert wäre,
meine Seele und meine Sinne zu beschäftigen; nein, ohne Sie ist die Natur nichts mehr
für mich, aber ihre Macht ist in Ihren Augen, und dort ist sie unbezwinglich. Das ist bei
Ihnen nicht der Fall, himmlische Julie! Sie begnügen sich, die Sinne zu reizen, ohne mit
30 Ihren eigenen im Streit zu sein. Menschliche Leidenschaften sind, wie es scheint, unter
der Würde eines so erhabenen Gemüts, und, schön wie die Engel, sind Sie auch so rein
wie sie. O reines Wesen, das ich murrend verehre, warum vermag ich nicht, Dich
herabzuziehen oder mich zu Dir zu erheben? Doch nein, ich werde immer im Staube
kriechen, wenn Sie am Himmel strahlen. Ach, seien Sie glücklich auf Kosten meiner
35 Ruhe! Freuen Sie sich aller Ihrer Tugenden! Wehe dem Verächtlichen, der je eine davon
davon beflecken wollte! Seien Sie glücklich, ich werde zu vergessen streben, wie
beklagenswert ich bin, und in Ihrem Glücke für meine Leiden sogar Trost finden. Ja,
teure Geliebte, meine Liebe ist, wir mir scheint, so vollkommen wie ihr anbetungs-
werter Gegenstand. Jedes durch Ihre Reize entzündete Verlangen erlischt vor den
40 Vollkommenheiten Ihres Gemüts; ich sehe es so ruhig, daß ich es nicht wage, diese
Ruhe zu stören. Sooft ich Ihnen die kleinste Liebkosung zu stehlen versucht bin und
mich die Gefahr, Sie zu beleidigen, zurückhält, tut dies noch mehr mein Herz, denn es
fürchtet, ein so reines Glück zu trüben. Wenn ich nach einem Lohne strebe, denk' ich
nur daran, was er Sie kosten könnte, und da mein Glück mit Ihrem sich nicht vereinigen
45 läßt, habe ich – schließen Sie daraus, wie ich Sie liebe! – auf mein eigenes verzichtet.
Welche unerklärlichen Widersprüche in den Gefühlen, die Sie mir einflößen! Ich bin
demütig und verwegen, ungestüm und zurückhaltend und kann gegen Sie die Augen
nicht aufschlagen, ohne mein Innerstes im Streite zu fühlen. Ihre Blicke, Ihre Stimme
tragen neben der Liebe auch der Unschuld rührenden Reiz in mein Herz, einen
50 himmlischen Reiz, den man nur mit Bedauern verwischen würde. Wenn ich es wage,
ungezügelte Wünsche zu hegen, so geschieht es in Ihrer Abwesenheit; mein Verlangen,
das sich nicht bis zu Ihnen selbst hinwagt, hält sich an Ihr Bild, und an ihm räche ich
mich für die Unterwerfung, zu der ich vor Ihnen gezwungen bin.

Ich schmachte indessen hin und verzehre mich; Feuer strömt durch meine Adern, nichts
55 würde es löschen, nichts dämpfen können, ich fache es an, wenn ich es bezwingen will.
Ich sollte glücklich sein, bin es und glaube, es zu sein; ich beklage mich nicht über mein
Los. Wie es jetzt ist, möcht' ich mit keinem Könige der Erde tauschen! Doch quält mich
ein wirkliches Übel, und vergebens such' ich ihm zu entfliehen. Ich möchte nicht sterben
und sterbe dennoch; ich möchte für Sie leben, und Sie geben mir den Tod!

11. Brief

60 Von Julie

Mein Freund! Mit jedem Tage fühle ich mich fester an Sie gekettet; ich kann mich nicht
mehr von Ihnen trennen. Die kürzeste Abwesenheit ist mir unerträglich, und ich muß
Sie sehen oder Ihnen schreiben, um mich unablässig mit Ihnen zu beschäftigen!

So wächst meine Liebe mit Ihrer eigenen, denn jetzt erkenne ich es, wie sehr Sie mich
65 lieben, weil Sie ernstlich fürchten, mir zu mißfallen, anfangs aber wohl nur den Schein

annahmen, um Ihren Zweck desto besser zu erreichen. Ich vermag bei Ihnen die Herrschaft, die das Herz sich zu erringen wußte, von dem Wahnsinn einer erhitzten Phantasie wohl zu unterscheiden und finde in dem Zwange, den Sie sich auferlegen, tausendmal mehr Zuneigung als in Ihrem ersten Gefühlsungestüm. Auch weiß ich, daß
70 Ihre Lage, so drückend sie auch sein mag, nicht ganz ohne Freuden ist. Dem wahrhaft Liebenden gewähren Aufopferungen, die ihm alle angerechnet werden und von denen in dem Herzen der Geliebten nicht eine verloren geht, eine süße Empfindung. Doch wer weiß, ob Sie nicht jetzt, wo sie mein leicht zu rührendes Herz kennen, eine besser überlegte List anwenden werden, um mich irre zu leiten? Doch nein! ich bin ungerecht,
75 und Sie sind unfähig, gegen mich arglistig zu handeln. Wenn ich indessen klug bin, werde ich dem Mitleid noch weniger trauen als der Liebe. Ihre tiefe Achtung rührt mich unendlich stärker als Ihre heftigen Aufwallungen, und ich besorge sehr, daß der edelste Entschluß, den Sie faßten, am Ende der gefährlichere ist.
In der Ergießung meines Herzens muß ich Ihnen eine Wahrheit sagen, die es stark fühlt
80 und von der Ihr Herz sich überzeugen wird, daß nämlich unser Los, dem Glücke, unsern Eltern und uns selbst zum Trotz, auf ewig vereinigt ist und keins von uns ohne das andere glücklich oder unglücklich sein kann. Unsere Seelen haben sich sozusagen auf allen Punkten berührt, und überall haben wir die gleiche Anziehungskraft empfunden. (Belehren Sie mich, wenn ich Ihren physikalischen Unterricht nicht richtig anwende.)
85 Das Schicksal kann uns zwar trennen, aber nicht entzweien. Wir werden nur einerlei Freuden, einerlei Leiden empfinden und wie die Magnete, die, wie Sie mir sagten, ob auch an verschiedenen Orten, sich doch nach einer Richtung bewegen, an den beiden Enden der Welt dasselbe empfinden. (...)

Julie hat sich Saint Preux hingegeben.

④ 31. Brief

AN JULIE

Welch Wunder des Himmels bist Du, unbegreifliche Julie! Durch welche, von Dir allein gekannte Kunst vermagst Du in demselben Herzen so viele widerstrebenden Regungen zu erwecken? Trunken von Liebe und Wollust schwebt mein Herz in Trauer;
5 im Schoße der höchsten Wonne leide und verschmachte ich vor Schmerz, und wie ein Verbrechen werfe ich mir überschwengliches Glück vor. Gott, welche schreckliche Qual, keinem Gefühl sich ganz hingeben zu dürfen, unablässig eins durch das andere bekämpfen zu müssen und jede Freude mit Kummer vermischt zu sehen! Hundertmal besser nur elend sein!
10 Ach, was hilft es mir, wenn ich glücklich bin? Nicht mehr meine eigenen Leiden sind es, die ich empfinde, es sind Deine, und sie sind mir deshalb um so schmerzender. Umsonst willst du mir Deinen Kummer verbergen, ich les' ihn wider deinen Willen in Deinem schmachtenden, niedergeschlagenen Auge. Kann dieses rührende Auge der Liebe ein Geheimnis verhehlen? Ich sehe hinter einer anscheinenden Heiterkeit den
15 verborgenen Mißmut, der sich deiner bemächtigt, und Deine, in ein sanftes Lächeln gehüllte Trauer in meinem Herzen nur umso bitterer.
(...)
Wie gedemütigt, wie erniedrigt bin ich durch Deine Reue! Ich muß doch ein sehr verächtlicher Mensch sein, wenn unser Bund Dich dahin bringt, Dich selbst zu
20 verachten, und wenn meines Lebens zauberische Lust die Qual Deines Lebens ist! Sei gerechter gegen Dich, meine Julie! Betrachte den Bund, den Dein Herz schloß, mit

vorurteilsfreierem Auge. Bist Du nicht den reinsten Naturgesetzen gefolgt? Hast Du
nicht die heiligste Verbindung geschlossen? Was hast Du getan, was nicht göttliche und
menschliche Gesetze für gültig erklären könnten und müßten? Was fehlt dem Bande, das
25 uns umschlingt, als die öffentliche Erklärung? Sei mein, und Du bist nicht mehr
schuldig! O meine Gattin, meine würdige, keusche Gefährtin! O Glorie und Glück
meines Lebens! Nein! nicht was Deine Liebe getan hat, kann ein Verbrechen sein, aber
der Raub ist es, den Du an ihr begehen möchtest. Nur wenn Du einen andern Gatten
nimmst, kannst Du die Ehre verletzen. Gehöre immer dem Freunde Deines Herzens
30 an, wenn Du schuldlos bleiben willst. Die Kette, die uns bindet, ist gesetzlich, nur die
Untreue, die diese Kette sprengen wollte, würde strafbar sein, und fortan steht es der
Liebe allein zu, Bürge der Tugend zu sein.
Aber gesetzt auch, Dein Schmerz wäre gerecht, Dein reuiges Gefühl wäre begründet,
warum entziehst Du mir meinen Anteil daran? Warum vergießen meine Augen nicht
35 die Hälfte Deiner Tränen? Du hast kein Leiden, das ich nicht mitempfände, kein Gefühl,
das ich nicht teilen müßte, und mein mit Recht eifersüchtiges Herz wirft Dir jede Träne
vor, die Du nicht in meinem Busen ergießt. Kalte, geheimnisvolle Geliebte, sprich, ist
nicht alles, was Dein Herz meinem nicht mitteilt, ein Raub, den Du an der Liebe
begehst? Muß nicht unter uns alles gemeinschaftlich sein? Entsinnst Du Dich nicht
40 mehr, wie Du sagtest: „Ach, verstündest Du zu lieben wie ich, mein Glück würde Dich
trösten, wie Dein Kummer mich betrübt, Du würdest meine Freuden mitfühlen wie ich
Deine Trauer."
Allein, ich sehe schon, Du verachtest mich als einen Unsinnigen, weil meine Vernunft
im Schoße der Wonne außer sich gerät. Mein Ungestüm erschreckt Dich, meine
45 Aufwallungen machen Dein Mitleid rege, und Du siehst nicht ein, daß alle menschlichen Kräfte nicht hinreichen, grenzenlose Seligkeit zu ertragen. Wie kannst Du
verlangen, daß ein fühlendes Herz unendliches Glück mit Mäßigung genießen soll? Wie
kannst Du verlangen, daß es so verschiedenartiges Entzücken, ohne zu schwindeln,
ertrage? Weißt Du nicht, daß es eine Grenze gibt, wo keine Vernunft mehr widersteht,
50 und daß kein Mensch auf der Welt lebt, dessen Fassung jede Probe bestünde? Habe
daher Mitleid mit dem Zustande der Aufregung, in welche Du mich gestürzt hast, und
schätze mich nicht wegen Verirrungen geringer, die Dein Werk sind. Ich gehöre mir
nicht mehr selbst an, das bekenne ich, mein Geist hat sich ganz in Deinem verloren;
aber desto fähiger bin ich, Deine Leiden zu fühlen, desto würdiger, sie zu teilen. O Julie,
55 begehe nicht an Dir selbst einen Raub!

32. Brief

ANTWORT

Es gab eine Zeit, mein holder Freund, wo unsere Briefe leicht und anmutig waren; das
Gefühl, welches sie eingab, ergoß sich ungezwungen in lieblicher Einfalt, es hatte weder
Kunst noch Farbenschmuck nötig, und seine Reinheit war seine ganze Zierde. Diese
60 glückliche Zeit ist leider nicht mehr! Sie kann nie wiederkehren; und als erste Wirkung
dieses grausamen Wechsels fangen unsere Herzen schon an, sich nicht mehr zu
verstehen.
Deine Augen haben meinen Schmerz gesehen, Du glaubst seine Quelle ergründet zu
haben, willst mich mit eitlen Trostgründen beruhigen, und indem Du denkst, mich zu
65 täuschen, bist Du es, mein Freund, der sich selbst täuscht. Glaube mir, glaube es dem
zärtlichen Herzen Deiner Julie, ich bereue es weit weniger, der Liebe zu viel gewährt,
als sie ihres schönsten Schmucks beraubt zu haben. Dieser süße Zauber der Tugend ist
wie ein Traum verschwunden; unsere Flammen haben jenes heilige Feuer verloren, das

sie belebte, indem es sie läuterte; wir haben Vergnügen gesucht, und das Glück ist weit
70 von uns entflohen. Erinnere Dich jener köstlichen Augenblicke, wo unsere Herzen sich
um so inniger verbanden, je höher wir uns gegenseitig achteten, wo die Leidenschaft
aus ihrem eigenen Überschwang Kräfte schöpfte, sich selbst zu besiegen, wo die
Unschuld uns über jeden Zwang tröstete, wo jede Huldigung, die wir der Ehre
brachten, für unsere Liebe ein Gewinn ward. Vergleiche diesen reizenden Zustand mit
75 unsrer jetzigen Lage. Welche Unruhe, welche Schrecknisse! welche tödliche Furcht vor
drohenden Gefahren! Wie haben diese ungemäßigten Gefühle ihre erste Süßigkeit
verloren! Was ist aus dem eifrigen Streben nach Sittsamkeit und Ehrbarkeit geworden,
das, als wir beides noch liebten, alle unsere Handlungen belebte und der Liebe noch
süßere Reize verlieh? Unser Genuß war ruhig und dauernd. Jetzt haben wir nur
80 Wallungen. Dieses wahnsinnige Vergnügen gleicht eher Anfällen von Wut als zärtlichen
Liebkosungen. Ein reines, heiliges Feuer brannte in unseren Herzen; den Verirrungen
der Sinne hingegeben, sind wir nur noch gemeine Liebende, überglücklich, wenn die
eifersüchtige Liebe es noch wert achtet, über Freuden zu wachen, die der niedrigste
Sterbliche ohne sie genießen kann!
85 Dies, mein Freund, ist es, was wir beide verloren haben und was ich nicht weniger um
Deinetwillen als um meinetwillen beweine. Was ich noch besonders verlor, erwähne ich
nicht. Dein Herz vermag es zu fühlen. Sieh meine Schande und seufze, wenn Du zu
lieben verstehst; mein Fehltritt ist nie wieder gutzumachen, meine Tränen werden nie
versiegen. O Du, durch dessen Schuld ich sie vergieße, wage es nicht, so gerechtem
90 Schmerze Einhalt zu tun; meine ganze Hoffnung ist, daß er ewig dauere. Es wäre mein
größtes Unglück, wenn ich darüber getröstet werden könnte; es ist die höchste Stufe der
Schande, mit der Unschuld auch noch das Gefühl zu verlieren, welches uns die
Unschuld lieben lehrt.
Ich kenne mein Schicksal, fühle sein Schreckliches, und doch bleibt mir in der
95 Verzweiflung noch ein Trost; er ist der einzige, aber ein süßer Trost. Von Dir erwart'
ich ihn, mein geliebter Freund! Seit ich nicht mehr wage, meinen Blick auf mich selbst
zu richten, richte ich ihn mit wahrem Vergnügen auf den, den ich liebe. Alles, was Du
mir von meiner Selbstachtung entziehst, übertrage ich auf Dich, und Du wirst mir
dadurch um so werter, indem Du mich zwingst, mich selbst zu hassen. Die Liebe, jene
100 unglückliche Liebe, die mich zugrunde richtet, gibt Dir neuen Wert; Du erhebst Dich,
wenn ich sinke; Dein Gemüt scheint durch die ganze Entwürdigung meines eigenen
gewonnen zu haben. Sei also fortan meine einzige Hoffnung! Es ist an Dir, meinen
Fehltritt, wenn Du es vermagst, zu rechtfertigen. Bedecke ihn mit dem Edelmut
Deiner Gefühle; Dein Verdienst tilge meine Schande, durch Tugenden bestrebe Dich,
105 es dahin zu bringen, daß der Verlust meiner Tugenden, die Du mich kostest, Entschuldigung verdient. Sei Du mein ganzes Wesen, jetzt, wo ich nichts mehr bin! Die einzige
Ehre, die mir noch bleibt, liegt ganz in Dir, und so lange Du achtungswert bist, bin ich
nicht ganz verächtlich.
(. . .)

Jean-Jacques Rousseau: Julie oder Die neue Heloise. Briefe zweier Liebenden aus einer
kleinen Stadt am Fuße der Alpen. (Nach der Übersetzung von Th. Hell), Berlin o. J.
(Propyläen-Verlag)
Auszug 3: S. 70–74
Auszug 4: S. 136–141

Textvorlage: Auszüge aus Sophie von La Roches „Geschichte des Fräuleins von Sternheim" (1771)

Nach dem Tod ihrer Eltern zieht die 19jährige Sophie von Sternheim in die Residenz D. zu ihren Verwandten, die das junge Mädchen dem Fürsten als Mätresse zuspielen wollen. Auch der ebenso galante wie skrupellose Lord Derby unternimmt den Versuch, die unerfahrene Sophie zu erobern, wobei ihm jedes Mittel recht ist.

⑤ *Fräulein von Sternheim an Emilien*

(...) Nun will ich Sie zu dem Stück urbaren Erdreichs führen, das ich angetroffen habe. Dieses geschah auf dem Landgute des Grafen von F*. (...) Meine Tante hatte die Gräfin B* und das Fräulein R. auch hinbestellt, und der Zufall brachte den Lord Derby
5 dazu. (...) Die Damen hatten viele kleine weibliche Angelegenheiten unter sich auszumachen; man schickte also das Fräulein R. und mich mit Herrn Derby auf einen Spaziergang. Erst durchliefen wir das ganze Haus und den Garten, wo Mylord in Wahrheit ein angenehmer Gesellschafter war, indem er uns von der Verschiedenheit unterhielt, die der Nationalgeist eines jeden Volkes in die Bauart und die Verzierungen
10 legte. Er machte uns Beschreibungen und Vergleichungen von englischen, italienischen und französischen Gärten und Häusern, zeichnete auch wohl eines und das andere mit einer ungemeinen Fertigkeit und ganz artig ab. Kurz, wir waren mit unserm Spaziergang wohl zufrieden, daß wir Abrede nahmen, den andern Tag nach dem Frühstück auf das freie Feld und in dem Dorfe herumzugehen. Es waren zween glückliche Tage für
15 mich. Landluft, freie Aussicht, Ruhe, schöne Natur, der Segen des Schöpfers auf Wiesen und Kornfeldern, die Emsigkeit des Landmanns. – Mit wie viel Zärtlichkeit und Bewegung heftete ich meine Blicke auf dies alles! Wie viel Erinnerungen brachte es in mein Herz von verflossenen Zeiten, von genossener Zufriedenheit! (...) Sie wissen, meine Emilia, daß mein Gesicht allezeit die Empfindungen meiner Seele ausdrückt. Ich
20 mag zärtlich und gerührt ausgesehen haben; der Ton meiner Stimme stimmte zu diesen Zügen. Aber Lord Derby erschreckte mich beinahe durch das Feuer, mit dem er mich betrachtete, durch den Eifer und die Hastigkeit, womit er mich bei der Hand faßte, und auf englisch sagte: „Gott! Wenn die Liebe einmal diese Brust bewegt, und diesen Ausdruck von zärtlicher Empfindung in diese Gesichtszüge legte, wie groß wird das
25 Glück des Mannes sein, der – –" Meine Verwirrung, die Art von Furcht, die er mir gab, war ebenso sichtbar als meine vorige Bewegungen; sogleich hielt er in seiner Rede inne, zog seine Hand ehrerbietig zurück, und suchte in allem seinem Bezeugen den Eindruck von Heftigkeit seines Charakters zu mildern, den er mir gegeben hatte. Wir gingen in die Hauptgasse des schönen Dorfes; da wir in der Hälfte waren, mußten wir
30 einem Karrn ausweichen, der hinter uns gefahren kam. Er war mit einer dichten Korbflechte bedeckt, doch sah man eine Frau mit drei ganz jungen Kindern darin. Die rührende Traurigkeit, die ich auf dem Gesichte der Mutter erblickte, das blasse, hagere Aussehen der Kinder, die reinliche, aber sehr schlechte Kleidung von allen zeugte von Armut und Kummer dieser kleinen Familie. Mein Herz wurde bewegt; die Vorstellung
35 ihrer Not und die Begierde zu helfen, wurden gleich stark. Froh sie an dem Wirtshaus absteigen zu sehen, bedacht' ich mich nicht lange. Ich gab vor, ich kennte diese Frau und wollte etwas mit ihr reden; und bat den Lord Derby, das Fräulein R. zu unterhalten, bis ich wiederkäme. Er sah mich darüber mit einem ernsthaften Lächeln an, und küßte den Teil seines Ärmels, wo ich im Eifer meine Hand auf seinen Arm gelegt
40 hatte. Ich errötete und eilte zu der armen Familie (...) Mylord und das Fräulein R. waren in dem Garten des Wirtshauses, wo ich sie antraf und ihnen für die Gefälligkeit dankte, daß sie auf mich gewartet hätten. Mein Gesicht hatte den Ausdruck des

Vergnügens etwas Gutes getan zu haben; aber meine Augen waren noch rot von
Weinen. Der Lord sah mich oft und ernsthaft an, und redete den ganzen übrigen
45 Spaziergang sehr wenig mit mir, sondern unterhielt das Fräulein R.; dies war mir desto
angenehmer, weil es mich an einen Entwurf denken ließ, dieser ganzen Familie so viel
mir möglich aufzuhelfen (. . .)

Mylord Derby an Mylord B* in Paris

Du bist begierig den Fortgang meiner angezeigten Intrige zu wissen. Ich will Dir alles
50 sagen. (. . .) Besitzen *muß* ich sie, und das mit ihrer Einwilligung. Dazu gehört, daß ich
mir ihr Vertrauen und ihre Neigung erwerbe. Nun bleibt mir nichts übrig, als mir (. . .)
zufällige Anlässe nützlich zu machen. Von beiden erfuhr ich letzthin die Probe auf dem
Landgut der Gräfin F*. Ich wußte, daß das Fräulein mit ihrer Tante auf etliche Tage
hinging, und fand mich auch ein. Ich kam zweimal mit meiner Göttin und dem Fräulein
55 R. allein auf den Spaziergang, und hatte Anlaß etwas von meinen Reisen zu erzählen.
Du weißt, daß meine Augen gute Beobachter sind, und daß ich manche halbe Stunde
ganz artig schwatzen kann. Der Gegenstand war von Gebäuden und Gärten. Das
Fräulein von Sternheim liebt Verstand und Kenntnisse. Ich machte mir ihre Aufmerksamkeit ganz vorteilhaft zunutze, und habe ihre Achtung für meinen Verstand so weit
60 erhalten, daß sie eine Zeichnung zu sich nahm, die ich während der Erzählung von
einem Garten in England machte. Sie sagte dabei zu Fräulein R.: „Dieses Papier will
ich zu einem Beweis aufheben, daß es Kavaliere gibt, die zu ihrem Nutzen, und zum
Vergnügen ihrer Freunde reisen." Dies ist ein wichtiger Schritt, der mich weit genug
führen wird. Keine lächerliche Grimasse, dummer Junge, daß Du mich über diese
65 Kleinigkeit froh siehst, da ich es sonst kaum über den ganzen Sieg war; ich sage Dir, das
Mädchen ist außerordentlich. Aus ihren Fragen bemerkte ich eine vorzügliche Neigung
für England, die mir ohne meine Bemühung von selbst Dienst tun wird. Ich redete
vergnügt und ruhig fort; denn da sie durch die gleichgültigen Gegenstände unserer
Unterredung zufrieden und vertraut wurde, so hütete ich mich sehr, meine Liebe und
70 eine besondere Aufmerksamkeit zu entdecken. Aber bald wäre ich aus meiner Fassung
geraten, weil ich eine Veränderung der Stimme und Gesichtszüge des Fräuleins von
Sternheim wahrnahm. Sie schien bewegt; ihre Antworten waren abgebrochen; ich
redete aber mit Fräulein R., so viel ich konnte, gleichgültig fort, beobachtete aber die
Sternheim genau. Indem brachte uns ein erhöhter Gang in den Garten auf einen Platz,
75 wo man das freie Feld entdeckte. Wir blieben stehen. Das bezaubernde Fräulein von
Sternheim heftete ihre Blicke auf eine gewisse Gegend; eine feine Röte überzog ihr
Gesicht und ihre Brust, die von der Empfindung des Vergnügens eine schnellere
Bewegung zu erhalten schien. Sehnsucht war in ihrem Gesicht verbreitet, und eine
Minute darauf stand eine Träne in ihren Augen. B*, alles, was ich jemals Reizendes an
80 andern ihres Geschlechts gesehen, ist nichts gegen den einnehmenden Ausdruck von
Empfindung, der über ihre ganze Person ausgegossen war. Kaum konnte ich dem
glühenden Verlangen widerstehen, sie in meine Arme zu schließen. Aber ganz zu
schweigen war mir unmöglich. Ich faßte eine ihrer Hände mit einem Arme, der vor
Begierde zitterte, und sagte ihr auf englisch: ich weiß nicht mehr was; aber die Wut der
85 Liebe muß aus mir gesprochen haben; denn ein ängstlicher Schrecken nahm sie ein und
entfärbte sie bis zur Totenblässe. Da war's Zeit mich zu erholen, und ich befleiß mich
den ganzen übrigen Abend recht ehrerbietig und gelassen zu sein. Mein Täubchen ist
noch nicht kirre genug, um das Feuer meiner Leidenschaft in der Nähe zu sehen. (. . .)
Als ich wieder in ihre Gesellschaft kam, war ich lauter Sanftmut und Ehrfurcht; das
90 Fräulein stille und zurückhaltend. Nach dem Essen ließ man uns junge Leute wieder
gehen, weil die Tante und die Gräfin F* die Charte noch vollends zu mischen hatten,

mit welcher sie das Fräulein dem Fürsten zuspielen wollten. Nach unserer Abrede vom
vorigen Tage gingen wir in das Dorf. Als wir gegen das Wirtshaus kamen, wo meine
Leute einquartiert waren, begegnete uns ein kleiner Wagen mit einer Frau und
95 Kindern beladen, der langsam vorbeiging, und uns hinderte, vorzukommen. Meine
Sternheim sieht die Frau starr an, wird rot, nachdenklich, betrübt, alles schier in einem
Anblick, und sieht dem Wagen melancholisch nach. Dieser hält an dem Wirtshause, die
Leute steigen aus; die Blicke des Fräuleins sind unbeweglich auf sie geheftet; Unruhe
nimmt sie ein; sie sieht mich und das Fräulein R* an, wendet die Augen weg, endlich
100 legt sie ihre Hand auf meinen Arm, und sagt mir auf englisch mit einem verschönerten
Gesichte und bittender zärtlicher Stimme: „Lieber Lord, unterhalten Sie doch das
Fräulein R* einige Augenblicke hier, ich kenne diese Frau, und will ein paar Worte mit
ihr reden." Ich stutzte, machte eine eigenwillige Verbeugung und küßte den Platz
meines Rocks, wo ihre Hand gelegen war und mich sanft gedrückt hatte. Sie sieht
105 dieses. Brennend rot und verwirrt eilt sie weg. Was T –, dachte ich, muß das Mädchen
mit dem Weibe haben; sie mag wohl irgend einmal Briefträgerin, oder sonst eine
dienstfertige Kreatur in einem verborgenen Liebeshandel gewesen sein. (. . .) Hm!
Hm! wie sieht's mit dieser strengen Tugend aus? Ich hätte das Fräulein R* in der
Mistpfütze ersäufen mögen, um mich in dem Wirtshause zu verbergen und zuzuhören.
110 (. . .) Ich sagte ihr: ich wollte einen meiner Leute horchen lassen, (. . .) schickte auch
einen (. . .) Die Sternheim blieb ziemlich lange weg. Endlich kam sie mit einem
gerührten, doch zufriednen Gesichte, etwas verweinten Augen und ruhigem Lächeln
gegen uns, und mit einem Ton der Stimme, so weich, so voll Liebe, daß ich noch toller
als vorher wurde, und gar nicht mehr wußte, was ich denken sollte. Das Fräulein R*
115 betrachtete sie auf eine beleidigende Weise, und meine Göttin mochte unsere Verlegenheit gemerkt haben, denn sie schwieg, wie wir, in einem fort, bis wir wieder zu
Hause kamen. Ich eilte abends fort, um meine Nachrichten zu hören. Da erzählte mir
mein Kerl: er hätte die Wirtin und die Frau heulend über die Güte des Fräuleins
angetroffen (. . .) Aber diese Entdeckung (. . .) werde ich mir zunutze machen; ich will
120 diese Familie aufsuchen, und ihr Gutes tun, (. . .) und dieses, ohne mich merken zu
lassen, daß ich etwas von ihr weiß. Aber gewiß werde ich keinen Schritt machen, den
sie nicht sehen soll. Durch diese Wohltätigkeit werde ich mich ihrem Charakter nähern.
(. . .)

Sophie von La Roche: Geschichte des Fräuleins von Sternheim, Stuttgart 1983, S. 112–125
(Reclam)
Die Textauswahl zu Richardson, Rousseau und La Roche folgt zum Teil Vorschlägen von
Thomas Degering: Wechselbeziehungen in der europäischen Literatur, München 1985 (Ol-
denbourg)

Textvorlage für die Hausaufgabe 1:

a) Ein Brief von Lavater an Herder vom 10. November 1772:

„Noch niemals habe ich das empfunden, was ich jetzt empfinde, da ich mich hinsetze – an
Sie, mein ausgewähltester Freund – zu schreiben. O, wie sorgtest du für mich, Kennerin des
Herzens, Freudeschöpferin! Fürsehung! wie wenig hab' ich dir noch umsonst geglaubt! . . .
Itzt, Freund, kann ich nicht antworten – aber schreiben muß ich – und wollte lieber weinen
– hinübergeistern – zerfließen – an Deiner Brust liegen – meine Herzensfreunde, zwei
Freundinnen mit mir Dir zuführen – und sogar – nicht sagen, blicken, drücken, atmen: ‚Du

bist und wir sind.' Aber früh, früh muß ich's Dir sagen, Du einziger – ich bin nicht so gut, als Du mich glaubst – wenigstens nicht durchaus – und dann – doch was sollte das Herdern sagen ..." (Deutsche Freundesbriefe. Hrsg. v. J. Zeitler. Lpz., 1909, S. 77 f.)

b) Ein Brief von Pfenninger an Herder vom 22. April 1774:

„O Herder! o Engel Gottes! Ihre Güte gegen mich, wie macht sie mein Herz so stolz! Ach, wann werd' ich Sie sehen, Ihnen die Hand zu küssen, voll Dank, voll Ehrfurcht, voll Liebe und – Anbetung! Schönste Wohltat meines Lebens, daß ich bin in der Zeit, da Herder ist und da mein Lavater ist. Ach, ich darf doch mein Herz leichtern gegen Sie in einem eignen Briefchen nächster Gelegenheit? Ich wohne und ruhe in diesem Gedanken, bis er ins Werk gesetzt ist." (Ebd. S. 81).

c) Ein Brief von Wieland an Lavater vom 4. März 1776:

„Engel Gottes! Lieber, bester Lavater! Mein Herz nennt Deinen Namen! Glaube nicht, Bester, daß ich zu gut von Dir denke. Gewiß, ich tue es nicht. Aber ein großes seliges Gefühl dessen, der Dich gemacht hat, dessen Organ Du bist, durchdringt mich fast allezeit, so oft ich an Dich denke! Verzeichen Sie mir diese Vertraulichkeit! O Lavater, Sie können auch Menschen, die nichts als natürliche Menschen sind, lieben und Bruder nennen. Ich bin Ihr Bruder! Ich fühl' es, daß ich's bin! ... Könnte ich nur drei Wochen bei Ihnen sein! Aber ich fühl' es voraus, Sie würden mir zu lieb werden. Ich würde im eigentlichen Sinne vor Liebe krank werden; und sterben, wenn ich Sie wieder verlassen müßte ..." (Ebd. S. 68 ff.)

zitiert nach: Erich Trunz: Nachwort zu: Goethe, Johann Wolfgang: Die Leiden des jungen Werthers. In: Goethes Werke. Hamburger Ausgabe in 14 Bänden, hg. von Erich Trunz, Band 6, 10. neubearb. Aufl., München 1981, S. 560 f. (Verlag C. H. Beck)

9./10. Stunde:
„Zwei Briefe"

Sachanalyse

Daß es mit dem „armen Werther" kein gutes Ende nimmt und sein „Schicksal" zu „Tränen" rührt, verrät der (fiktive) Herausgeber seinen Lesern („euch") bereits im *Vorwort* (S. 3). Damit richtet er deren Aufmerksamkeit von Beginn an weniger auf den Ausgang des Romans als auf den durch die Briefe scheinbar verbürgten tragischen Verlauf, der zu ihm hinführt. Die Aufforderung zu „Bewunderung" und „Liebe" wird durch die Formulierung „nicht versagen" sogleich wieder eingeschränkt, der Leser soll Werther gegenüber eine Haltung des Mitleids einnehmen.

Im zweiten Absatz seines Vorwortes wendet sich der Herausgeber an den einzelnen Leser („du gute Seele"), der, vielleicht selbst dem Selbstmord nahe, „Trost" aus Werthers Leiden schöpfen soll, indem er durch die Lektüre die Einsicht gewinnt, daß er mit seinem Schicksal und seiner Verzweiflung nicht alleinsteht. Die Empfehlung des Herausgebers legt nahe, daß das Gefühl der Einsamkeit, des Nicht-Verstandenwerdens, das wesentlich zu Werthers Freitod beiträgt, durch das Lesen überwunden werden kann. Während Werther einsam sterben mußte, hat der Leser in dem „Büchlein" über Werthers Leiden und Tod einen „Freund" – die Literatur wird dem Leser als Remedium gegen eine zum Verzweifeln schlimme Wirklichkeit angeboten.

Schon an dieser Stelle wird erkennbar, daß die Haltung, die der Herausgeber dem Leser dem Leben und der Literatur gegenüber anempfiehlt, auch die Werthers ist bzw. war: Dieser nahm seine Wirklichkeit fast ausschließlich literarisch gefiltert wahr (Homer, Ossian, die Bibel). Goethe (der nicht mit dem Herausgeber verwechselt werden

darf) stand einer solchen Verquickung von Literatur und Leben äußerst kritisch gegenüber und änderte, als das „Werther-Fieber" mit seinen grotesken und unerfreulichen Begleiterscheinungen einsetzte, das Motto-Vorwort entsprechend um, indem er den Leser zu größerer Distanz Werther gegenüber aufforderte (vgl. Editionen, S. 134). – Dieser Zusammenhang soll an anderer Stelle weiter belegt und vertieft werden (14.–17. Stunde: „Literatur in der Literatur" bzw. 28. Stunde: „Literatur und Leben").

Der *erste Brief* (S. 3–5) bietet als eine Art Exposition des Romans eine Fülle von Themen, Problemen, Motiven, Anspielungen, Vorausdeutungen usw. Dies gilt gleich für den Einleitungssatz: „Wie froh bin ich, daß ich weg bin!" Abgesehen davon, daß dieser Ausruf der Erleichterung ebensogut den Roman beschließen könnte (gleichsam aus dem Jenseits gesprochen), enthält er bereits wichtige Hinweise auf das Kommende. Werther empfindet seine Flucht als Befreiung, er stellt sich den (übrigens von ihm selbst verursachten) Problemen nicht durch rationales Handeln, sondern emotional; klagend entzieht er sich den Bedrängungen, hier, indem er die Leidenschaft der „armen Leonore" („arm" gebrauchte der Herausgeber wenige Zeilen zuvor zur Kennzeichnung Werthers!) zu entgehen sucht, später, indem er wegen seiner leidenschaftlichen Liebe zu Lotte aus Wahlheim abreist. Sein Versprechen, das diesen durch Flucht ermöglichten Neubeginn einleitet, nicht mehr zu klagen, „wie ich's immer getan habe", soll nicht lange Gültigkeit besitzen: Am Ende gar wird er sich nicht scheuen, seine eigenen Leiden in die Nähe der Passion Christi zu rücken: „Mein Gott! mein Gott! warum hast du mich verlassen?" (S. 88)

Daß Werther ein Empfindsamer ist und sein will, wird nicht nur durch den klagenden Tonfall des Briefes, sondern auch durch die Betonung der „Tränen" deutlich, die er dem Grafen M . . ., den er vermutlich gar nicht gekannt hat, nachweint. Nicht weniger als siebenmal gebraucht der Briefschreiber das Wort „Herz", das ihn selbst charakterisieren soll und damit zum Schlüsselwort für Werthers Wesen wird. Daß es trotz dieser Bereitschaft, das „Herz" sprechen zu lassen, zu Schwierigkeiten unter den Menschen kommt, einander zu verstehen, spricht Werther hier schon als gegenseitige „Mißverständnisse und Trägheit" an: Am 17. 5. schreibt er: „mißverstanden zu werden, ist das Schicksal von unsereinem." (S. 8) und am 12. 8.: „Wie denn auf dieser Welt keiner leicht den andern versteht." (S. 49); „daß man einander so wenig sein kann." (27. 10.; S. 85), erfährt Werther später besonders leidvoll in seiner Beziehung zu Lotte.

Ein weiteres Thema, das schon im ersten Brief angeschlagen wird und in einer gewissen Beziehung zum Flucht-Motiv steht, ist der Gegensatz zwischen der „unangenehmen" Stadt und der „Schönheit der Natur", welche ihm zugleich die „Einsamkeit" gewährt, die ihn der problematischen „Verbindungen" zu dem Menschen entheht. Sein Wunsch, als „Maienkäfer" in der Natur aufzugehen, sich in ihr zu verkriechen und mit ihr eins zu werden, wird schon hier deutlich artikuliert.

Anhand der Anlage des Gartens außerhalb der Stadt thematisiert Werther den Gegensatz zwischen ‚Wissenschaft' und „Herz", zwischen streng-nüchterner Regelmäßigkeit und Einfühlung, Empfindsamkeit, ein Gegensatz, der im Roman noch mehrfach angesprochen wird.

Seine Nähe zu den einfachen Leuten wird in der kurzen Bemerkung über den Gärtner sichtbar, der ihm „zugetan" ist. Hinter Werthers Großzügigkeit dem Gärtner gegenüber – dieser soll „sich nicht übel dabei befinden", d. h. wie später die Frau und die Kinder Geschenke und Geld erhalten – verbirgt sich nur mühsam seine gesellschaftliche Abgehobenheit und Distanz, die er trotz guten Wil-

lens nicht überschreiten kann und die seine „Einsamkeit" mit verursacht.

Die mit Werthers Flucht verbundene Absage an das „Vergangene", der Neubeginn in der „Jahreszeit der Jugend", dem Mai, widerspricht in merkwürdiger Weise der auffälligen Verwendung des Todesmotivs, das den Brief vom 4. Mai durchzieht und den Romanschluß antizipiert. Werther ist in einer Erbschaftsangelegenheit unterwegs; der Graf M . . ist (offenbar erst vor kurzem) „verstorben", und Werthers Vorliebe gilt ausgerechnet dem „verfallenen Kabinettchen" – in dieser Spannung zwischen dem Mai und der Morbidität von Werthers „Lieblingsplätzchen" ist der weitere Verlauf von Auf und Ab, Hoffnung und Verzweiflung, Neubeginn und Tod bereits motivisch vorbereitet. –

Wohl kein anderer Brief im „Werther" hat solche Berühmtheit erlangt wie der vom *10. Mai* (S. 5), der thematisch wie sprachlich eine Reihe von Auffälligkeiten aufweist, die ihn als für die Epoche der Empfindsamkeit und des Sturm und Drang besonders typisch erscheinen lassen. Beachtung verdient dabei zunächst die Komposition des Briefes: Werther spricht eingangs von seinem Befinden, dem Zustand seines „Herzens" und seiner „Seele". Die äußeren Gegebenheiten verschaffen ihm ein Glücksgefühl, dem er sich ganz und gar hingibt und das ihn an künstlerischer Tätigkeit (Zeichnen) hindert. Darauf folgt (ab Zeile 16) die Wenn-Periode, die dreimal schwungvoll ansetzt und in großem Bogen zum nächsten Teil führt; in schwärmerischer Begeisterung beschwört Werther seine Liebe zu den Erscheinungen der Natur, die er, von der „hohen Sonne" bis hinunter zum „Würmchen", beschreibend zu erfassen versucht: als sinnlichen Ausdruck der „Gegenwart des Allmächtigen". Wie eine Vorwegnahme der Lotte-Episode lädt Werther die Natur erotisch auf und vergleicht sie zum Abschluß der Periode mit der „Gestalt einer Geliebten".

Im folgenden Abschnitt nimmt er das Motiv der künstlerischen Bewältigung seiner Eindrücke wieder auf und beklagt nun angesichts der „Gewalt der Herrlichkeit dieser Erscheinungen", die ihn buchstäblich überwältigen, seine Unfähigkeit, sie „aus[zu]drükken". Mit dem „ich gehe darüber zugrunde, ich erliege (...)" wird abermals das Todesmotiv angeschlagen. Werthers Begeisterung schlägt im Prozeß des Schreibens um in die Verzweiflung über seine Begrenztheit als Briefschreiber: Er versagt bei dem Versuch, das Erlebte angemessen in Worte zu fassen und sich dadurch anderen verständlich zu machen. (Dies gilt selbstredend nur für Werthers Selbsteinschätzung – der Leser wird seinen Pessimismus der eigenen Ausdrucksfähigkeit gegenüber nicht teilen und vielleicht sogar für Koketterie halten.) Werther wird sich angesichts der Fülle in seinem Innern, die er nicht mitzuteilen vermag, seiner Isolation, seiner Einsamkeit bewußt – Darauf, daß sich dieser von höchstem Glück bis zum ‚Zugrundegehen' reichende „Stimmungsumschwung *im Brief*" vollzieht, hat m. W. als erster H. Schlaffer (S. 215) hingewiesen.

Der beide Extreme berührende Gefühlsüberschwang des Briefes wird sprachlich eindrucksvoll umgesetzt, und zwar sowohl durch die Wortwahl als auch durch die Verwendung stilistischer Mittel. (Zu diesem Thema vgl. die sehr aufschlußreichen Hinweise bei A. Langen; siehe Literaturverzeichnis). Die dem Pietismus entlehnten, in der Empfindsamkeit säkularisierten Wörter „Herz", „Seele" (im Brief fünfmal gebraucht), „Gefühl", „fühle" (zweimal), „Heiligtum", „Himmel", „Gott", „Alliebender", „Allmächtiger" bestimmen diesen zugleich subjektiven wie pathetischen Stil, zu dem auch die auffällig häufige Verwendung des Possessivpronomens gehört: „Es drückt die seelische Beziehung des Sprechers zu seinem Gegenstand aus, mag dieser nun ein Freund, die Natur oder etwas anderes sein."

(A. Langen, Sp. 1099). Im Brief vom 10. Mai findet sich elfmal „mein", zweimal „dein" (auf Werther selbst bezogen).

Die bereits erwähnte, bei Klopstock gelegentlich vorfindbare und von Goethe übernommene Wenn-Periode, die als Vordersatz (Protasis) von einem wesentlich kürzeren, mit „dann" einsetzenden Nachsatz (Apodosis) gefolgt wird, verklammert die Spannung des sich bis zur Atemlosigkeit steigernden Erlebens der „Herrlichkeit" mit der resignierend wahrgenommenen Unfähigkeit, diese zu beschreiben. Aus der anfänglichen Ruhe wird höchste Unruhe und Beunruhigung, die in Ermattung und Aufgabe mündet.

An diesem Beispiel wird deutlich, was A. Langen für die Sprache des Sturm und Drang und der Empfindsamkeit allgemein feststellt: „Der regelmäßige Satzbau wird jetzt durch den Affekt gesprengt." (Sp. 1099) Zur Betonung der eigenen inneren Betroffenheit bedient sich der Briefschreiber Werther einer ganzen Reihe stilistischer Figuren: Anaphern (gelegentlich in Verbindung mit Parallelismen: „Ich", „wenn"), Wiederholungen („fühle", „könntest du"), Ausruf („Ach"), Ellipse (Z. 35), Diminutive („Gräschen", „Mückchen"), Parenthesen: „Das Pausenzeichen der oft gehäuften Gedankenstriche bezeichnet das Verstummen aus überquellendem Gefühl." (A. Langen, Sp. 1099)

Sprache und Gefühl werden hier zu einer Einheit verschmolzen, das in der Aufklärung angestrebte Bemühen um eine von Klarheit und Objektivität geprägte Sprache, die sich an die Regeln grammatikalischer Konventionen hält, ist hier aufgegeben zugunsten des subjektiv-besonderen Ausdruckswillens und -vermögens.

Unterrichtsverlauf

Vorphase:
Briefe der Empfindsamkeit

Nur wenig Zeit sollte die Besprechung des ersten Teils der Hausaufgabe zu den Briefen von Lavater, Pfenninger und Wieland beanspruchen, da wesentliche Elemente empfindsamer Selbstdarstellung bereits vertraut sind. Die Schüler werden sich gewiß an dem übertriebenen Pathos gestört haben; daß die Briefe hingegen ohne wirklichen Inhalt und damit ebenso wie ihre Empfänger austauschbar sind, wird u. U. nicht unmittelbar bewußt geworden sein und sollte vom Lehrer angesprochen werden.

Phase 1:
Funktion und Bedeutung des Herausgeber-Vorwortes

Anknüpfend an die Ergebnisse der von den Schülern zu Hause angestellten Überlegungen werden im Unterricht Funktion und Bedeutung des Herausgeber-Vorwortes erörtert und stichwortartig an der Tafel festgehalten. Daß der Herausgeber den Lesern zwar keine Identifikation mit Werther, keine Nachahmung des Selbstmordes, nahelegt, wohl aber zu Mitgefühl mit seinem „Schicksale" aufruft, sollte sauber herausgearbeitet werden.
Aus zeitlichen Gründen empfiehlt es sich nur bei leistungsstarken Kursen, die Motto-Verse zur Auflage von 1775 zum Vergleich heranzuziehen und auf ihre Intention hin zu befragen. Dieser Teil kann übrigens auch im Rahmen des Themas „Literatur in der Literatur", Phase 6 (Rezeption), nachgeholt werden.

Phase 2:
Erzählstruktur

Im Anschluß wird nun die Erzählstruktur des Romans erarbeitet, wobei der Lehrer fragend-entwickelnd und unter Zuhilfenahme der Tafel vorgehen sollte. Daß zu diesem Zeitpunkt bereits die Unterscheidung zwischen dem Autor Goethe und seinem fiktiven Herausgeber gemacht wird, mag den Schülern zunächst als Haarspalterei erscheinen, vor allem, wenn sie mit Strukturanalysen dieser Art bisher nicht konfrontiert wurden. Der Lehrer kann darauf verweisen, daß das Strukturschema in einem späteren Zusammenhang noch einmal herangezogen und überprüft werden soll (25./26. Stunde: „Romanstruktur und Nebensachen und -figuren").

Phase 3:
Der Brief vom 4. Mai

Der Brief vom 4. Mai kann als Exposition des Romans nur erfaßt werden, wenn die Schüler den „Werther" wenigstens einmal gelesen haben, was bis zu dieser Doppelstunde geschehen sein muß.
Aber selbst dann wird es u. U. nicht ganz leicht sein, alle in diesem wichtigen Brief auftauchenden Themen, Motive, Anspielungen etc. unter Berücksichtigung ihrer weiteren Bedeutung im Roman zu benennen. Der Lehrer wird impulsgebend das Unterrichtsgespräch lenken, ohne die erwarteten Ergebnisse aus den Schülern herauszupressen. Eine Hilfe kann hier die Vorgabe der Kriterien „Themen/Probleme", „Motive/Anspielungen/Vorausdeutungen" sein; eine sklavische Orientierung daran ist aber nicht sinnvoll, schon, weil eine eindeutige Zuordnung nicht immer möglich ist. –
Als Alternative bietet sich an, daß die Schüler den Brief vom 4. Mai selbständig erarbeiten (Referat, Halbjahresarbeit, Klausur o. ä.); sie hätten dann hinreichend Zeit, nach Abschluß der unterrichtlichen Besprechung

anhand einer Detailanalyse schriftlich zu begründen, inwiefern der erste Brief im Kern schon alles Wesentliche des Romans anspricht. Diese Wieder-Lese-Erfahrung wird die Schüler erstaunen und ihnen das hinter der scheinbar zufälligen Sammlung von Briefen (vgl. Herausgeber-Vorwort) verborgene Kompositionsprinzip noch einmal nachdrücklich ins Bewußtsein rufen.

Phase 4:
Der Brief vom 10. Mai

Da der Brief vom 10. Mai mit Recht zu den berühmtesten Zeugnissen der Weltliteratur zählt und aufschlußreich ist für die Besonderheiten der parallel verlaufenden bzw. ineinander verschlungenen Bewegungen der Empfindsamkeit und des Sturm und Drang, ist seine eingehende Besprechung unerläßlich.

In Partnerarbeit gehen die Schüler den Brief zunächst Satz für Satz durch und notieren sich Auffälligkeiten, die anschließend mündlich vorgetragen werden. In einem zweiten Schritt soll die Briefstruktur ermittelt werden. Der Lehrer hält die Komposition des Briefes mit Zeilenangaben und stichwortartigen Überschriften an der Tafel fest.

Das von Werther formulierte, von den Schülern zunächst vielleicht nicht ernstgenommene Problem des Briefschreibers, „dem Papier das ein[zu]hauchen, was so voll (...) in [ihm] lebt", wird zum Ausgang einer genauen Betrachtung des Ausdrucks, d. h. einer Sprachanalyse, die Wortwahl und syntaktischen Besonderheiten nachgeht. Die Begriffe „Herz" und „Seele" sind den Schülern bereits aus dem Lehrervortrag der vorangegangenen Doppelstunde sowie aus dem Brief vom 4. Mai vertraut; hinzu kommen die ebenfalls dem pietistischen Sprachgebrauch entlehnten Wörter wie „Himmel" usw. In syntaktischer Hinsicht wird als erstes vermutlich die Wenn-Periode genannt werden – sie soll auf ihren Bezug zum Inhalt

hin untersucht werden. Abschließend werden die Stilfiguren (Anapher, Ellipse, Parenthese, Diminutiv etc.) herausgestellt (nötigenfalls erläutert).

Abgeschlossen wird diese Phase, für die hinreichend Zeit einzuplanen ist, durch eine zusammenfassende Formulierung zum Verhältnis von Gefühl und Sprache, die zum (adäquaten?) Ausdrucksmittel für das sich aussprechende empfindsame, aber auch leidenschaftliche Subjekt geworden ist.

Es bietet sich an, an dieser Stelle noch einmal auf die Ausführungen Herders (vgl. 3./4. Stunde, Vorphase) zurückzukommen und den poetischen Anspruch der Stürmer und Dränger ins Gedächtnis zu rufen.

Zur Hausaufgabe

Über einen Vergleich zwischen Goethes Hymne „Prometheus" und dem im selben Jahr erschienenen „Werther"-Brief soll der Bezug zwischen der Epoche des Sturm und Drang und dem Roman deutlich gemacht werden. Der zweite Teil der Hausaufgabe bereitet auf das Thema der folgenden Doppelstunde vor.

Stundenziele zur 9./10. Stunde

Die Schüler sollen

– authentische Briefe der Zeit als Zeugnisse der Empfindsamkeit bestimmen können,
– Funktion und Bedeutung des Herausgeber-Vorwortes erkennen,
– die Erzählstruktur des „Werther" herausstellen,
– begründen können, weshalb der Brief vom 4. Mai als Exposition des Romans zu begreifen ist,
– den berühmten Brief vom 10. Mai nach inhaltlichen, sprachlichen und kompositorischen Aspekten analysieren und
– die Verknüpfung von Inhalt und Gefühl, Empfindung und Ausdruck erkennen und benennen.

11./12. Stunde:
„Freiheit und Regeln"

Sachanalyse

Das vorliegende Thema ist nicht nur für den „Werther", sondern – besonders im Hinblick auf den bereits erwähnten Genie-Begriff – für die Epoche des Sturm und Drang insgesamt von zentraler Bedeutung. – Die besondere Attraktivität des „Werther" vor allem für junge Leser resultiert nicht zuletzt aus der extremen Position, die der Titelheld seiner Umwelt gegenüber einnimmt und die durch den unbedingten Anspruch auf unverkürzte Freiheit und Subjektivität gekennzeichnet ist. Wie im Brief vom 17. Mai aber bereits deutlich wird, weiß Werther, daß er mit dieser Haltung dem Leben gegenüber eine Sonderstellung einnimmt:

Es ist ein einförmiges Ding um das Menschengeschlecht. Die meisten verarbeiten den größten Teil der Zeit, um zu leben, und das bißchen, das ihnen von Freiheit übrig bleibt, ängstigt sie so, daß sie alle Mittel aufsuchen, um es los zu werden. O Bestimmung des Menschen! (S. 8)

Innere Einsamkeit ist der Preis für den Anspruch auf Selbstverwirklichung, denn „die meisten" anderen Menschen teilen, wie er bemerkt, seine Freiheitsliebe nicht.
Noch ehe die eigentlichen „Leiden" Werthers einsetzen, klagt er – zumal nach dem Tod der „Freundin (seiner) Jugend" – in niemandem (auch im Briefempfänger Wilhelm nicht) einen verständnisvollen Freund zu besitzen: „mißverstanden zu werden, ist das Schicksal von unsereinem." (S. 8)
Der üblicherweise emphatisch-optimistisch gemeinte Begriff der „Freiheit" erhält hier schon einen resignativ-melancholischen Unterton, insofern er die von Beginn an ambivalente Existenz Werthers sichtbar werden läßt; darüber hinaus ist er für viele offenbar mit ,Angst' verbunden, wie Werther in seinem Brief schreibt.

Ohne diese für den Roman und den Sturm und Drang höchst aufschlußreiche Passage zu erwähnen, hat der Psychoanalytiker und Sozialphilosoph Erich Fromm (1900–1980) in dem 1941 unter dem Titel „Escape from Freedom" veröffentlichten Werk versucht, aus gesellschaftlichen und psychologischen Mechanismen den Vorgang zu erklären, daß sich viele Menschen ihrer Freiheit zu entledigen suchen oder, wie Werther schreibt, „alle Mittel aufsuchen, um es [die Freiheit; R. K.] los zu werden". Dabei beschreibt er die Entwicklung der menschlichen Gesellschaft in Mitteleuropa als Prozeß allmählich zunehmender Freiheit für den einzelnen. Wichtige Stationen dieser Entwicklung sind nach Fromm die Reformation und, damit einhergehend, die Herausbildung bürgerlicher Verkehrsverhältnisse (freier Warenaustausch, Markt und Konkurrenz). Mit der Loslösung von bisher gültigen Autoritäten (Feudalherr, Katholische Kirche) gewinnt das Individuum zwar an äußerer Freiheit, muß dafür aber mit der nun entstandenen ideologischen und ökonomischen Unsicherheit zurechtkommen, die mit der Befreiung aus alten Bindungen einhergeht. Diesen „negativen Folgen der Freiheit" (Fromm) versucht der einzelne sich zu entziehen, indem er sich freiwillig allgemein anerkannten Autoritäten wie Pflicht, Konvention, öffentliche Meinung, Gesetz, Regel, Staat und Kirche unterwirft. Durch diese von ihm selbst betriebene Anpassung gewinnt er die Übereinstimmung mit einem Großteil der anderen Menschen, überwindet so sein Gefühl von Einsamkeit und gibt die furchteinflößende Selbstverantwortung und Selbstbestimmung ab, die mit Freiheit stets verbunden ist.
Die Ausführungen Fromms, die unter dem Eindruck des Erfolgs der Nationalsozialisten entstanden, sind geeignet, die scharfsinnige Beobachtung in dem „Werther"-Brief näher zu erläutern: Die von Werther konstatierte ,Angst' hat ihren Grund in der

die meisten Menschen überfordernden Notwendigkeit, selbstverantwortlich, autonom zu handeln, und die „Mittel" zur Überwindung dieser bedrohlichen Freiheit bestehen darin, sich scheinbar Sicherheit gewährenden Autoritäten anzuvertrauen; (zu diesen zählen auch die im Roman immer wieder angesprochenen „Regeln").

Das genaue Gegenbild zu der eben beschriebenen, von Werther abgelehnten „einförmige(n)" Existenz ist das „Genie", und Werther hat keine Scheu, diesen für die Epoche des Sturm und Drang bedeutenden (Tugend)Begriff im Brief vom 17. Mai für sich zu reklamieren. Er schreibt hier von seiner Beziehung zu der verstorbenen „Freundin", die durch den Gleichklang der Herzen und Seelen gekennzeichnet war, und betont, daß nicht „eine einzige Kraft (seiner) Seele ungenutzt" (S. 8) blieb. Fast dieselben Worte benutzte er bereits im Absatz zuvor, um die Beschränkungen in seinem Verhältnis zum einfachen Volk zu beklagen: „daß noch so viele andere Kräfte in mir (...) ungenutzt vermodern". (Nicht nur an diesem Beispiel scheint die feine, kunstvolle Konstruktion dieses Briefes auf, die durch Antithesen charakterisiert ist, um Werthers Außenseiterstellung zu verdeutlichen.)

Als auf seine „Kräfte" vertrauendes Genie beansprucht Werther ein Höchstmaß an Originalität und Freiheit, wobei dieses sich darin äußert, daß er seine Schöpferkraft einzig aus sich selbst heraus entwickelt, frei von Regeln und Kunstdoktrinen, wie sie um die Mitte des 18. Jahrhunderts vor allem in den verschiedenen Regelpoetiken der Aufklärer (Gottsched, Sulzer u. a.) vorgelegt wurden.

Als Gegensatz zum Genie und damit zu sich selbst führt Werther den „jungen V.." an, der ganz auf dem Boden aufklärerischer Kunsttheorien steht und sich auf sein „viel Wissen" etwas einbildet, wofür er von Werther milde-herablassend belächelt wird: „Ich ließ das gut sein." (S. 9) Denn natürlich

kennt auch er Sulzer, Winckelmann, Wood usw., aber trockene Gelehrsamkeit ist weder sein Ziel noch sein Stolz, denn „was ich weiß, kann jeder wissen – mein Herz habe ich allein." (9. Mai; S. 74)

Seinen eigenen Kunstbegriff, der dem Genie entspricht, gewinnt Werther durch Abgrenzung von den „Regeln" (Brief vom 26. Mai):

> Man kann zum Vorteile der Regeln viel sagen, ungefähr was man zum Lobe der bürgerlichen Gesellschaft sagen kann. Ein Mensch, der sich nach ihnen bildet, wird nie etwas Abgeschmacktes und Schlechtes hervorbringen, wie einer, der sich durch Gesetze und Wohlstand modeln läßt, nie ein unerträglicher Nachbar, nie ein merkwürdiger Bösewicht werden kann; dagegen wird aber auch alle Regel, man rede was man wolle, das wahre Gefühl von Natur und den wahren Ausdruck derselben zerstören! (S. 12)

Die Befolgung der Regeln bedeutet für Werther das Ende des „Gefühl(s) von Natur" und des „wahren Ausdruck(s) derselben", weil sie nicht aus dem unbegrenzten Innern, dem Herzen des schöpferischen Subjekts kommen; im Gegenteil: Als von außen gesetzte, dem künstlerischen Objekt damit fremde Maßstäbe werden sie diesem gewaltsam übergestülpt.

Werther weitet seine Regelkritik über den Bereich der Kunst aus auf das gesellschaftliche Leben, indem er die einschränkenden, einengenden künstlerischen Regeln mit den „Gesetze(n)" der „bürgerlichen Gesellschaft" vergleicht, die er an anderer Stelle als „kaltblütige Pedanten" (Brief vom 12. August; S. 45) bezeichnet. Regeln wie Gesetze sind immer auf das Allgemeine gerichtet und damit notwendig abstrakt, wohingegen es Werther gerade um das Einzelne, Besondere, Einzigartige geht, das mit Regeln, Gesetzen, Schablonen und Systemen unvereinbar ist.

Daß der Sturm und Drang in seinem Aufbegehren gegen gesellschaftliche Konventionen, Beschränkungen und Zwänge vor allem eine von der damaligen jugendlichen Intelligenz getragene Bewegung war, zeigt auch Werthers „Gleichnis" (26. Mai; S. 12). Darin beschreibt er die Situation eines „junge(n) Herz(ens)", das verliebt ist und von der Umwelt in der Gestalt eines „Philister(s)" zur Mäßigung ermahnt wird (die Formulierung „junge(s) Herz" statt „junger Mann" wird gewählt, weil der Verliebte gleichsam nur aus Gefühl, aus „Herz" besteht). Mit aller Schärfe geißelt Werther hier den kalkulierten, ausgewogenen und wohldosierten Umgang mit etwas so Einmaligem wie der Liebe zu einem anderen Menschen, die sich dem Nützlichkeitsdenken unterwerfen soll. Werther empört sich gegen eine nach Maßgabe der Vernunft „berechnet(e)" Liebe, die mit wahrer Hingabe nichts gemein hat.

In diesem für Werther unvereinbaren Gegensatz von Vernunft und Gefühl, Regel und Ausdruck, Sitte und Leidenschaft gibt es nur eins: nicht zum „brauchbaren [d. h. fremdbestimmten; R. K.] jungen Menschen" zu werden, sondern auf seiner Lebensweise als Genie zu beharren, und das mit allen Konsequenzen, die damit verbunden sind, nämlich Einsamkeit und Nichtverstanden-Werden. „O meine Freunde!" klagt er im Anschluß an das „Gleichnis", „warum der Strom des Genies so selten ausbricht, so selten in hohen Fluten hereinbraust und eure staunende Seele erschüttert?" Damit spricht er zugleich die Gefahr an, die vom Genie ausgeht: Der „Strom", üblicherweise als Metapher des Lebens, der Kraft und der Leidenschaft gebraucht, wird in diesem Bild schon von seiner anderen, zerstörerischen Seite her beleuchtet, und zwar als unkontrollierbare elementare Gewalt, die nur mit den Mitteln vernünftiger Vorsorge („Dämmen und Ableiten"; 26. Mai; S. 13) gebändigt werden kann.

Werthers Selbstverständnis äußert sich nicht nur in seiner Regelkritik, sondern auch in seinem Verhältnis zu Arbeit und Beruf. An seinen Mitmenschen beobachtet er, daß sie nicht arbeiten, um sich in ihrem produktiven Schaffen zu verwirklichen, sondern sie „verarbeiten den größten Teil der Zeit, um zu leben" (17. Mai; S. 8), d. h. ihre Arbeit unterliegt einzig dem Zweck der Reproduktion oder, wie es im Brief vom 22. Mai (S. 9) heißt, der „Befriedigung" existentieller „Bedürfnisse". Werther pflegt, um diesem Los zu entgehen, den Müßiggang; ein Beruf, der „die tätigen und forschenden Kräfte des Menschen" ,einsperrt' (S. 9), der nur Mittel zum Zweck ist, anstatt den Zweck in sich selbst zu haben, ist eines Genies unwürdig – zumal wenn es von seiner Arbeit nicht leben muß.

Werthers Grundsatz lautet, daß er auch ohne berufliche Tätigkeit, die seine Mutter und offenbar auch Wilhelm von ihm erwarten, „aktiv" sein kann und der ein „Tor" ist, der „sich um Geld oder Ehre oder sonst was abarbeitet" (20. Juli; S. 39); dennoch nimmt er später die Stelle bei der Gesandtschaft an. Obwohl ihm „die Fabel vom Pferd einfällt, das, seiner Freiheit ungeduldig, sich Sattel und Zeug auflegen läßt und zuschanden geritten wird –" (22. August; S. 53), begibt er sich in „Subordination" (20. Juli; S. 38). Er will sich von seiner unglücklichen Liebe zu Lotte ablenken lassen und sieht darüber hinweg, daß seine angenommene Tätigkeit nicht „seine eigene Leidenschaft, sein eigenes Bedürfnis" ist (20. Juli; S. 39).

Mit seinem Scheitern in einem bürgerlichen Beruf erfüllt sich Werthers Selbsteinschätzung, den Ansprüchen der gesellschaftlichen Realität ohne Verzicht auf seine Identität nicht genügen zu können. Er wird „gespielt wie eine Marionette" (20. Januar; S. 65), empfindet sein Dasein als „Joch" (24. Dezember; S. 62) und fühlt sich wie in einem „Käfig" (S. 66). Schon bald gerät er mit dem Gesandten aneinander, der sich an dem seiner Meinung nach extravaganten Schreibstil seines Mitarbeiters stört – vor allem an den Inversionen Werthers. Dessen gefühlsgeladene Sprache entspricht nicht den Vorstellungen des Gesandten von einer nüchternen Kanzleisprache. Werther ist nicht in der Lage, sich den Normen der „toten Büchersprache" (Herder) anzupassen. Damit ist der Konflikt unvermeidlich, denn „sprachliche Eigenart (. . .) ist die erste und umgreifendste Potenz zur Objektivierung der Wertherschen Seelenhaltung jenseits der gesellschaftlichen Zwänge." (Scherpe, S. 57) Der von Inversionen geprägte Stil, den Werther auch in seinen Briefen benutzt, ist gekennzeichnet durch die „freie Wortfolge, die sich dem Gang der Vorstellungsbilder des Geistes anschließt" und „ist der Stil der Empfindsamkeit und des Sturm und Drang im Gegensatz zum Stil des Rationalismus und seiner grammatischen Regeln." (Trunz, S. 580)

Bis in die Satzgestaltung hinein stellt sich Werther also als ein Außenseiter dar, der die überkommenen und allgemein gültigen Regeln als Einschränkung seiner durch Herz und Gefühl bestimmten Geniehaftigkeit ablehnt. Er artikuliert seine Sonderstellung im Leben, im Beruf, in seiner Kunstauffassung und, damit eng verknüpft, auch in seiner Sprache.

Daß der junge Goethe in diesem Punkt viel mit dem von ihm entworfenen Werther gemein hat, wird nicht nur im Roman selbst, sondern auch in seiner Jugendlyrik (z. B. im „Prometheus") unmittelbar greifbar.

Unterrichtsverlauf

Vorbemerkung:

Das zum Thema „Freiheit und Regeln" vorgeschlagene Programm wird den zeitlichen Rahmen einer Doppelstunde u. U. sprengen; in diesem Falle kann Phase 5 („Regeln und Sprache") in die folgende Einzelstunde gelegt und diese entsprechend gekürzt werden.

Vorphase:
Hausaufgabe

Da die Schüler die beiden zu vergleichenden Texte aus dem Unterricht bereits kennen, wird ihnen die Hausaufgabe kaum Schwierigkeiten bereitet haben. Bei der zügig durchzuführenden Auswertung sollte nach dem bereits vertrauten Verfahren vorgegangen werden: Zunächst wird die Wortwahl, dann Syntax und Stilfiguren untersucht, ehe aus der Sprachanalyse Schlüsse gezogen werden.

Die Wortwahl zeigt einige Übereinstimmungen: Das Wort „Herz" wird im „Prometheus" zwar nur einmal benutzt, dafür aber an zentraler Stelle und mit dem Epitheton „heilig glühend". Statt „heilig" findet sich im Brief vom 10. Mai „Heiligtum", ebenso tauchen in beiden Texten die dem religiösen (pietistischen) Wortgebrauch zugehörigen Begriffe „ewig", „allmächtig" bzw. „Allmächtiger" und „Himmel", schließlich noch „Sonne" auf. Wie im Brief wird auch in der Hymne durch die häufige Verwendung des Personal- sowie des Possessivpronomens der 1. Person Singular das Ich des Schreibers bzw. Sprechers betont.

In syntaktisch-stilistischer Hinsicht sind die vielen Anaphern, Parallelismen, Häufungen, Ellipsen und Ausrufe zu nennen, die beiden Texten einen drängenden, beinahe stürmischen Rhythmus verleihen.

Nach dem Sammeln und Festhalten der Stichworte werden die Ergebnisse inhaltlich ausgewertet. Vermutlich haben die Schüler den in beiden Texten vorfindbaren Gott-Mensch-Vergleich bemerkt: Werther schreibt vom „Allmächtigen, der uns nach seinem Bilde schuf", Prometheus verkündet stolz: „Hier sitz' ich, forme Menschen nach meinem Bilde". Aus beiden Texten spricht ein starkes Gefühl sich selbst bewußter Subjektivität, aber auch der Einsamkeit. Werther und Prometheus haben ein enges Verhältnis zu Natur und Schöpfung. Während aber Prometheus aktiv ist, ‚formt', geht Werther „darüber zugrunde", die „Herrlichkeit dieser Erscheinungen" nicht „wieder ausdrücken" zu können (er muß passiv bleiben, kann nur aufnehmen). Werther wird sich leidvoll der Grenzen seiner Schaffenskraft bewußt.

Phase 1:
‚Angst' vor der Freiheit

Um wertvolle Zeit zu sparen, gibt der Lehrer die im Hauptteil der Doppelstunde zu bearbeitenden Textpassagen selbst vor, und zwar zunächst den kurzen Abschnitt im Brief vom 17. Mai (S. 8; Z. 1–7), der genau gelesen und detailliert ausgewertet werden soll. Die Eingangsfrage bezieht sich auf Werthers erstaunlich modern anmutende Feststellung, die meisten Menschen versuchten, ihre sie ängstigende Freiheit „los zu werden". Die Schüler suchen aus ihrem eigenen Erfahrungsbereich Beispiele für ein solches Verhalten, u. U. nennen sie sogar historische Vorgänge (Nationalsozialismus z. B.). Anschließend wird den Ursachen dieser „Furcht vor der Freiheit" (Fromm) nachgegangen; dabei bieten sich zwei Möglichkeiten an:
1. Der Lehrer hält auf der Grundlage der Sachanalyse und des Textauszugs aus dem Buch Fromms (s. S. 79) einen kurzen Vortrag;
2. Die Schüler lesen die Textauszüge, ehe diese gemeinsam erläutert und kommentiert werden.

Der bei Fromm verwendete Begriff „Ursprüngliches Selbst" bereitet schon auf den in der folgenden Phase aufgreifenden Begriff des „Genies" bzw. des „Original-Genies" vor. Ausgehend vom Mechanismus des Rollenverhaltens, der nach Fromm eine der Fluchtmöglichkeiten aus der Freiheit darstellt, wird nach weiteren Voraussetzungen (Mechanismen und Institutionen) gesucht; die Ergebnisse werden vom Lehrer stichwortartig an der Tafel festgehalten; dabei sollte der für den weiteren Stundenverlauf wichtige Begriff der „Regel" nicht fehlen.

Phase 2:
Werther als „Genie"

In dieser Phase geht es zunächst darum, Werthers Situation als die eines im Grunde Einsamen, Mißverstandenen herauszuarbeiten; diverse Textstellen des Briefes vom 17. Mai lassen sich hier als Beleg anführen. Die Vergnügungen, die er mit dem Volk unternimmt, täuschen nicht darüber hinweg, daß er seine „andere(n) Kräfte" um dieser Volksnähe willen „sorgfältig verbergen" muß, will er nicht als elitär, überspannt o. ä. gelten. Werthers Selbstcharakterisierung als „Genie" führt zu der Frage, was dieses auszeichnet; Werther gibt dazu selbst einen Hinweis durch die Erinnerung an den Umgang mit der verstorbenen „Freundin (seiner) Jugend". Eine weitergehende Bestimmung des Genies ist den Schülern durch die Analyse des Auszugs aus Lavaters „Physiognomischen Fragmenten" (1778), zu denen der junge Goethe einige Beiträge lieferte, bereits vertraut. Sofern kein Stundenprotokoll der 3./4. Stunde (Phase 1) vorliegt, wird der Auszug (Editionen „Kunst- und Dichtungstheorien", S. 74–77, Z. 9) evtl. noch einmal überflogen; hierbei wird daran erinnert, daß die bei Lavater vorfindbare bewußt unsystematische Gegenstandsbestimmung auch als Polemik bzw. Abgrenzung gegen die für die Aufklärung typischen wissenschaftlich-exakten Definitionen aufzufassen ist; eine solche wäre dem Genie, das auf Originalität, Unvergleichbarkeit, Spontaneität Anspruch erhebt, völlig unangemessen: Die Annäherung an den Genie-Begriff kann nur sprunghaft assoziativ erfolgen. – Nachdem die Schüler inzwischen auch die Epoche der Empfindsamkeit kennengelernt haben (vgl. 7./8.

Stunde), wird ihnen aufgrund der religiösen Metaphorik bei Lavater auffallen, daß das Genieverständnis nicht nur im Sturm und Drang, sondern auch in der Empfindsamkeit wurzelt.

Phase 3:
Kritik an den Regeln in der Kunst und im Leben

Da der „junge V.." im Brief vom 17. Mai als Kontrast zum Genie angeführt wird, soll an dieser Stelle noch einmal der den Schülern aus der 1. bis 4. Stunde bereits vertraute Gegensatz zwischen den Kunstbegriffen von Aufklärung und Sturm und Drang aufgegriffen werden. (Der Lehrer gibt kurze Erklärungen zu den im Text erwähnten Namen Batteux, Sulzer usw.: vgl. Reclam, Erläuterungen und Dokumente, S. 12/13). Auf die Ironie in der Charakterisierung des „jungen V..", dem Werther sich weit überlegen fühlt, sollte dabei hingewiesen werden – sie ist typisch für die Haltung der jungen Leute des Sturm und Drang den Vertretern und Anhängern der Aufklärung gegenüber.

Der Lehrer verweist auf einen in diesem Zusammenhang aufschlußreichen Satz an anderer Stelle: „Was ich weiß, kann jeder wissen – mein Herz habe ich allein." (9. Mai; S. 74), ehe er zur berühmten Passage im Brief vom 26. Mai (S. 12, Z. 5–15) überleitet. Ausgehend von seiner Kritik an den „Regeln" (die in Phase 1 schon angesprochen wurden), wird Werthers Kunstverständnis mit Hilfe des Tafelbildes 1 herausgearbeitet, wobei auch eine Zuordnung zu den Epochen erfolgt.

Anhand des Textes erkennen die Schüler, daß sich Werthers Regelkritik nicht nur auf die Kunst, sondern auch auf das alltägliche Leben bezieht: als Kritik an den Normen der „bürgerlichen Gesellschaft". Die Konsequenzen für Kunst und Gesellschaft unter dem Diktat der Regeln werden aufgezeigt und im Tafelbild 2 festgehalten. Es lohnt

sich, das „Gleichnis" vom „junge(n) Herz" und dem „Philister" mit den Schülern näher zu erörtern: Viele von ihnen stehen häufig vor derselben Situation, zwischen privaten Beziehungen und schulischen Verpflichtungen einen Kompromiß finden und sich mit den Vorhaltungen erwachsener „Philister" auseinandersetzen zu müssen. Eine Aussprache über das Spannungsverhältnis von Gesellschaft und Ich, Pflicht und Neigung provoziert u. U. auch kritische Stellungnahmen der Haltung Werthers gegenüber, an die später angeknüpft werden kann.

Phase 4:
Arbeit und Beruf

Die Frage nach Werthers Einstellung zu Beruf und Arbeit ergibt sich fast übergangslos aus dem Thema der Phase 3. Falls nötig, weist der Lehrer auf den kurzen Brief vom 20. Juli hin, in dem Werthers Absage an eine von fremden Zwecken bestimmte „Aktivität" formuliert ist. Ob ein solch weitgehender Anspruch, der keine Rücksicht auf von außen an das Subjekt herangetragene Anforderungen nimmt, realistisch ist, sollte an dieser Stelle nur kurz in Frage gestellt werden, da manches dazu bereits am Ende der letzten Phase gesagt worden sein dürfte. Immerhin sollte deutlich werden: Werthers Existenz als Müßiggänger ist nur aufgrund seiner gesellschaftlich privilegierten Stellung möglich (er lebt von einer Rente oder ähnlichen, nicht an Arbeit oder Beruf gebundenen Einkünften); sie ist deshalb auch Ausdruck eines elitären, gesellschaftlichen Notwendigkeiten gegenüber blinden Standpunktes.

Die Frage nach dem Grund für die später doch aufgenommene Tätigkeit bei Hofe (Beginn des zweiten Buches) zeigt, daß Werther entgegen seinen Prinzipien unter dem Druck der Ereignisse doch Kompromisse eingehen muß.

Phase 5:
Regeln und Sprache

(Vor allem im Falle von Zeitdruck sollte der Lehrer hier durch gezielte Impulsgebung und Vortrag stärker führen.)
Die Gründe für Werthers Konflikt mit dem Gesandten werden zunächst noch einmal kurz nachgelesen (24. Dezember, S. 61). Hierauf wird, falls nötig, das Wesen der Inversion erklärt, ehe der Lehrer einzelne Textbeispiele aus dem „Werther" angibt. Ergänzt werden diese durch ein zeitgenössisches Zitat von Herder zur Bedeutung der Inversionen, das der Lehrer entweder vorliest oder als Textbogen austeilt:

Der bloße Verstand, der nichts mit Auge und Ohr zu tun hat, folgt bloß der Ordnung der Ideen und hat also keine Inversionen; so ist der logische Periode. (...) Je mehr sie [die Sprache; R. K.] lebt, desto mehr Inversionen; je mehr sie zur toten Büchersprache zurückgesetzt ist, desto mindere. (...) Das Ohr will einen Perioden, der es durch seinen Wohlklang füllet, der gnug abwechselt und nicht zu oft wiederkommet. Kann dies eine Rede ohne Inversionen erreichen? Schwerlich! ein Periode schließt sich, wie der andre, wenn er seine Meinung gesagt hat; das stolze Ohr wird durch einerlei Cadenzen gequält, es empfindet es, die Inversionen in der Sprache sind ebenso nötig, als das Unebenmaß in der Malerei und in der Musik der Mißlaut. (...) die Ordnung der Phantasie ist doch gewiß nicht die Ordnung der kalten Vernunft. Diese Inversion ist, um die Aufmerksamkeit zu erregen, jene, um sie zu erhalten; diese überraschet, jene beweget die ganze Seele, (...) Hierdurch bekommt die Prosa Munterkeit, die Poesie Feuer (...) und die Inversionen, die sich unsre guten Poeten haben erlauben können, gehören mit zur deutschen Freiheit.

(Johann Gottfried Herder, Auszüge aus „Fragmente über die neuere Deutsche Litteratur" (1767), zitiert nach: A. Langen, Deutsche Sprachgeschichte vom Barock bis zur Gegenwart, in: Deutsche Philologie im Aufriß, (Hg.) W. Stammler, Berlin 1952, Spalte 1092 f.)

Wieder stoßen die Schüler auf den Gegensatz von Regel (Wortstellung gemäß der Grammatik) und Gefühl/Subjektivität (Wortfolge gemäß dem individuellen Ausdruckswillen), der schon aus dem Bereich der Kunst vertraut ist (Herder spricht selbst, die Malerei als Beispiel anführend, von „Unebenmaß"). Die abschließende Frage macht diesen Zusammenhang von Kunst- und Sprachauffassung des Sturm und Drang noch einmal deutlich.

Zur Hausaufgabe

Eine gute Textvorbereitung durch die Schüler ist Voraussetzung dafür, daß das Thema „Kinder" in der dafür vorgesehenen Einzelstunde abgeschlossen werden kann.

Stundenziele zur 11./12. Stunde

Die Schüler sollen

- sprachliche Gemeinsamkeiten zwischen der Hymne „Prometheus" und dem Brief vom 10. Mai benennen und
- Unterschiede zwischen Prometheus und Werther herausarbeiten,
- den Gründen für die im „Werther" angesprochene und überzeitlich gültige Angst vor der Freiheit nachgehen,
- den Bezug zwischen Werther und dem Geniebegriff des Sturm und Drang aufzeigen können,
- die verschiedenen Bereiche und Aspekte von Werthers Regel-Kritik unterscheiden und vor diesem Hintergrund
- Werthers Verhältnis zu Arbeit und Beruf definieren und beurteilen können,
- den Zusammenhang zwischen Regel-Kritik und Sprachgebrauch im „Werther" erkennen.

Textauszug aus: Erich Fromm: Die Furcht vor der Freiheit

Der Psychoanalytiker und Sozialphilosoph Erich Fromm, der 1900 in Frankfurt am Main geboren wurde und 1980 in der Schweiz starb, mußte 1934 aus Deutschland emigrieren und war bis 1965 Professor an verschiedenen Universitäten in den USA und Mexiko. In seinem Denken verbinden sich Freuds Lehren und die marxistische Gesellschaftstheorie, wobei er versuchte, die Grundlagen für eine wahrhaft humane Gesellschaft zu formulieren. Seine am weitesten verbreitete Schrift ist „Die Kunst des Liebens" (1956). „Die Furcht vor der Freiheit" wurde 1947 veröffentlicht.

Die Furcht vor der Freiheit (1941a)

Wir treffen auf das Doppelgesicht der Freiheit: Der einzelne wird *von* wirtschaftlichen und politischen Fesseln frei. Er gewinnt auch etwas an positiver Freiheit durch die aktive, unabhängige Rolle, die er im neuen System [gemeint ist die frühbürgerliche Gesellschaft; R. K.] spielen muß. Aber gleichzeitig wird er auch von all jenen Bindungen frei, die ihm zuvor Sicherheit und ein Gefühl der Zugehörigkeit gaben. Das Leben läuft nicht mehr in einer in sich geschlossenen Welt ab, deren Mittelpunkt der Mensch war, die Welt ist grenzenlos und zugleich bedrohlich geworden. Dadurch, daß er seinen festen Platz in einer in sich geschlossenen Welt verliert, geht dem Menschen auch die Antwort auf die Frage nach dem Sinn des Lebens verloren. Er fühlt sich von mächtigen, überpersönlichen Kräften, dem Kapital und dem Markt bedroht. Die Beziehung zu seinen Mitmenschen, von denen jeder ein potentieller Konkurrent ist, wird feindlich und entfremdet. Er ist frei – das heißt, er ist allein, isoliert, bedroht von allen Seiten. Da er weder den Reichtum noch die Macht besitzt, über welche die Renaissance-Kapitalisten verfügten, und da er überdies das Gefühl des Einsseins mit seinen Mitmenschen und dem Universum verloren hat, überwältigt ihn ein Gefühl persönlicher Nichtigkeit und Hilflosigkeit. Er hat das Paradies auf immer verloren. Der einzelne steht allein der Welt gegenüber – ein Fremder, hineingeworfen in eine grenzenlose, bedrohliche Welt. Die neue Freiheit mußte in ihm ein tiefes Gefühl der Unsicherheit und Ohnmacht, des Zweifels, der Verlassenheit und Angst wecken. Wenn der Mensch sich in der Welt behaupten sollte, mußte er wenigstens teilweise von diesen Gefühlen erleichtert werden. S. 254.

Der Mensch sucht in seiner Angst nach jemandem oder nach etwas, an den oder an das sich sein Selbst halten kann; er kann es nicht länger ertragen, sein eigenes individuelles Selbst zu sein, und versucht krampfhaft, es loszuwerden und seine Sicherheit dadurch zurückzugewinnen, daß er sich dieser Last seines Selbst entledigt. S. 306.

Dieser Mechanismus stellt die Lösung dar, für die sich die meisten normalen Menschen in unserer heutigen Gesellschaft entscheiden. Er besteht kurz gesagt darin, daß der einzelne aufhört, er selbst zu sein; er gleicht sich völlig dem Persönlichkeitsmodell an, das ihm seine Kultur anbietet, und wird deshalb genau wie alle anderen und so, wie die anderen es von ihm erwarten. Die Diskrepanz zwischen dem „Ich" und der Welt verschwindet und damit auch die bewußte Angst vor dem Alleinsein und der Ohnmacht. S. 325.

Freilich kann jemand auch viele Rollen spielen und subjektiv überzeugt sein, in jeder dieser Rollen „er" zu sein. Tatsächlich aber ist er in allen diesen Rollen das, wovon er glaubt, daß man es von ihm erwartet, und bei vielen Menschen, wenn nicht gar bei bei den meisten, wird das ursprüngliche Selbst vom Pseudo-Selbst völlig erstickt. Manchmal kommt in einem Traum, in Phantasien oder wenn der Betreffende betrunken ist, etwas von dem ursprünglichen Selbst zum Vorschein – Gefühle und Gedanken, die er jahrelang nicht mehr gehabt hat. Oft handelt es sich um schlimme Dinge, die er verdrängte, weil er Angst davor hatte oder sich ihrer schämte. Manchmal handelt es sich aber auch um das Beste in ihm, das er verdrängt hat, aus Angst, man würde ihn auslachen oder angreifen. S. 236.

13. Stunde:
„Kinder und Kindheit"

Sachanalyse

Immer wieder hebt Werther seine Liebe zu Kindern hervor: „meinem Herzen sind die Kinder am nächsten auf der Erde". (29. Junius; S. 28) So zeichnet er voll Rührung die Kleinen der Schulmeisterstochter und beschenkt sie auch gelegentlich, mit Lottes Geschwistern tollt er sehr zum Unmut der „gescheiten Menschen", der „vernünftige(n)" Erwachsenen (29. Junius; S. 27 f.) herum. Seine Zuneigung zu Kindern ist darüber hinaus Ausdruck seiner Lebensauffassung, die sich an den Lehren des im Roman namentlich nicht genannten französischen Philosophen Jean-Jacques Rousseau orientiert. Wie Rousseau, der Verfechter eines natürlichen Lebens und Gegner gesellschaftlicher und zivilisatorischer Verbildung des Menschen, sieht Werther in Kindern „alles so unverdorben, so ganz" (29. Junius; S. 28), was er in der Welt der Erwachsenen schmerzlich vermißt. Kinder gelten ihm als das Ursprüngliche, Unverfälschte und Natürliche, sie verkörpern für ihn das Ideal eines von Zwängen und einschränkenden Regeln freien, unbekümmerten Daseins.

Kinder faszinieren Werther, weil sie so leben, wie er gerne leben möchte, „in den Tag hinein" (22. Mai; S. 10) und „von einem Tage zum andern" (27. Mai; S. 14). Glück ist für Werther sogar nur vorstellbar als Zustand unbewußt-träumerischer „Gelassenheit" (S. 14), die er an Kindern beobachtet. Anders als der „Philister", der seine „Stunden" und sein „Vermögen" einteilt (26. Mai; S. 12), leben sie in Werthers Vorstellung nur dem Augenblick und ihren spontanen Bedürfnissen, wenn sie das „gewünschte [Zuckerbrot; R. K.] endlich erhaschen, es mit vollen Backen verzehren und rufen: ‚Mehr!'" (22. Mai; S. 10) Wie Werther sind

ihnen Mäßigung und Selbstbeherrschung fremd.

Werther kann sich mit dem kindlichen Verhalten deshalb so stark identifizieren, ja, es idealisieren, weil auch er nicht bereit ist, äußere Einschränkungen zu akzeptieren: „Greifen die Kinder nicht nach allem, was ihnen in den Sinn fällt? – Und ich?" (30. Oktober; S. 86) Die zuletzt gestellte, resigniert klingende Frage bezeichnet aber schon die Grenzen, die Werther zwischen sich und den von ihm als Vorbild, als „Muster" (29. Junius; S. 28) gesehenen Kindern bemerkt. Er selbst greift eben nicht ungeniert „nach allem, was (ihm) in den Sinn fällt" (hier meint er die im Ehestand lebende Lotte), sondern er hält sich entgegen seinen eigenen Prinzipien an die gesellschaftliche und biblische Regel, welche ihm eine Annäherung an eine verheiratete Frau verbietet, weil er sein Gewissen (d. h. ein Bewußtsein von damit verbundener Schuld) nicht ausschalten, seine durch Erziehung erworbenen Skrupel nicht ablegen kann. Obwohl er ein Gegner aller Regeln ist, akzeptiert er dieses Tabu.

Werther will ein Kind sein und kann es doch nicht, und unter diesem Widerspruch leidet er. Er beneidet die Kinder, weil sie nicht durch die vom Bewußtsein gesetzten Grenzen eingeengt werden, aber er vermag es ihnen nicht nachzutun, weil er unwiderruflich über die kindliche Existenz hinaus ist. Dies hindert ihn zwar nicht daran, gelegentlich wie ein Kind zu handeln, doch zugleich beobachtet er sich dabei und kokettiert damit: „Was man ein Kind ist", lautet der erste Satz im Brief vom 8. Julius (S. 34), in dem er gesteht, daß er sich zweifelhaften Illusionen über Lottes Liebe zu ihm hingibt, und er schließt zugespitzt auf seine Person: „was ich ein Kind bin!" (S. 35) Indem er sein kindliches Verhalten reflektiert, beweist er, daß er kein Kind mehr ist. So beklagt er sich über sich: „ich bin erstaunt, wie ich (...) über meinen Zustand immer so klar gesehen und doch gehandelt habe wie ein Kind." (8. August, abends; S. 42).

Quelle von Werthers Unglück sind zum einen also die Einschränkungen selbst, die er kritisiert, zum anderen aber, daß er sich ihrer bewußt ist, und das wiegt fast noch schwerer. So bezeichnet der bedauernswerte Irre, der im November nach Blumen sucht, seine Zeit im Tollhaus als „glücklich", „da er von sich war (...), wo er nichts von sich wußte." (30. November; S. 92), und Werther versteht sofort, was der Unglückliche sagen will.

Kindliche Unbedarftheit und Unbegrenztheit sind Werthers Ideale, aber insofern er sich dieser Tatsache bewußt ist, d. h. sein Ideal als Ideal erkannt hat, ist er der utopischen Kindhaftigkeit, der glücklichen Naivität bereits entrückt. Diese muß ihm rückblickend als Paradies erscheinen, an das er mit fast religiösem Schauer denkt, in das es jedoch kein Zurück gibt. Den Versuch, auf den Spuren seiner Kindheit zu wandeln, bezeichnet Werther im Brief vom 9. Mai als „Wallfahrt" (S. 73), die für ihn mit vielen Erinnerungen verbunden ist: Melancholie und Trauer löst der Anblick einst vertrauter Stätten bei ihm aus. „Damals sehnte ich mich in glücklicher Unwissenheit hinaus in die unbekannte Welt", (S. 73), schreibt er – jetzt, da er die Welt mit ihren Hemmnissen und Zwängen kennengelernt hat, muß er sich ernüchtert seine „fehlgeschlagenen Hoffnungen" und „zerstörten Planen" (S. 73) eingestehen. Es ist auch hier vor allem die Reflexion, die ihn unglücklich macht; der Vergleich zwischen Erwartungen und Erfahrungen, zwischen Kindheit und Erwachsenenalter fällt allzu deprimierend aus.

Kindliche Illusionen gelten ihm dennoch viel, er verbindet mit ihnen sogar ein (recht zweifelhaftes) pädagogisches Konzept: „Wir sollten es mit den Kindern machen wie Gott mit uns, der uns am glücklichsten macht, wenn er uns in freundlichem Wahne so hin-taumeln läßt" (6. Julius; S. 34). Diese dem aufklärerischen Erziehungsideal (und im übrigen auch Rousseau) entgegenstehende Auffassung resultiert nicht zuletzt aus Werthers (wohl nicht untypischen) Erfahrungen in der „Schulstube, wo (...) unsere Kindheit zusammengepfercht" wurde (9. Mai; S. 73), wo die Vermittlung von Wissen und Fertigkeiten an Disziplin, Einschränkung der wirklichen Bedürfnisse sowie an Ordnung und Regeln geknüpft war. Wissen und Bewußtsein verursachen somit nicht nur Unglück und Leid, sondern sie werden auch noch leidvoll erworben. Die Kinder möchte Werther vor solcher Zurichtung der Subjektivität am liebsten bewahren, und so wird ihm das ‚In-freundlichem-Wahne-so-Hintaumeln' zu einem utopischen Ziel, von dem er indes weiß, daß es weder für andere noch für ihn selbst erreichbar ist.

Unterrichtsverlauf

Vorphase:
Hausaufgabe

Sie dient als Einstieg, in dem die für das Thema relevanten Textstellen zunächst lediglich (evtl. an der Tafel) aufgelistet und allenfalls ansatzweise kommentiert werden sollen. Damit wird ein fließender Übergang zu Phase 1 geschaffen.

Phase 1:
Werthers Verhältnis zu Kindern

Im ersten Schritt geht es um Werthers Beziehung zu den Kindern, die ihm im Roman begegnen: Er beobachtet und beschreibt sie, spielt mit ihnen, beschenkt und zeichnet sie. Die Schüler werden feststellen, daß Werthers Liebe zu den Kindern ihren tieferen Grund in seiner Abneigung gegen das Verhalten der Erwachsenen hat, von dem in der vorangegangenen Doppelstunde die Rede war. Im zweiten

Schritt wird Werthers erste Begegnung mit Lottes Geschwistern (Brief vom 16. Junius) näher untersucht, da sich hier eine aufschlußreiche Charakteristik des Kindhaften aus Werthers Sicht findet. Die einzelnen Eigenschaften („Freundlichkeit", „freimütig" usw.) hält der Lehrer an der Tafel fest; im Unterrichtsgespräch werden dann die hierzu entgegengesetzten Verhaltensmerkmale der Erwachsenen – teils in eigener Wortwahl, teils aus Zitaten aus dem Roman – ermittelt. Der Lehrer weist dabei auf eine wichtige Textstelle hin: „Es ist nichts, worum sie [die Erwachsenen; R. K.] einander nicht bringen. Gesundheit, guter Name, Freudigkeit, Erholung!" (Brief vom 8. Februar; S. 66)[1] Ausgehend von den im Text aufgefundenen konkreten Bestimmungen des Kindlichen wird der Gegensatz von Ideal (Kinder) und Wirklichkeit (Erwachsenenwelt) herausgearbeitet.

Phase 2:
Werthers Rückschau in die eigene Kindheit

In dieser Phase lesen die Schüler den Brief vom 9. Mai noch einmal nach, in dem Werther sich nach einem Besuch in seiner Heimatstadt in seine eigene Kindheit zurückversetzt. Sie erkennen, daß Werthers Idealisierung der Welt der Kinder eine Folge seiner leidvollen Erfahrungen in der Gegenwart ist. (Die Verklärung der Kindheitsidylle wird allerdings durch den Hinweis auf die schlimme Zeit in der Schule eingeschränkt.) Der Leser erfährt, daß Werther sich schon als Kind „stundenlang" „sehnen" konnte und „Hoffnungen", „Wünsche", „Planen" (S. 73) und „Ahnungen" (S. 74) in sich trug. Auch der Briefschreiber Werther zeigt sich als Träumer, der sich, nun aber rückwärtsgewandt und melancholisch, der Wirklichkeit durch Illusionen, durch die Erzeugung von Gegenbildern, zu entziehen sucht.

---

1 Diese Zusammenstellung auch bei R. Assling, Werthers Leiden, a.a.O., S. 127f.

Phase 3:
Werthers Widerspruch und Tragik

Über die einleitende Frage, ob Werther als Kind bezeichnet werden kann, soll die entscheidende Paradoxie in Werthers Existenz herausgestellt werden: Die Bedingung dafür, Kind oder wie ein Kind sein zu können, ist Naivität, d. h. das wahre Kind weiß nichts von seinem Dasein als Kind, weil es nicht reflektiert. Gerade diese Voraussetzung erfüllt der beständig grübelnde Werther nicht: Sein Wunsch, ein Kind, d. h. naiv zu sein, erwächst ja aus seinem Dasein als Erwachsener. – Es gibt keinen Weg zurück in die Zeit unbeschwerter Unbewußtheit, und darunter leidet Werther. (Man kann an dieser Stelle unter Bezug auf die in diesem Brief gehäuft auftretenden religiösen Anklänge ergänzen, daß schon in dem biblischen Mythos demjenigen das Paradies versperrt bleibt, der vom Baum der Erkenntnis gegessen hat.) – Schüler verstehen den Begriff „naiv" oft negativ und wollen ihn auf Kinder nicht angewendet wissen; auf diesen Fall sollte der Lehrer vorbereitet sein und entsprechende Klarstellungen geben können. –
Anhand von Werthers pädagogischem Konzept kann die Problematik des Erkennens mit den Schülern

im möglichen Zusatz A
vertiefend erörtert werden: „Wir sollten es mit den Kindern machen wie Gott mit uns, der uns am glücklichsten macht, wenn er uns in freundlichem Wahne so hintaumeln läßt." (Brief vom 6. Julius; S. 34). Eine solch zugespitzt-antiaufklärerische These, die manchem Leser im ersten Moment einleuchtend, ja schillernd erscheinen mag, sollte kritisch hinterfragt werden. Ein Ergebnis der dafür vorgesehenen freien Aussprache könnte sein, daß die genaue Kenntnis von der Beschaffenheit der Welt (Hungersnöte, Kriege, Umweltzerstörung, atomare Bedrohung etc.) deprimiert, daß wir gerne die Augen vor der Wirklichkeit verschließen, schon um

uns notwendigen, aber unangenehmen Einsichten für das eigene Handeln zu entziehen (Flucht); andererseits sind Wissen und (Problem)bewußtsein unabdingbare Voraussetzungen für die Veränderung dieser Wirklichkeit, wenn man sie bestehen und ihr nicht durch Verdrängung oder – wie Werther – durch Selbstmord entfliehen will (Verantwortung).

Zum möglichen Zusatz B
Das Lied „Kinder an die Macht" gehört zu den bekanntesten des Sängers und Schauspielers Herbert Grönemeyer; es übt besonders auf Jugendliche eine Faszination aus, deren Ursprung die Schüler im Anschluß an die bisherigen Arbeitsergebnisse unschwer bestimmen können. Denkbar ist, daß die Aufnahme des Liedes im Unterricht vorgespielt wird und die Schüler – evtl. freiwillig – den hektographierten Text unter der angegebenen Fragestellung zu Hause bearbeiten.

Zur Hausaufgabe,

die wiederum weniger der Nachbereitung der vergangenen als vielmehr der Hinführung zur nächsten Einheit dient: Durch das Aufspüren von Dichtern und ihren Werken, die im „Werther" erwähnt werden, sollen die Schüler auf die Bedeutung des Themas „Literatur in der Literatur" aufmerksam werden. – Die zweite Aufgabe bereitet den Übergang vom Thema „Kindheit" zum Thema „Literatur" vor; über die Lektüre von Klopstocks „Ode" schließlich erhalten die Schüler einen ersten Zugang zu diesem zunächst ungewohnt fremd erscheinenden Gedicht, so daß eine zeitraubende Einlesezeit im Unterricht vermieden werden kann. –
Im Hinblick auf Phase 4 der folgenden Einheit sollte ein Schüler mit einem kurzen Referat zu Lessings „Emilia Galotti" betraut werden. Als Arbeitsgrundlage ausreichend: Kindlers Literatur Lexikon.

Stundenziele zur 13. Stunde

Die Schüler sollen
– die thematischen Bezüge zwischen Werthers Regel-Kritik und seiner Begeisterung für Kinder am Text aufzeigen,
– den Widerspruch zwischen Ideal und Wirklichkeit, Kindheit und Erwachsenenwelt in Werthers Kinder-Bild aufzeigen können,
– Werthers Widerspruch und Tragik in seinem Verhältnis zu Kindern erkennen,
– Werthers Erziehungsideal problematisieren und die Gründe für die allgemein verbreitete Idealisierung der Kindheit und des Kindlichen erörtern.

Kinder an die Macht

Die Armeen aus Gummibärchen
Die Panzer aus Marzipan
Kriege werden aufgegessen
Einfacher Plan
Kindlich genial
Es gibt kein gut
Es gibt kein böse
Es gibt kein weiß
Es gibt kein schwarz
Es gibt Zahnlücken anstatt zu unterdrücken
Gibt's Erdbeereis auf Lebenszeit
Immer für 'ne Überraschung gut

Refr.   Gebt den Kindern das Kommando
Sie berechnen nicht
Was sie tun
Die Welt gehört in Kinderhände
Dem Trübsinn ein Ende
Wir werden in Grund und Boden gelacht
Kinder an die Macht

Sie sind die wahren Anarchisten
Lieben das Chaos
Räumen ab
Keine Rechte
Keine Pflichten
Noch ungebeugte Kraft
Massenhaft
Ungestümer Stolz

Refr.   Gebt den Kindern das Kommando

. . .

Herbert Grönemeyer

Text und Textgestaltung nach der Vorlage von: Herbert Grönemeyer, „Sprünge"
(1986). © Kick MV/Grönland MV

14.–17. Stunde: „Literatur in der Literatur – Werther als Leser"

Sachanalyse

Die Gestalt Werthers ist in doppelter Hinsicht als poetisch zu bezeichnen: Zum einen ist er eine Erfindung Goethes, zum anderen erfindet er sich selbst, und zwar als Projektion seiner Lese-Erfahrungen.

Daß Werther nicht wie die von ihm vergötterten Kinder „in den Tag hinein" lebt (22. Mai; S. 10), sondern sein Leben inszeniert, tritt nirgends so deutlich zutage wie in seinem Umgang mit der Literatur. Schon zu Beginn des Romans zeigt sich, daß ihm Lesen mehr bedeutet als dem normalen Leser, der nach der Lektüre sein Buch aus der Hand legt und sich wieder den Alltäglichkeiten widmet: Werther hingegen fließen Literatur und Leben unmittelbar zusammen. Distanzlose Beziehung zur Literatur erhebt der leidenschaftliche Werther für sich zum Programm. Die Frage, ob ihm Ossian gefalle (Brief vom 10. Julius; S. 35), treibt ihn zur Weißglut – denn die Welt der Dichtung ist ihm kein Gegenstand vernünftig-kritischer Betrachtungen, sondern Erlebnis, das ihm „alle Sinne, alle Empfindungen ausfüllt!" (S. 35)

Wenn er ‚seinen' *Homer* liest, wird ihm die dörfliche Umgebung von Wahlheim zum Schauplatz von Odysseus' Abenteuern. Werther gibt sich dieser durch seine Einbildungskraft hervorgebrachten Harmonie von äußerer Lesesituation und Inhalt des Büchleins hin, ohne der „Diskrepanz zwischen der fernen Idealität des Gelesenen und der nahen Trivialität des Gelebten" (Schlaffer, S. 215) gewahr zu werden, die Schlaffer „parodistisch" nennt.

„dahin lass' ich mein Tischchen aus dem Wirtshause bringen und meinen Stuhl, trinke meinen Kaffee da und lese meinen Homer." [26. Mai; S. 11; R. K.] Kaffee und Homer – an anderer Stelle: Zuckererbsen und Homer –, die empfindsame, anempfindende Lektüre (...) führt Werther nicht zu einer ursprünglicheren Natur, sondern zur Selbsttäuschung. Nichts ist falscher (und deshalb nur ironisch zu verstehen), als wenn er den Vergleich zwischen sich, der Homer liest und Zuckererbsen ißt, und den homerischen Figuren, die Schweine schlachten und Ochsen braten, mit der Beteuerung schließt: „Es ist nichts, das mich so mit einer stillen, wahren Empfindung ausfüllte als die Züge patriarchalischen Lebens, die ich, Gott sei Dank, ohne Affektation in meine Lebensart verweben kann." [21. Junius; S. 27; R. K.] Es ist nur Affektation. (Schlaffer, S. 216)

Werthers „Selbsttäuschung" muß gerade deshalb verwundern, weil er an anderer Stelle recht klar erkennt, daß „man sich die Wände, zwischen denen man gefangen sitzt, mit bunten Gestalten und lichten Aussichten bemalt" (22. Mai; S. 9); er selbst findet genug davon in den Homerischen Epen.

Die Funktion des Lesens erschöpft sich für Werther aber nicht in der literarischen Ausstattung der Scheinwelt, die er um sich herum errichtet hat; Lesen dient ihm zu einem späteren Zeitpunkt, da die Enttäuschungen – vor allem im Umgang mit anderen Menschen – zunehmen, als Kompensation. Nachdem er, der Bürgerliche, von den adeligen Gästen aus der Abendgesellschaft vertrieben worden ist, zieht er sich als einsamer Leser in das Reich der Poesie zurück und liest im Homer „den herrlichen Gesang", „wie Ulyß [Odysseus; R. K.] von dem trefflichen Schweinehirten bewirtet wird. Das war alles gut." (15. März; S. 69) Schon Schiller bemerkte, von welcher Art Werthers Lektüre ist:

Es war ohne Zweifel ein ganz anderes Gefühl, was Homers Seele erfüllte, als er seinen göttlichen Sauhirt den Ulysses bewirten ließ, als was die Seele des jungen Werthers bewegte, da er nach einer lästigen Gesellschaft diesen Gesang las. (Schiller, Über naive und sentimentalische Dichtung, S. 27f.)

Die antiken Mythen einer Welt ohne diskriminierenden Standesdünkel bieten Werther also Balsam für seine gekränkte Seele. Dabei spielt es keine Rolle, daß diese Welt lediglich als „patriarchalische Idee" (12. Mai; S. 6) existiert, die er sich als Gegenwelt in seine eigene hineinholt – in Wirklichkeit hat es sie ja nie gegeben. Aber auch ihre nur literarische Existenz reicht aus, ihn die eigene Wirklichkeit in solchen Momenten tiefster Depression leichter ertragen zu lassen. Insofern Poesie für Werther den Aufschein einer besseren vergangenen Welt bietet, hat sie für ihn nur kontemplativen Wert, nicht aber Vorbildcharakter für die Schaffung einer besseren neuen Welt. Werther nimmt Literatur wie eine Droge, deren betäubende Wirkung („träumende Resignation" [22. Mai; S. 9]) sein Scheitern an der Wirklichkeit nicht verhindern kann.

Die Literatur eignet sich für Werther aber nicht nur zur Verklärung seiner Lebensumstände, sondern auch zur Stiftung bzw. Feststellung von Gemeinsamkeiten mit Lotte. Schon bei ihrer ersten Begegnung, auf der Fahrt zum Ball, sind Romane ihr Gesprächsthema. Dabei zeigt sich, daß Lotte ein anderes Verhältnis zur Literatur hat als ihr Begleiter: Die junge Frau will in dem Gelesenen ihre Welt wiederfinden, in der sie, die für ihre vielen Geschwister zu sorgen hat, mit beiden Beinen steht; die Flucht in eine Scheinwelt ist ihre Sache nicht, weshalb Werther ihr auch nie den Homer nahezubringen versucht, wie Erich Trunz richtig bemerkt hat (Trunz, S. 575). Werther dagegen sucht, wie seine Homer-Lektüre zu Beginn beweist, die Welt der Literatur in seinem Leben, wodurch er sich, wie Schlaffer feststellt, eine nüchterne Sicht der Wirklichkeit immer schon verbaut: „Aller Erfahrung geht die poetische Idee voraus, die jene verhindert." (Schlaffer, S. 216) Schon bei ihrem ersten Zusammentreffen idealisiert Werther seine Gesprächspartnerin Lotte, wogegen im Roman gleich in doppelter Weise ironisch Einspruch erhoben wird. Zum einen wertet der Herausgeber in den An-

merkungen Lottes Worte als „Urteil eines einzelnen Mädchens" ab, an dem „im Grunde jedem Autor wenig (…) gelegen sein kann" (S. 20), zum anderen ist die Situation im Wagen, liest man den Text einmal ganz genau, sehr aufschlußreich: Lottes Bemerkung über den „Landpriester von Wakefield" begeistert Werther so sehr, daß er zu einem längeren Monolog ansetzt, in dem er von Lotte unterbrochen wird, die „nach einiger Zeit (…) das Gespräch an die anderen wendete" (S. 20) – offenbar ist sie gelangweilt und hat nur mit halbem Ohr zugehört. Die Base „mit einem spöttischen Näschen" (S. 20) jedenfalls durchschaut Werthers Wichtigtuerei, mit der er Lottes Aufmerksamkeit gewinnen will.

Noch ein weiteres Mal wird in dem Brief vom 16. Junius die Literatur als Schlüssel gegenseitigen Verständnisses vorgestellt, aber wieder nicht ungebrochen: in der „Klopstock"-Episode. Am Abend des Balles stehen Werther und Lotte nach einem heftigen Spätfrühlingsgewitter gemeinsam am Fenster und schauen stumm in die Natur hinaus:

sie sah gen Himmel und auf mich, ich sah ihr Auge tränenvoll, sie legte ihre Hand auf die meinige und sagte: „Klopstock!" – Ich erinnerte mich sogleich der herrlichen Ode, die ihr in Gedanken lag, und versank in dem Strome von Empfindungen, den sie in dieser Losung über mich ausgoß. (16. Junius; S. 25)

Beide haben Klopstocks „Ode über die ernsthaften Vergnügungen des Landlebens" (später „Die Frühlingsfeier") im Ohr, und für einen Moment stellt sich zwischen ihnen eine träumerisch-empfindsame Übereinstimmung ein. Sie haben sich als Klopstock-Verehrer erkannt, als zugehörig zu der in jenen Jahren großen Gemeinde des Dichters, und Werther glaubt – nur durch die Nennung der „Losung" eines Dichternamens – ihrer beider Seelen vereint. Für die Beschreibung des Gewitters im Brief bedient er sich teilweise des Vokabulars der

Ode („Himmel", „Donner", „herrlich", „Säuseln", „erquickt", „Regen") und zeigt damit, daß er es nur literarisch gefiltert wahrgenommen hat.

Nicht nur die Zeitgenossen, sondern auch moderne Interpreten haben die „Klopstock"-Episode verstanden wie Werther selbst:

Das Glück, das Werther in der Beziehung zu Lotte zu erleben glaubt, resultiert gerade aus dem Gefühl eines solchen vor-sprachlichen Verstehens der Herzen. Diese Symmetrie der Gefühlserregung, wie sie sie vor allem durch Lektüre vermittelt wird, bedarf keiner sprachlichen Objektivation, wie in der Gewitterszene deutlich wird: Das Losungswort „Klopstock" ist Garantie der gemeinsamen Empfindungen. (M. Nutz, Die Sprachlosigkeit des erregten Gefühls, S. 225)

Die Lektüre des „Vicar of Wakefield" weist Lotte bei der ersten Bekanntschaft aus und verbindet sie mit Werther. Beide isolieren sich damit als gleichgestimmte Seelen von ihren Gefährten auf dem Weg zum Ball. [Dies trifft, wie oben gezeigt wurde, nicht zu; R. K.] Dort erkennen sich die Liebenden [!] wortlos in Klopstocks „Frühlingsfeier". (G. Jäger, Die Wertherwirkung, S. 127)

Werther erliegt wie seine Interpreten der Illusion, seine Beziehung zu Lotte sei mehr als nur poetischer Natur, sie gehe über den literarischen Bereich hinaus.

Schlaffer hat demgegenüber darauf hingewiesen, daß die Begegnung mit Lotte durch Werthers Illusionen vorgeprägt ist. Die Nähe, die er sucht, bestehe nur in seiner Einbildung:

Wie Don Quijotes Dulcinea ist Werthers Lotte als „Gestalt einer Geliebten" [Zitat aus dem Brief vom 10. Mai; S. 5; R. K.], als Hohlform schon fertig, ehe er sie sieht; er wird sie nie richtig sehen. Zur Erkundung ihres Inneren genügt ihm ein Dichter-Name: „Klopstock". (Schlaffer, S. 216)

Lotte teilt zwar Werthers Liebe zur Literatur, nicht jedoch seine Literarisierung des eigenen Lebens: Als Werther weiter in der Sphäre der Poesie seinen Träumen nachjagt, stößt er schon bald an die ihm von Lotte gesetzten Grenzen, die nicht daran denkt, ihren zwar unliterarischen, dafür aber bodenständigen Albert für den Schwärmer Werther aufzugeben.

Werther entschließt sich deshalb zur Flucht (ähnlich wie zu Beginn: vgl. den Brief vom 4. Mai; S. 3). Er will sich Lottes Nähe entziehen, ohne ihr dies zuvor mitzuteilen. Für die letzte Begegnung mit ihr wählt er als Kulisse ein „Plätzchen", „das wahrhaftig eins von den romantischsten ist, die ich von der Kunst hervorgebracht gesehen habe." (10. September; S. 56): ein „düsteres Kabinett" am Ende einer von Buchen dicht gesäumten Allee. Der Schauplatz veranlaßt Lotte, die Werthers Arrangement zwar nicht durchschaut, aber ganz in seinem Sinne auf die Szenerie reagiert, zu einer literarischen Reminiszenz an „Die frühen Gräber" von Klopstock:

Lotte

machte uns aufmerksam auf die schöne Wirkung des Mondenlichtes (...), und sie fing nach einer Weile an: „Niemals gehe ich im Mondenlichte spazieren, niemals, daß mir nicht der Gedanke an meine Verstorbenen begegnete, daß nicht das Gefühl von Tod, von Zukunft über mich käme. Wir werden sein! (...) aber, Werther, sollen wir uns wieder finden? wieder erkennen?" (S. 56f.)

Sie mag an folgende Verse denken:

Willkommen, o silberner Mond,
  Schöner, stiller Gefährte der Nacht!
  (...)
Ihr Edleren, ach es bewächst
Eure Male schon ernstes Moos!
  O wie war glücklich ich, als ich noch mit euch
  Sahe sich röten den Tag, schimmern die
                                        Nacht.

Während Lotte an ihre verstorbene Mutter denkt, greift Werther die Frage nach einem möglichen Wiedersehen im Jenseits auf, indem er sie auf sich und Lotte bezieht: „,wir werden uns wiedersehn! Hier und dort wiedersehn!'" (S. 57) und beim Abschied noch einmal: „,wir werden uns finden, unter allen

Gestalten werden wir uns erkennen!'"
(S. 59) Werther hat dabei wohl Klopstocks
Ode „An Fanny"[1] im Ohr, in der es heißt:

Dann wird ein Tag sein, den werd ich auferstehn!
Dann wird ein Tag sein, den wirst du auferstehn!
Dann trennt kein Schicksal mehr die Seelen,
Die du einander, Natur, bestimmtest.

Die Parallele zur Situation der drei Menschen wird schlagend, wenn man folgende
Verse der Ode hinzunimmt:

Ach! wenn du dann auch einen Beglückteren
Als mich geliebt hast, laß den Stolz mir,
Einen Beglückteren, doch nicht Edlern!

Da Lotte den Sinn von Werthers Worten
nicht erkennt, mißverstehen sie einander.
Sie wird ihn erst nach seinem Tod verstehen,
wenn sie den nach ihrer letzten, dramatischen Begegnung geschriebenen Brief Werthers in Händen hält, der sowohl auf die
Worte bei der ersten Trennung im September als auch auf die besagte Ode anspielt:

Ich gehe voran! (. . .) und ich fliege dir entgegen
und fasse dich und bleibe bei dir vor dem Ange-
sichte des Unendlichen in ewigen Umarmungen.
(. . .) Nahe am Grabe wird mir es heller. Wir
werden sein! wir werden uns wieder sehen!"
(S. 121)

Die dazu passenden Verse bei Klopstock
lauten:

Wenn dann du dastehst jugendlich auferweckt,
Dann eil ich zu dir! säume nicht, bis mich erst
Ein Seraph bei der Rechten fasse,
Und mich, Unsterbliche, zu dir führe.

(. . .) dann will ich tränenvoll,
Voll froher Tränen jenes Lebens
Neben dir stehn, dich mit Namen nennen,

Und dich umarmen! (. . .)

Liebe, Natur, Abschied und Tod, all dies
erlebt Werther stets doppelt, gespiegelt
durch die vorgeprägte literarische Erfah-

rung. In dem Bemühen, Poesie und Leben
als untrennbares Gesamterlebnis zusam-
menschmelzen zu lassen, stößt er, da sich
seine Lebensumstände vollständig geändert
haben, auf die schwermütigen Gesänge des
keltischen Barden Ossian: „Ossian hat in
meinem Herzen den Homer verdrängt."
schreibt er am 12. Oktober (S. 83). Der
einfache, klare Homer aus dem warmen,
hellen Süden muß dem düster-rauhen, ver-
wickelten Ossian, der von Tod und Zerstörung, von Leid und tragischem Untergang
singt, weichen. Werther gestaltet die Lite-
risierung seines Lebens um, denn er weiß,
daß er Lotte endgültig verloren hat und daß
es für ihn kein glückliches Ende mehr geben
kann. Werther fühlt sich als „Wandrer"
(S. 75) wie Odysseus, aber anders als dieser,
der nach langer Irrfahrt Heimat und Familie
wiederfindet, sieht Werther für sich einen
tödlichen Ausgang wie für Fingal, der von
dem um ihn trauernden Sohn Ossian beklagt
wird.

Welch eine Welt, in die der Herrliche mich führt!
(. . .) Zu hören (. . .) die Wehklagen des zu Tode
sich jammernden Mädchens, um die vier moosbe-
deckten, grasbewachsenen Steine des Edelgefall-
nen, ihres Geliebten. (12. Oktober; S. 83)

Schon in der ersten Erwähnung der Begeisterung für die Ossian-Gesänge ist das Todesmotiv zentral, ebenso in der letzten (S. 118)
– Ossian bietet den Rahmen für Werthers
Abgesang und gibt ihm für die Briefe vor
dem Ende den klagenden Ton vor. Die
schwer durchschaubare Handlung der Gesänge ist dabei kaum von Bedeutung, ihre
Verwirrung, das Durcheinander von Namen
und Handlungsebenen spielt nur als Reflex
auf Werthers Gemütszustand eine Rolle, wie
Goethe in einem Gespräch im August 1929
ausführte: „it was never perceived by the
critics that Werther praised Homer while he
retained his senses, and Ossian when he was
going mad. But reviewers do not notice such
things." (Erläuterungen und Dokumente,
S. 56)

---

1 Der Hinweis findet sich bei Trunz, S. 599

Wie zu Beginn Goldsmith und Klopstock eine Bedeutung für die Bekanntschaft zwischen Werther und Lotte zukam, so spielt bei ihrer letzten Begegnung Ossian die entscheidende Rolle. Selbst zum Schluß noch hilft die Literatur den beiden, die sich angesichts der für sie beide – wenn auch aus unterschiedlichen Gründen – unerträglichen Situation nichts Rechtes zu sagen wissen, aus der Verlegenheit: „,Haben Sie nichts zu lesen?' sagte sie. – Er hatte nichts. – ,Da drin in meiner Schublade', fing sie an, ,liegt Ihre Übersetzung einiger Gesänge Ossians;'" (S. 111). Nachdem Werther einige Auszüge der Klagegesänge vorgetragen hat, fließen wie vormals in der Ballnacht nach dem Gewitter die Tränen: „Sie fühlten ihr eigenes Elend in dem Schicksale der Edlen, fühlten es zusammen, und ihre Tränen vereinigten sich." (S. 118) Die Literatur, die in der bedrückenden Stimmung zuvor als Blitzableiter, als Lückenbüßer herhalten sollte, hat unversehens ihr „Elend" noch verstärkt. Noch immer unfähig, sich über sich selbst und ihre Beziehung zueinander zu verständigen, fliehen Werther und Lotte in das Reich der Poesie, zelebrieren und literarisieren ihr Leiden, ohne ihm doch dadurch einen Schlußpunkt setzen zu können.

Werther geht allerdings noch einen erheblichen Schritt weiter als Lotte, die zwar auch unter der in Aussicht stehenden Trennung leidet, aber im Traum nicht daran denkt, daß Werther das Schicksal der Ossianischen Helden zu wiederholen beabsichtigt. Daß sie seine derart konsequente Verknüpfung von Literatur und Leben nicht für möglich hält und damit im Grunde Werther selbst nicht verstanden hat, beweist sie, indem sie dem Knaben die Pistolen für ihn aushändigt: Sie glaubt, daß er die von ihr empfohlene Reise (S. 106) wirklich vorhat, und hätte statt dessen besser auf das hören und für ernst nehmen sollen, was Werther ihr mit den Worten der Poesie gesagt hat:

,Aber die Zeit meines Welkens ist nahe, nahe der Sturm, der meine Blätter herabstört! Morgen wird der Wanderer kommen, kommen der mich sah in meiner Schönheit, ringsum wird sein Auge im Felde mich suchen und wird mich nicht finden. –' (S. 118)

Während Werther sogar seinen eigenen Tod literarisch vorhersagt und nicht zuletzt an seiner Unfähigkeit, authentisch, d. h. nur aus sich selbst und nicht aus poetischen Bildern heraus zu leben, zugrunde geht, unternimmt Lotte nur gelegentliche Ausflüge in den Bereich der Poesie, um dann doch jederzeit den Weg zurück in die Realität zu finden, etwa, wenn sie ihren beträchtlichen häuslichen Pflichten nachgeht oder sich mit ihren Freundinnen über den üblichen Dorfklatsch unterhält (Brief vom 26. Oktober; S. 84).

Weniger Aufmerksamkeit als Homer, Klopstock und Ossian haben in der Literatur zum „Werther" die vielen *Bibelanklänge* im Roman gefunden (von denen Erich Trunz die meisten zusammengestellt und den jeweiligen Bibelzitaten gegenübergestellt hat: Trunz, S. 591 f.). Dabei fällt auf, daß die meisten Stellen erst gegen Ende des „Werther" erscheinen und viele den Passionsgeschichten des Johannes und des Matthäus entstammen. Werther vergleicht seine Leiden mit den Leiden Jesu und beklagt mit dessen Worten sein Schicksal und sein bevorstehendes Ende, das er – im Unterschied zum Gottessohn – für sich selbst bestimmt hat: „Mein Gott! Mein Gott! warum hast du mich verlassen?" (15. November; S. 88) Schon hier wird deutlich, daß nicht religiöses Gefühl der Grund für die vielen Bibelanklänge sein kann, denn die Gleichsetzung der eigenen Leiden mit denen des Gekreuzigten muß dem gottesfürchtigen Zeitgenossen als Anmaßung, wenn nicht gar als Blasphemie erscheinen. Die Religion kann Werther keinen Trost bieten und ihm nicht „Stab" oder „Erquickung" sein (15. November; S. 87) – dennoch ist ihm die Bibel nützlich, weil sie ihm, dem Briefschreiber, Worte für die Darstellung seiner Qualen und seiner Todesnähe leiht und seinen Leiden eine höhere Weihe gibt. Der bibelfeste, aber nicht religiöse Werther benutzt das „Buch der Bücher" als Steinbruch für Zitate und entnimmt ihm Vergleiche (z. B. das Gleichnis vom barmherzigen Samariter: Brief vom 12. August, S. 45; S. 127), um die seit ewigen Zeiten gleiche Bigotterie und Gleichgültigkeit der Menschen zu verurteilen. Im selben Brief, der die gewagte Identifizierung mit der Gestalt Jesu enthält, bemüht Werther noch einen anderen Leidenden der Weltliteratur, Hamlet, wenn er schreibt, daß er „zwischen Sein und Nichtsein zittert" (S. 88). Ob Jesus oder Hamlet – Werther sieht seine eigene Tragik immer im Licht anderer, die vor ihm in den Tod gegangen sind: „Werther ist sich selbst literarisch geworden." (R. Assling, S. 184)

Es ist nur konsequent, daß Werther auch seinen Selbstmord noch nach einem literarischen Vorbild inszeniert: Er blättert vor seinem Tod in Lessings „Emilia Galotti" herum, der Tragödie einer jungen Frau, die aus Verzweiflung über gesellschaftliche Intrigen und ihre eigene Sinnlichkeit ihren Vater auffordert, sie zu töten. Werther spielt Emilias und Odoardos Rolle in einer, seiner eigenen, selbst, was denen, die ihn tot auffinden, durch das Textbuch, das „auf dem Pulte aufgeschlagen" liegt (S. 128), sofort sinnfällig werden soll. Sein Freitod kann so als eine bewußt vollzogene, nicht im Affekt begangene Handlung begriffen werden, mit der er sich und die anderen – Lotte und Albert – vor den unabsehbaren Folgen seiner Leidenschaft befreien wollte. Durch den literarischen Fingerzeig auf das Werk Lessings interpretiert Werther seine Tat als tragisch, d. h. unausweichlich, um so der Kritik seines Werkes, d. h. seines Lebens, als unmoralisch und sündhaft zuvorzukommen. Zugleich hat er sich durch seine Briefe eine literarische Existenz über seinen Tod hinaus

geschaffen. Ähnlich wie Ossians Helden findet er jung ein tragisches Ende – er wird durch die von ihm selbst verfaßten monologischen Briefe poetisch fortleben.

Unterrichtsverlauf

Für die Bearbeitung dieses wichtigen Themas stehen dem Fachlehrer bei der inhaltlichen Gestaltung der Stunden mehrere Möglichkeiten zur Auswahl: 1. Das Maximalprogramm, das sämtliche Phasen und Exkurse umfaßt, wird wenigstens zwei Doppelstunden beanspruchen. (Eine angemessene Zeitspanne ist für die Auswertung der schriftlichen Hausaufgabe zu Beginn der zweiten Doppelstunde einzuplanen.) 2. Für das Normalprogramm sind drei Stunden anzusetzen (alle sechs Phasen sowie die Besprechung der Hausaufgabe 1. a) und/oder 1. b)). 3. Das Minimalprogramm, zu dem der Lehrer sich nur bei extremer Zeitknappheit entschließen sollte, sieht eine auf zwei Stunden bemessene exemplarische Bearbeitung (z. B. die Vorphase sowie die Phasen 1, 2, 3 und 5) vor. – Phase 6 drängt sich als Abrundung des Themas „Literatur" geradezu auf, kann aber auch im Rahmen des Referats „Literatur und Leben" (28. Stunde) nachgeholt werden. – Die Bedeutung Klopstocks wird im Zusammenhang der sogenannten „Klopstock"-Episode (Brief vom 16. Junius) behandelt. Weitere im „Werther" auffindbare Reminiszenzen (vgl. Sachanalyse) können nicht im Unterricht, wohl aber als Klausurthema oder im Rahmen einer Halbjahresarbeit berücksichtigt werden.

Vorphase:
Literatur im „Werther"

Sie dient der Fixierung der Dichter bzw. ihrer Werke: Die Namen von Homer, Ossian und Klopstock sowie das Drama „Emilia Galotti" hält der Lehrer im auf Erweiterung hin angelegten Tafelbild vorläufig fest; weitere Nennungen schreibt er auf eine Nebentafel. Die näheren Bestimmungen zu Homer usw. sowie die thematisch-motivischen Bezüge und Gegensätze zwischen den vier Polen werden im Laufe des Unterrichts entsprechend eingefügt.

Phase 1:
Werthers und Homers Welt

Die einleitende Frage, mit der sich die Schüler bereits zu Hause auseinandergesetzt haben, führt über einen kurzen Blick in den vom Thema „Kinder und Kindheit" her bekannten Brief vom 9. Mai (S. 74, Z. 3–22) zu Homers „Odyssee". Nötigenfalls wird der Lehrer den Schülern mit wenigen Worten den Inhalt des Epos in Erinnerung rufen, ehe er den Textbogen 1 austeilt. Die Zitate aus dem 15. und dem 20. Gesang sollen vor allem demonstrieren, daß Werther sich auf authentische Textstellen bezieht. – Bei der Zusammenstellung des Textbogens habe ich mich für die Prosa-Übersetzung von Wolfgang Schadewaldt entschieden, da diese aus hier nicht näher darzulegenden Gründen dem Original näher kommt als die Vosssche Übertragung in Hexametern von 1781, die Goethe bzw. Werther noch nicht vorgelegen hat.
Unter Bezug auf die Briefe vom 13. Mai („Wiegengesang (...) habe ich (...) gefunden in meinem Homer." (S. 6) sowie vom 26. Mai und vom 21. Junius wird herausgearbeitet, wie Werther die „patriarchalische" Welt in seine eigene hineinnehmen möchte. Das Einfache, Schlichte, Ursprüngliche versucht er nachzuleben. Ein Vergleich zwischen dem Brief vom 21. Junius und der von Werther erwähnten Passage aus dem 20. Gesang (2. Textauszug) zeigt die Unangemessenheit dieser Verknüpfung: Zuckererbsenpflücken und Ochsenschlachten; die Helden essen mit den Fingern, während Werther seinen Kaffee (im 18. Jahrhundert Getränk

der privilegierten vornehmen Schicht) schlürft – wahrscheinlich aus einem Porzellantäßchen. Der ironische Kontrast, der durch diese Illusion Werthers hervorgebracht wird, sollte den Schülern deutlich werden. – Die Untersuchung zum Brief vom 15. März reicht bereits in das Thema „Gesellschaft" hinein und kann deshalb auch in der 23./24. Stunde erfolgen.

Phase 2:
Die „Klopstock"-Episode

Die „Klopstock"-Episode wird in der Literatur in der Regel mit der 1771 veröffentlichten Ode bzw. Hymne (beide Begriffe sind nicht scharf voneinander zu trennen) „Die Frühlingsfeier" in Verbindung gebracht. Ebensogut könnte aber auch die 1759 erschienene erste Fassung mit dem Titel „Ode über die ernsthaften Vergnügungen des Landlebens" (in: Editionen „Lyrik", S. 15 ff.) gemeint sein. In Form und Wortbestand finden sich einige Unterschiede, aber die für die „Klopstock"-Episode entscheidenden Abschlußstrophen sind identisch.
Der Schülervortrag zu Inhalt, Form und Wirkung der Ode sollte, da er vorbereitet ist, nicht allzuviel Zeit in Anspruch nehmen. Der für heutige Leser sehr fremdartige hymnische Gestus wird die Schüler verwirrt, womöglich abgestoßen haben; ggf. haben sie formale Ähnlichkeiten zur „Prometheus"-Hymne Goethes bemerkt, die vom Thema her aber wesentlich moderner wirkt. Es ist didaktisch nicht nur sinnvoll, sondern notwendig, die Distanz, die wir den Klopstockschen und anderen Texten der Empfindsamkeit gegenüber haben, zu benennen, statt einzuebnen. Nur über die Irritation führt der Weg des Verstehens. Gar nicht erfassen wird man die Besonderheiten der Epoche und ihrer Jünger, wenn man die Merkwürdigkeiten ihrer Dichtung – sei es aus Gleichgültigkeit oder aus falschverstandener Achtung

vor den „Klassikern" – einfach übergeht oder für ‚normal' nimmt.

Dies gilt auch für die sogenannte „Klopstock"-Episode, eine der bekanntesten Stellen der Weltliteratur. An der weihevollen Nennung des Dichternamens durch Lotte nehmen Schüler erfahrungsgemäß kaum Anstoß; sie werden den von Werther geschilderten Vorgang am Fenster aber nur dann verstehen, wenn sie ihn zuvor seiner scheinbaren ‚Normalität' entkleidet haben. Sofern die Schüler nicht von sich aus ihr Befremden äußern, kann der Lehrer die Distanz dem Text gegenüber herstellen, indem er folgende kurze Episode entwirft: Eine Neunzehnjährige tritt mit dem jungen Mann, den sie soeben beim Tanz in der Disco kennengelernt hat, vor die Tür – ein Frühlingsgewitter klingt aus, und sie haucht unter Tränen: „Böll!"

Als weiteres Beispiel für die vor allem in der Empfindsamkeit, aber auch im Sturm und Drang betriebene, uns übertrieben erscheinende Dichter-Verehrung kann der Lehrer zusätzlich in *Exkurs 1* einen Brief des Göttinger Hains vorlesen, der den Klopstock-Kult jener Jahre illustriert:

> *Göttingen* den 24 März 1774
> Da die Eichen rauschten, die Herzen zitterten, der Mond uns strahlender ward, und Bund für Gott, Freyheit und Vaterland in unserm Kuß und Handschlag glühte; schon damals ahndet' es uns, und wir sagtens einander, Gott habe uns gesegnet. Großer Mann! Sie wollen unter uns seyn! Ach ietzt nicht Ahndung mehr, es ist Gewißheit, Gott hat uns gesegnet! Anders können wir nicht reden, wenn unser Herz reden soll; und diesesmal wird es doch reden dürfen. Gott hat uns gesegnet! Nicht nur bey der ersten bestürzenden Nachricht war dieses Ueberzeugung, wir empfinden sie noch, auch wenn wir ruhig beysammen sind, einander ansehn, und wärmer uns lieben, indem wir sagen: unter uns *Klopstock!* Aber dann erwacht die Ungeduld der Erwartung, und sie würde schwer zu überwinden seyn, wenn nicht die Dankbarkeit für das schon Gegenwärtige unser ganzes Herz von neuem und allein erfüllte. Gott hat uns gesegnet! Unter uns *Klopstock!*
>
> Der Bund

(abgedruckt in: Geschichte der deutschen Literatur. Lesebuch. Vom Barock bis zur Gegenwart, Stuttgart 1985 [Klett], S. 53 f.)

Im Anschluß an die Frage nach der Bedeutung der Nennung von Klopstocks Namen stellt der Lehrer einander widersprechende Deutungen vor (Zitate von Nutz und Jäger bzw. Schlaffer [ggf. als Textbogen]; vgl. Sachanalyse). Die Diskussion darüber muß nicht unbedingt zu einem abschließenden Ergebnis kommen – wichtig ist, daß die Schüler möglichst eng am Text argumentieren. Wenn in Phase 3 die Ossian-Episode, die in vieler Hinsicht eine Parallele zur Klopstock-Episode darstellt, besprochen wird, sollten die Stellungnahmen aus der Diskussion noch einmal überprüft werden.

Phase 3:
Werthers und Ossians Welt

Zu Beginn gibt der Lehrer einige Hinweise zur Ossian-Fälschung. Die darauf folgende Frage: „Weshalb zieht Werther gegen Ende Ossian Homer vor?" bezieht sich auf den ersten Satz im Brief vom 12. Oktober (S. 83): Homer und Ossian bilden trotz mancher Gemeinsamkeiten zwei Pole im Leben Werthers (Tafelbild 1), der sich entsprechend seiner jeweiligen Verfassung zu unterschiedlichen Zeiten mit ihnen einrichtet. Ähnlich wie in Phase 2 wird die Bedeutung der Ossian-Gesänge anschließend näher untersucht. Vermutlich werden die Schüler zunächst irritiert sein, weil die Handlung in den von Werther vorgetragenen Passagen aufgrund der vielen Namen und verschiedenen Ebenen nicht zu entschlüsseln ist – um sie geht es in diesem Auszug aber auch gar nicht, sondern um Werthers inneren Zustand der Verwirrung und grenzenlosen Verzweiflung (diesen Sachverhalt hat Goethe 1829 selbst angesprochen (vgl. Sachanalyse) – der Lehrer liest die entsprechende Bemerkung evtl. vor).

Anders als in Phase 2 wird bei der Analyse der Ossian-Vorlesung unterschieden zwischen a) der Situation Lottes und Werthers (psychologische Funktion) und b) der Stellung der Passage im Roman (poetische Funktion). Damit wird die Differenz zwischen Werther und dem Autor, der weder mit ihm noch mit dem Herausgeber identisch ist, bewußt gemacht.

In *Exkurs 2*, der nur für besonders motivierte Leistungskurse geeignet ist, werden bereits vertraute Elemente der Epoche Sturm und Drang aufgegriffen und vertieft. Durch die Lektüre des Auszugs aus Herders Aufsatz „Über Ossian und die Lieder alter Völker" werden den Schülern zentrale poetische Auffassungen der Stürmer und Dränger, deren Sprachrohr und geistiger Vater Herder einige Jahre lang war, in Erinnerung gerufen (Editionen „Lyrik", S. 122 ff.). Es wird deutlich, daß Werthers Liebe zu Homer und Ossian hier ihre theoretische Begründung hat; Werther, der sich ausdrücklich verbittet, daß man ihm Bücher nachschickt (Brief vom 13. Mai; S. 6), benötigt keine, da er die wesentlichen, z. B. Herders Schriften, ohnehin in seinem Kopf hat, wie Heinz Schlaffer scharfsinnig bemerkt hat (Schlaffer, S. 216). Herders Aufwertung der „Natur" (achtmal im Text genannt), des Einfachen, Sinnlichen, Festen, das sich für ihn in der Sprache der „Wilden" manifestiert, wird auch im Roman an vielen Stellen thematisiert, z. B. im bereits angesprochenen Brief vom 9. Mai. Die ursprüngliche Einheit von Gefühl und Verstand, von Seele und Wort, die Herder in der Naturdichtung der „Wilden" verwirklicht sieht, vermißt er in den „wohlstudierten" „Künsteleien" der Verstandesmenschen; die Wendung gegen die aufklärerische Poetik, die Werther übernimmt, ist hier nur allzu deutlich und wird den Schülern sofort ins Auge fallen. Im Unterrichtsgespräch soll gemeinsam untersucht werden, in welchen Punkten der Roman Herders Vorstellungen entspricht und in welchen nicht. Eine wichtige Rolle spielen in diesem Zusammenhang die in den vorangegangenen Phasen besprochenen vielen literarischen Bezüge und Anspielungen: Weil Werther literarisch gebildet ist (das unterscheidet ihn eben von einem „Wilden"), kann ihm die Unmittelbarkeit des Ausdrucks, die er zum Ideal erhebt, nicht mehr zukommen. Anders formuliert: Werther ist kein Ossian, sondern er liebt Ossians Dichtung und lebt mit ihr. Zwischen ihn und den Gegenstand seiner Darstellung schiebt sich nicht nur das ‚Denken' und ‚Grübeln' (vgl. Herder in: Editionen „Lyrik", S. 124), sondern auch die Literatur. (An dieser Stelle kann auf die Stunde zum Thema „Kinder und Kindheit" sowie auf Phase 1 zurückgegriffen werden).

Die Gegenüberstellung von Herders ästhetischen Überlegungen und Goethes „Werther" kann weitergeführt werden in einem *Exkurs 3* zu Schillers „Über naive und sentimentalische Dichtung" von 1795, der weitgehend im Lehrervortrag bestritten wird; es empfiehlt sich, hierzu den Textbogen 2 hereinzugeben. Ähnlich wie Herder geht Schiller von einem begrifflichen Gegensatzpaar aus, in dem Natur und Reflexion die Pole bilden. Nach seiner Definition *sind* die naiven Dichter Natur, während die sentimentalischen die verlorene Natur *suchen*. Im Unterschied zu Herder aber wertet Schiller die von ihm so bezeichneten „sentimentalischen" Dichter nicht ab, sondern stellt sie gleichberechtigt den naiven an die Seite.

„Werther" gilt ihm als sentimentalisch; Schiller erkennt, daß Werthers Homer-Lektüre einem sentimentalischen Drang gehorcht (vgl. Sachanalyse). Während Herder in Ossian den reinsten Ausdruck von Natur- bzw. Volkspoesie entdeckt, rechnet Schiller diese Dichtung aufgrund ihres klagenden Tons zur „elegischen", d. h. zur sentimentalischen Dichtung.

Die Ergebnisse des textparaphrasierenden und -kommentierenden Lehrervortrags sowie des sich daraus ergebenden Unterrichtsgesprächs werden als Grobstruktur an der Tafel festgehalten (Tafelbild 2).

Phase 4:
„Emilia Galotti" – die letzte Lektüre Werthers

Da nicht davon ausgegangen werden kann, daß „Emilia Galotti" allen Schülern bekannt ist, sollte eine kurze Inhaltsangabe durch den Lehrer oder einen Schüler erfolgen (zur schnellen Information: Kindlers Literatur Lexikon, S. 3077 f.). Im fragend-entwickelnden Unterricht wird die Bedeutung des „auf dem Pulte aufgeschlagen" (S. 128) liegenden Buches sowohl in thematischer Hinsicht (Selbstmord u. a.) als auch im Hinblick auf Werther Absicht (Selbstinterpretation und Rechtfertigung) erörtert.

Zu Exkurs 4
Um Zeit zu sparen, suchen die Schüler die Bibelanklänge und -zitate nicht selbst aus dem Text heraus (viele sind ohnehin nur von äußerst bibelkundigen Lesern zu ermitteln); der Lehrer gibt ihnen eine Übersicht (Textbogen 3) an die Hand, mit der sie sich in Stillarbeit vertraut machen. Das anschließende Unterrichtsgespräch geht vom Brief vom 15. November aus; gezeigt werden soll, daß nicht religiöse Bindung ans Christentum, sondern der Wunsch nach Literarisierung des eigenen Schicksals Werther zu den Bibelzitaten greifen läßt.

Phase 5:
Zusammenfassung

Nachdem die wesentlichen literarischen Werke im „Werther" unter dem Aspekt ihrer Funktion für den Roman zur Sprache gekommen sind, bietet sich eine Zusammenfassung der wichtigsten Ergebnisse an, ehe Schlußfolgerungen gezogen werden hinsichtlich einer angemessenen Haltung von Lesern der Literatur gegenüber. In Gruppenarbeit wird die Diskussion zu dieser Fra-

ge vorbereitet; nach Möglichkeit sollte anhand von Werthers falschem Leseverhalten erkannt worden sein, daß nur ein distanziertes Verhältnis zum Gelesenen Voraussetzung für eine von Illusionen freie Bewältigung der Wirklichkeit ist. Daß diese Einsicht weniger banal ist, als sie zunächst scheinen mag, kann anschließend in Phase 6 gezeigt werden.

Phase 6:
„Werther" als Lektüre der Zeitgenossen

Lehrervortrag (Informationen zur Rezeption des „Werther" durch die damalige junge Generation) und Unterrichtsgespräch (Kommentare und Deutungen zur „Werther-Epidemie") ergänzen sich hier. Sofern noch genügend Zeit zur Verfügung steht, werden die Motto-Verse zur zweiten Auflage von 1775 (Editionen „Werther", S. 134) herangezogen und ihre Intention vor dem Hintergrund des „Werther-Fiebers" herausgearbeitet.

Zur Hausaufgabe,

die im Unterschied zu den vorangegangenen Stunden etwas arbeitsintensiver ausfällt und für alle Schüler aus zwei schriftlichen Teilen besteht: Bei der ersten Aufgabe handelt es sich um eine Nachbereitung des Themas der Doppelstunde(n); die Schüler können sich zwischen drei verschieden anspruchsvollen Themen entscheiden: a) ein sauber ausgearbeitetes Ergebnisprotokoll, das vervielfältigt und an die Kursteilnehmer verteilt wird (hierzu sollten sich wenigstens zwei oder drei Schüler bereitfinden); b) die Beantwortung der (im Unterricht ausgesparten) Fragen zu den Bibelanklängen (vgl. Exkurs 5); c) eine (streng gegliederte) Erörterung oder ein (etwas freier gestalteter Essay) über Beobachtungen und Schlußfolgerungen zum identifikatorischen Lesen heute. –
Die zweite Aufgabe bereitet die folgende Doppelstunde vor, insofern sich die Schüler

mit für den Unterricht wichtigen Textpassagen zum Thema „Natur" vertraut machen. Die Begründungen für die Auswahl bestimmter Schilderungen müssen nicht allzu umfangreich sein, sollen aber auf jeden Fall ausformuliert werden; wenn die Schüler dabei bemerken, wie schwer es ist, sich über Natur zu äußern, ohne in abgegriffene Sprachmuster, Plattheiten usw. zu verfallen, ist ein wichtiges Ziel bereits erreicht.

Stundenziele zu den Stunden 14 bis 17

Die Schüler sollen
- Werthers Homer-Begeisterung als Kompensation und als Selbsttäuschung erkennen,
- die mit „Klopstock" gemeinte berühmte Ode analysieren und vor dem Hintergrund der Klopstock-Verehrung in Empfindsamkeit und Sturm und Drang die Episode am Ballabend interpretieren können,
- die motivische Bedeutung Ossians (im Unterschied zu Homer) für den Handlungsverlauf erkennen und in psychologischer und poetischer Hinsicht einordnen können,
- den Bezug zwischen Herders Ossian-Bild und Werthers Ossian-Schwärmerei herstellen,
- den Zusammenhang zwischen „Emilia Galotti" und Werther erfassen,
- die Funktion der Bibelanklänge im Roman herausarbeiten,
- die Bedeutung der Literatur für Werthers Existenz aufdecken und kritisch beurteilen,
- in der falschen Identifikation die Ursache für die ungewöhnliche Werther-Rezeption erkennen und im Hinblick auf ihr eigenes Leseverhalten problematisieren.

Vorlage für Textbogen 1
Textauszüge aus Homers „Odyssee"

1. Zum Brief vom 9. Mai

Als aber die frühgeborene erschien, die rosenfingrige Eos, da setzte ich eine Versammlung an und sprach unter ihnen allen:
‚Freunde! Wir wissen ja nicht, wo das Dunkel ist, und nicht, wo Morgen, auch nicht, wo Helios, der den Sterblichen scheint, unter die Erde geht und wo er wieder
5 heraufkommt. (. . .) ich sah, auf einen schroffen Ausguck hinaufgestiegen, eine Insel, die rings im Kreis ein unendliches Meer umgibt.' (Zehnter Gesang; S. 171)
‚Denn darin liegt beides: Pracht und Glanz wie auch Erquickung, wenn man zuvor gespeist hat, ehe man weit über die grenzenlose Erde geht.' (Fünfzehnter Gesang; S. 259)

2. Zum Brief vom 21. Junius

Und sie kamen in das Haus des göttlichen Odysseus und legten die Mäntel ab auf Sessel und auf Stühle, und schlachteten große Schafe und fette Ziegen, schlachteten fette Schweine und ein Herdenrind, und brieten die inneren Teile und verteilten sie und mischten den Wein in den Mischkrügen. Die Becher aber teilte der Sauhirt aus, Brot
5 teilte ihnen Philoitios zu, der Vogt der Männer, in schönen Körben, und den Wein schenkte Melantheus. Die aber streckten die Hände aus nach den bereiten, vorgesetzten Speisen. (Zwanzigster Gesang; S. 359f.)

3. Zum Brief vom 15. März

So sprach er und ging zur Hütte voran, der göttliche Sauhirt, und führte ihn hinein und hieß ihn niedersitzen und schüttete dichtes Laubwerk auf und breitete das Fell einer langbärtigen wilden Ziege darüber, die Einlage seines eigenen Bettes, groß und dicht. Und es freute sich Odysseus, daß er ihn so empfing, und er sprach das Wort und
5 benannte es heraus:
‚Mögen Zeus und die anderen unsterblichen Götter dir geben, Fremder, was du am meisten wünscht, weil du mich freundlich aufgenommen!' Da antwortetest du und sagtest zu ihm, Sauhirt Eumaios:
‚Fremder, nicht recht wäre es von mir – und wäre auch ein Geringerer als du gekom-
10 men –, dem Fremden die Ehre zu verweigern. Denn von Zeus her sind allgesamt die Fremden und die Bettler; (. . .)'
So sprach er und schloß schnell den Rock mit dem Gurt zusammen, schritt hin und ging zu den Kofen, wo die Völker der Ferkel eingeschlossen waren, nahm zwei dort fort, trug sie herbei und schlachtete und sengte und zerhieb sie beide und steckte sie an
15 Bratspieße. Und als er alles gebraten hatte, trug er es herbei und setzte es dem Odysseus vor, noch heiß, mitsamt den Spießen, und streute weißes Gerstenmehl darüber und mischte honigsüßen Wein in einem Holznapf und setzte sich ihm selber gegenüber (. . .). (Vierzehnter Gesang; S. 239f.)

Ins Deutsche übertragen von Wolfgang Schadewaldt, Zürich und München 1966 (Artemis)

Vorlage für Textbogen 2
Textauszüge aus: Friedrich Schiller: Über naive und sentimentalische Dichtung (1795).

1. Die Dichter sind überall schon ihrem Begriffe nach die *Bewahrer* der Natur. Wo sie dieses nicht ganz mehr sein können und schon in sich selbst den zerstörenden Einfluß willkürlicher und künstlicher Formen erfahren oder doch mit demselben zu kämpfen gehabt haben, da werden sie als die *Zeugen* und als die *Rächer* der Natur auftreten.
5 Sie werden also entweder Natur *sein*, oder sie werden die verlorene *suchen*. Daraus entspringen zwei ganz verschiedene Dichtungsweisen, durch welche das ganze Gebiet der Poesie erschöpft und ausgemessen wird. Alle Dichter [werden] (...) entweder zu den *naiven* oder zu den *sentimentalischen* gehören. (S. 29)

2. Ossians Menschenwelt z. B. war dürftig und einförmig; das Leblose um ihn her
10 hingegen war groß, kolossalisch, mächtig, drang sich also auf und behauptete selbst über den Menschen seine Rechte. In den Gesängen dieses Dichters tritt daher die leblose Natur (im Gegensatz gegen den Menschen) noch weit mehr als Gegenstand der Empfindung hervor. Indessen klagt auch schon Ossian über einen Verfall der Menschheit, und so klein auch bei seinem Volke der Kreis der Kultur und ihrer
15 Verderbnisse war, so war die Erfahrung davon doch gerade lebhaft und eindringlich genug, um den gefühlvollen moralischen Sänger zu dem Leblosen zurückzuscheuchen und über seine Gesänge jenen elegischen Ton auszugießen, der sie für uns so rührend und anziehend macht. (S. 26 f.)

3. Da der naive Dichter bloß der einfachen Natur und Empfindung folgt und sich bloß
20 auf Nachahmung der Wirklichkeit beschränkt, so kann er zu seinem Gegenstand auch nur ein einziges Verhältnis haben, und es gibt in *dieser* Rücksicht für ihn keine Wahl der Behandlung. (...), denn eben diese reine Einheit ihres Ursprungs und ihres Effekts ist ein Charakter der naiven Dichtung.
Ganz anders verhält es sich mit dem sentimentalischen Dichter. Dieser *reflektiert*
25 über den Eindruck, den die Gegenstände auf ihn machen, und nur auf jene Reflexion ist die Rührung gegründet, in die er selbst versetzt wird und uns versetzt. Der Gegenstand wird hier auf eine Idee bezogen [im „Werther" z. B. auf die „patriarchalische Idee", 12. Mai; S. 6; R. K.], und nur auf dieser Beziehung beruht seine dichterische Kraft. Der sentimentalische Dichter hat es daher immer mit zwei streitenden
30 Vorstellungen und Empfindungen, mit der Wirklichkeit als Grenze und mit seiner Idee als dem Unendlichen, zu tun, und das gemischte Gefühl, das er erregt, wird immer von dieser doppelten Quelle zeugen. (S. 40 f.)

4. Es ist interessant zu sehen, mit welchem glücklichen Instinkt alles, was dem sentimentalischen Charakter Nahrung gibt, im „*Werther*" zusammengedrängt ist: schwär-
35 merische, unglückliche Liebe, Empfindsamkeit für Natur, Religionsgefühle, philosophischer Kontemplationsgeist, endlich, um nichts zu vergessen, die düstere, gestaltlose, schwermütige Ossianische Welt. (S. 65)

Reclam Universal-Bibliothek 7756/57, Stuttgart 1972

S. 6. wie sie, alle die Altväter, am Brunnen Bekanntschaft machen und freien (…)

1. Mos. 24,13 f. Herr, siehe, ich stehe hier bei dem Wasserbrunnen, und der Leute Töchter in dieser Stadt werden heraus kommen, Wasser zu schöpfen. Wenn nun eine Dirne kommt, zu der ich spreche „Neige deinen Krug (…)", und sie wird sprechen „Trinke, ich will deine Kamele auch tränken", daß sie die sei, die du deinem Diener Isaak bescheret habest (…)

S. 28. meinem Herzen sind die Kinder am nächsten (…) immer wieder hole ich dann die goldenen Worte (…) „Wenn ihr nicht werdet wie eines von diesen!"

Matth. 18,3. Wahrlich, ich sage euch, es sei denn, daß ihr euch umkehret und werdet wie die Kinder, so werdet ihr nicht ins Himmelreich kommen.

S. 36. ich habe selbst Leute gekannt, die des Propheten ewiges Ölkrüglein ohne Verwunderung in ihrem Hause angenommen hätten.

1. Könige 17,16. und dem Ölkruge mangelte nichts, nach dem Wort des Herrn, das er geredet hatte durch Elia.

S. 45. Wer hebt den ersten Stein auf (…)

Ev. Johannis 8,7. Wer unter euch ohne Sünde ist, der werfe den ersten Stein auf sie.

S. 45. Ihr steht so gelassen, so ohne Teilnehmung da, ihr sittlichen Menschen (…) geht vorbei wie der Priester und dankt Gott wie der Pharisäer, daß er euch nicht gemacht hat wie einen von diesen.

Luk. 10.31. Es begab sich aber ohne gefähr, daß ein Priester dieselbige Straße hinabzog, und da er ihn sahe, ging er vorüber.
Luk 18,11. Der Pharisäer stund und betete bei sich selbst also: Ich danke dir, Gott, daß ich nicht bin wie die andern (…)

S. 47. wir nennen das eine Krankheit zum Tode (…)

Joh. 11,4. Da Jesus das hörte, sprach er: Die Krankheit ist nicht zum Tode (…)

S. 55. das bärene Gewand und der Stachelgürtel

Matth. 3,4. Johannes hatte ein Kleid von Kamelhaaren und einen ledernen Gürtel um seine Lenden …

S. 86. und der ganze Kerl vor Gottes Angesicht steht (…) wie ein verlechter Eimer.

Prediger 12,6. Ehe denn (…) der Eimer zerleche am Born (…)

S. 86. wenn der Himmel ehern über ihm ist

5. Mose 28,23. Dein Himmel, der über deinem Haupte ist, wird ehern sein.

S. 87. manchem Ermatteten Stab, manchem Verschmachtenden Erquickung (…)

23 Psalm. Er erquicket meine Seele, (…) dein Stecken und Stab trösten mich.

S. 87. Sagt nicht selbst der Sohn Gottes, daß die um ihn sein würden, die ihm der Vater gegeben hat?

Joh. 6,44. Es kann niemand zu mir kommen, es sei denn, daß ihn ziehe der Vater (...)
Joh. 6,65. Darum habe ich euch gesagt: Niemand kann zu mir kommen, es sei ihm denn von meinem Vater gegeben.

S. 89. Und ward der Kelch dem Gott vom Himmel auf seiner Menschenlippe zu bitter, warum soll ich großtun ...

Matth. 26,39. (...) fiel nieder auf sein Angesicht und betete und sprach: Mein Vater, ist's möglich, so gehe dieser Kelch von mir (...)

S. 88. Mein Gott! mein Gott! warum hast du mich verlassen?

Matth. 27,46. Und um die neunte Stunde schrie Jesus laut und sprach: Mein Gott, mein Gott, warum hast du mich verlassen?

S. 88. der die Himmel zusammenrollt wie ein Tuch

Psalm 104,2. Du breitest aus den Himmel wie einen Teppich.
Jesaia 34,4. Der Himmel wird zusammengerollt werden. *Offenbarung Johannis 6,14.* der Himmel entwich wie ein zusammengerolltes Buch.

S. 93. ein Vater, (...) dem sein unvermutet zurückkehrender Sohn um den Hals fiel (...)

Luk. 15, 11–24. Parabel vom verlorenen Sohn.

S. 121. Ich gehe voran! gehe zu meinem Vater.

Joh. 14,28. Ich gehe zum Vater; denn der Vater ist größer denn ich.
Joh. 13,1 (...) da Jesus erkannte, daß seine Zeit kommen war, daß er aus dieser Welt ginge zum Vater (...)

S. 127. daß Priester und Levit vor dem bezeichneten Steine sich segnend vorübergingen und dem Samariter eine Träne weinte.

Luk. 10,31–33. Es begab sich aber ohngefähr, daß ein Priester dieselbige Straße hinabzog, und da er ihn (den von Räubern Überfallenen und Zerschlagenen) sahe, ging er vorüber. Desselbigen gleichen auch ein Levit, da er kam bei der Stätte und sahe ihn, ging er vorüber. Ein Samariter aber reiste und kam dahin; und da er ihn sahe, jammerte ihn sein (...)

18./19. Stunde: „Naturerfahrung und Naturdarstellung im ‚Werther'"

Sachanalyse

In seinem ersten Brief (4. Mai 1771) beschreibt Werther einen gräflichen Garten, in dem er sich gern aufhält: „Der Garten ist einfach, und man fühlt gleich bei dem Eintritte, daß nicht ein wissenschaftlicher Gärtner, sondern ein fühlendes Herz den Plan gezeichnet, das seiner selbst hier genießen wollte." (S. 4) In diesem einen Satz finden sich mehrere Hinweise auf ein durch Empfindsamkeit und Sturm und Drang hervorgebrachtes Naturverständnis, das sich von dem der Aufklärung deutlich unterscheidet. Werther lobt hier den vorgefundenen englischen Landschaftsgarten und kritisiert zugleich die in herrschaftlichen Anwesen zumeist noch üblichen Rokokogärten; „einfach" ist der Garten und (scheinbar) urwüchsig, nicht regelmäßig, nach genau berechneten geometrischen Mustern gestaltet. Das „fühlende Herz" soll erregt werden, während der „wissenschaftliche Gärtner" lediglich den Verstand anzusprechen vermag. Statt der Sachlichkeit klarer Formen will Werther in der Natur die Subjektivität „seiner selbst" wiederfinden.

Dieses Verständnis von Natur ist dem im „wissenschaftlichen" Zeitalter geprägten Naturbegriff fremd. Den Vertretern der Aufklärung galt Natur vor allem als Objekt vernünftiger, logischer Betrachtungen. Die Gesetze, die, einem göttlichen Plan gehorchend, in ihr wirksam sind, wurden als dem Verstande zugänglich erkannt; sie sollten methodisch exakt in Experimenten erforscht und den Menschen nach Möglichkeit nutzbar gemacht werden. Viele Entdeckungen und Erfindungen im 18. Jahrhundert brachten den Natur-Wissenschaften und der Technik einen nachhaltigen Aufschwung.

Neben diesem überwiegend vom Verstand und vom Nützlichkeitsdenken bestimmten Interesse an der Natur entstand etwa seit der Mitte des Jahrhunderts ein dazu fast gegenläufiges, das vom Gefühl ausging und die Erscheinungen der Natur vor allem als „Landschaft" wahrnahm, die Joachim Ritter folgendermaßen definiert:

Landschaft ist Natur, die im Anblick für einen fühlenden und empfindenden Betrachter ästhetisch gegenwärtig ist: Nicht die Felder vor der Stadt, der Strom als „Grenze", „Handelsweg" und „Problem für Brückenbauer", nicht die Gebirge und die Steppen der Hirten und Karawanen (oder der Ölsucher) sind als solche schon „Landschaft". Sie werden dies erst, wenn sich der Mensch ihnen ohne praktischen Zweck in „freier" genießender Anschauung zuwendet, um als er selbst in der Natur zu sein. Mit seinem Hinausgehen verändert die Natur ihr Gesicht. Was sonst das Genutzte oder als Ödland das Nutzlose (...) oder das feindlich abweisende Fremde war, wird zum Großen, Erhabenen und Schönen: es wird ästhetisch zur Landschaft.[1]

Den Wunsch nach subjektiv bestimmter Naturerfahrung („um als er selbst in der Natur zu sein" schreibt Ritter) drückt auch Werther in dem Brief aus: „ein fühlendes Herz (...), das seiner selbst hier genießen wollte."

Als Begründer dieser Idee von Natur gilt allgemein der französische Philosoph Jean-Jacques Rousseau, der die von ihm als Deformation des Individuums gesehene Zivilisation kritisierte und eine Rückbesinnung auf das Ursprüngliche proklamierte (vgl. Sachanalyse zum Kapitel „Kinder und Kindheit"). Mit dem Ruf „Zurück zur Natur!" stellte er sich dem unbegrenzten Fortschrittsoptimismus seiner Zeit entgegen. Der Mensch sollte sich nicht so sehr als Beherrscher, sondern vor allem als Teil der Natur begreifen und fühlen, um zu seinem

---

1 Joachim Ritter, Landschaft. Zur Funktion des Ästhetischen in der modernen Gesellschaft, in: ders., Subjektivität. Sechs Aufsätze, Frankfurt/Main 1974, S. 150f. (Suhrkamp)

ursprünglichen, unverfälschten Wesen zurückzufinden. Nicht die Erforschung und Ausbeutung, sondern das Erlebnis der äußeren sowie der inneren Natur sah Rousseau als erstrebenswert an.

Dieses Naturverständnis stieß in Deutschland vor allem in der jüngeren Generation auf begeisterte Zustimmung. Den Wert des einfachen, naturverbundenen und gefühlsbetonten Lebens, das Rousseau in seinem Roman „Julie ou La Nouvelle Héloïse" (1761; vgl. die Doppelstunde zum „Briefroman") dargestellt hatte, versuchten die Vertreter von Empfindsamkeit und Sturm und Drang für sich zu erfahren und nachzuempfinden; auf langen, erschöpfenden Wanderungen und Bergbesteigungen sowie beim Eislaufen, das damals in Mode kam, gewann das Individuum das Glücksgefühl, eins mit sich und mit der Natur zu sein. Dieser Natur-Enthusiasmus schlug sich insbesondere in der Lyrik nieder, am deutlichsten zunächst bei Klopstock (vgl. die „Ode über die ernsthaften Vergnügungen des Landlebens" von 1759, „Die Gestirne" und „Der Eislauf" von 1764), in dessen Folge dann beim jungen Goethe und den Dichtern des Göttinger Hains. Auch Herders literarische Position ist durch diesen neuen Naturbegriff geprägt: Das von ihm hochgepriesene Volkslied, dem er zu neuer Würde und Bedeutung verhalf, ist Ausdruck von Unmittelbarkeit, Schlichtheit und Unverfälschtheit – über den Begriff der Naturpoesie („Ossian" u. a.) wurde an anderer Stelle bereits geschrieben (vgl. Doppelstunde „Literatur in der Literatur. Werther als Leser", Kommentar zu Phase 3, Exkurs 2). Im Unterschied zur Lyrik hatte es bis zum Erscheinen des „Werther" in der deutschsprachigen Literatur keine ausführlichen Prosadichtungen zum Thema „Natur" gegeben.

Wie der bereits behandelte Brief vom 10. Mai deutlich zeigt, ist für Werther das Erlebnis der Natur zugleich subjektives Gotterlebnis – die Natur in ihrer vielfältigen Gestalt

gilt ihm als sinnlicher Ausdruck der Schöpfung des „Allmächtigen", des „Allliebenden", des „unendlichen Gottes" (S. 5). Natur, die in ihrer anschaulich-ästhetischen Form als schöne Landschaft erfahren und beschrieben wird, ist also auch ein Bild für das Wesen des Kosmos, dessen das Individuum in sich und außerhalb seiner gewahr wird. Sie wird Werther zum „Spiegel (seiner) Seele" (S. 5), und entsprechend verändert sie sich für ihn angesichts seines wechselhaften, sich verdüsternden Schicksals. Er interpretiert sein Leben immer wieder gleichnishaft mit Bildern aus der Natur – sie kann ihm im Mai Wiedererwachen, Neubeginn und Erwartung bedeuten, ein paar Monate später ebenso Sinnbild einer unaufhörlichen Zerstörung sein, als die er sein Dasein im Zeichen schwindender Hoffnungen auf Lotte nunmehr sieht:

mir untergräbt das Herz die verzehrende Kraft, die in dem All der Natur verborgen liegt; die nichts gebildet hat, das nicht seinen Nachbar, nicht sich selbst zerstörte (...) ich sehe nichts als ein ewig verschlingendes, ewig wiederkäuendes Ungeheuer. (18. August; S. 52)

Im Augenblick des Glücks bietet die Natur ihm höchste „Wonne" (10. Mai, S. 5; 16. Junius, S. 25; 21. Junius, S. 27), später, in der Erinnerung an die verflossene „Glückseligkeit" wird sie ihm zur „Quelle seines Elendes", zum „unerträglichen Peiniger" (18. August; S. 50).

Den eigentlichen Grund für sein Leiden erkennt Werther dabei richtig in sich selbst, in seiner Natur, seinem Herzen. Da er alle Eindrücke (auch die äußere Natur) nicht nur intensiv, sondern exzessiv aufnimmt, weiß er, „daß in (ihm) die Quelle alles Elendes verborgen ist, wie ehemals die Quelle aller Seligkeiten." (3. November; S. 86) Das „Ungeheuer", von dem er im Brief vom 18. August schreibt, ist in ihm selbst, ist seine innere Natur, die es ihm unmöglich macht, sich den gegebenen Verhältnissen zu fügen,

d. h. auf Lotte zu verzichten. Schon im Zusammenhang seiner Kritik an den Beschränkungen und Regeln der bürgerlichen Gesellschaft pries Werther als Kontrast dazu die „unendlich reich(e)" Natur; der freie Drang der Triebe, der „geilen Reben" (26. Mai; S. 12) ist ihm Metapher für das drängende Herz, das sich ohne Beschneidung durch sich selbst (seine Vernunft) oder andere (Regeln, Konventionen) entfalten soll. „Auch halte ich mein Herzchen wie ein krankes Kind; jeder Wille wird ihm gestattet." (13. Mai; S. 6) Werthers Herz ist also eins mit seiner Natur – Einschränkungen werden nicht geduldet. Damit setzt er sich seiner Natur und seiner durch sie bestimmten Leidenschaft als Opfer aus – er muß an ihnen leiden und kann sich zugleich immerhin noch an ausführlichen Schilderungen seiner inneren Zustände berauschen.

Schon von Beginn an richtet sich Werthers Sehnsucht darauf, in der äußeren Natur aufzugehen: „man möchte zum Maienkäfer werden, um in dem Meer von Wohlgerüchen herumschweben und alle seine Nahrung darin finden zu können." (4. Mai; S. 4) und: „Die in einander geketteten Hügel und vertraulichen Täler! – O könnte ich mich in ihnen verlieren!" (21. Junius; S. 26). Schon als Kind besaß er die Neigung zu träumerischer Hingabe an die Natur: „Stundenlang konnt' ich hier sitzen und mich hinüber sehen, mit inniger Seele mich in den Wäldern, den Tälern verlieren (...)." (9. Mai; S. 73) Werther träumt davon, sein beschränktes Ich im All zerfließen zu lassen, weil er seine subjektiven Bedürfnisse nicht mit den objektiven Gegebenheiten in Einklang zu bringen vermag. Dies hat Folgen für seine künstlerische Tätigkeit, wie er bereits im Brief vom 10. Mai beklagte und später abermals hervorhebt:

Noch nie war ich glücklicher, noch nie war meine Empfindung an der Natur, bis aufs Steinchen, aufs Gräschen herunter, voller und inniger, und doch – Ich weiß nicht, wie ich mich ausdrücken

soll, meine vorstellende Kraft ist so schwach, alles schwimmt und schwankt so vor meiner Seele, daß ich keinen Umriß packen kann; (24. Julius; S. 39)

Einerseits will Werther in der Natur aufgehen, sich mit ihr vereinigen, andererseits will er sie „packen", d. h. künstlerisch bewältigen, was ihm mißlingt.

Dieser Widerspruch in seinem Verhältnis zur Natur zeigt sich noch auf einer anderen Ebene: So schätzt er im Gespräch mit Albert die Leidenschaft als höchsten Ausdruck der „menschliche(n) Natur" (12. August; S. 47), ohne die Konsequenz davon zu übersehen: „das bißchen Verstand, das einer haben mag, kommt wenig oder nicht in Anschlag, wenn Leidenschaft wütet (...)." (12. August; S. 49) Die durch Leidenschaft herbeigeführte Vernichtung des Individuums nimmt Werther in Kauf – das Irrationale ist Kennzeichen ‚natürlichen' Verhaltens und bleibt der Ratio gegenüber deshalb stets im Recht – hier erweist sich Werther als Anhänger Rousseaus. Er bemerkt jedoch nicht den Widerspruch, in den er sich verfangen hat: In seiner Begeisterung für Natur und Leidenschaft liegt selbst ein Moment von Bewußtheit, das ihr aufs schärfste entgegensteht. Werther, der Fürsprecher des Natürlichen, Unbewußten, der das einfache Landleben zur Idylle verklärt und am liebsten als „Maienkäfer" in der Natur aufgehen oder in Homerische Zeiten entweichen will (ohne allerdings auf „Wein, Bier, Kaffee" (26. Mai; S. 11) verzichten zu müssen), zeigt durch seine fortwährenden Reflexionen und nicht zuletzt in dem Gespräch mit Albert, daß er im Grunde ein Verstandesmensch ist, der als Kind seiner Zeit gelernt hat, keineswegs nur mit dem Herzen, sondern mit wohlgesetzten Worten und klugen Argumenten die intellektuelle Auseinandersetzung um das Wesen der „menschliche(n) Natur" zu führen.

Werthers Naturenthusiasmus ist, wie bereits erwähnt, nichts anderes als Flucht und Kompensation. Vor den Widrigkeiten der Stadt, die er als „unangenehm" (4. Mai; S. 4), ja als „unerträglich" (5. Mai; S. 72) empfindet, flüchtet er in die „unaussprechliche Schönheit der Natur" (4. Mai; S. 4), um in der dort vorgefundenen Einsamkeit dem menschlichen Treiben zu entgehen und zu sich selbst zu finden. Die idyllische Landschaft außerhalb der Stadt ist „Balsam" (4. Mai; S. 4) für sein Herz, das eigentliche Ziel seiner Flucht ist die eigene Innerlichkeit: „Ich kehre in mich selbst zurück, und finde eine Welt." (22. Mai; S. 10)

Innere und äußere Natur werden auch als „Gesellschaftsjenseitiges" (Finsen, S. 33) in Anspruch genommen, um die verletzende Ausweisung aus der „noble(n) Gesellschaft" (15. März; S. 68) zu kompensieren: „Ich (...) fuhr nach M.., dort vom Hügel die Sonne untergehen zu sehen (...)." (S. 69) Werther genießt hier den Sonnenuntergang, um seine durch Standesschranken hervorgerufene Zurücksetzung durch die Adelsgesellschaft zu vergessen. Gleichwohl hat sein Natur-Erleben durchaus elitäre Züge, was aus einem früheren Brief deutlich wird:

Wie wohl ist mir's, daß mein Herz die simple, harmlose Wonne des Menschen fühlen kann, der ein Krauthaupt auf seinen Tisch bringt, das er selbst gezogen, und nun nicht den Kohl allein, sondern all die guten Tage, den schönen Morgen, da er ihn pflanzte, die lieblichen Abende, da er ihn begoß, und da er an dem fortschreitenden Wachstum seine Freude hatte, alle in *einem* Augenblicke wieder mitgenießt." (21. Junius; S. 27; Hervorhebung im Text)

Weil der Müßiggänger Werther Natur ausschließlich als Sphäre der Beschaulichkeit und des „Fühlens" erlebt, ist es ihm möglich, das Alltäglich-Banale des „Krauthaupts" in den Rang des Besonderen zu erheben; dem empfindsamen Subjekt ist der tätige, durch physische Anstrengung und Mühe geprägte Bezug zur Natur als materieller Lebensgrundlage unbekannt. Da Werther vom Zwang zur körperlichen Arbeit befreit, also

privilegiert ist, ästhetisiert und idealisiert er den Kohlkopf als Teil eines allein „Wonne" und „Freude" schenkenden idyllischen Gartens.

Während die Natur im „Werther" in erster Linie die Funktion besitzt, die Hauptfigur des Romans zu charakterisieren, wird sie vom Erzähler auch noch in anderer Weise als poetisches Gestaltungsmittel eingesetzt, u. a. als Kulisse. Beispielhaft geschieht dies im Brief vom 16. Junius: Schon während der Ankunft bei Lotte kündigen die „schwül(e)" Luft sowie „weißgraue, dumpfichte Wölkchen rings am Horizonte" ein „Gewitter" an (S. 17), das Werther mit „anmaßlicher Wetterkunde" herunterspielt, „ob mir gleich selbst zu ahnen anfing, unsere Lustbarkeit werde einen Stoß leiden." (S. 18) Noch ehe Werther Lotte zu Gesicht bekommen hat, wird hier mit dem Mittel der Natursymbolik jene Konstellation entworfen, an der sich nur noch wenig ändern soll: Werther sieht die Bedrohung, das „Gewitter", voraus, täuscht sich aber bewußt darüber hinweg, indem er die unangenehme Wahrheit verdrängt, daß Lotte bereits „vergeben" ist (S. 17).

Als er während des Tanzens den Namen Albert hört, mit dem Lotte verlobt ist, bricht das Gewitter mit „Blitz(en)" herein, die Werther „immer für Wetterkühlen ausgegeben hatte" (S. 23) und die nun den bevorstehenden Konflikt aufleuchten lassen – der „Donner" holt Werther aus der Selbsttäuschung in die Wirklichkeit zurück. Die Spannung entlädt sich durch Lottes Ohrfeigen und durch einen „herrlich(en) Regen" (S. 25), begleitet von „den wonnevollsten Tränen". (S. 25)

Werther „versank in dem Strome von Empfindungen" (S. 25) bei dieser Begegnung am Fenster. Der „Strom" ist diejenige Natur- bzw. Wasser-Metapher, die sich durch den ganzen Roman hindurchzieht und dabei ganz unterschiedliche Bedeutungen annimmt. Auf die Ambivalenz von dem

„Strom des Genies" (26. Mai; S. 12) wurde an anderer Stelle bereits hingewiesen (vgl. S. 74). Daneben findet sich immer wieder die Verknüpfung von „Strom" und „Tränen", die Elementargewalt des Gefühls ausdrückend, welche das Genie bzw. dessen innere Natur kennzeichnet: „ein Strom von Tränen bricht aus meinem gepreßten Herzen." (21. August; S. 52); „Ein Strom von Tränen, der aus Lottes Augen brach und ihrem gepreßten Herzen Luft machte, (...)." (S. 117) Der Strom symbolisiert darüber hinaus für den melancholisch gestimmten Briefschreiber Werther die Vergänglichkeit des „Daseins", das „in den Strom fortgerissen, untergetaucht und an Felsen zerschmettert wird" (18. August; S. 52). Vollends als zerstörerische Gewalt und als Spiegel von Werthers Seele erscheint der Strom am Ende, wenn er das liebliche Dorf Wahlheim überflutet; die vertrauten Stätten aus der Anfangszeit der Bekanntschaft mit Lotte werden „verstört jetzt vom reißenden Strome". (12. Dezember; S. 102) Angesichts der Fluten erwacht in ihm wieder die Sehnsucht, sich in der Natur zu verlieren, aber nun nicht mehr in dahindämmernder Träumerei, sondern durch die Vernichtung seiner physischen Existenz.

Etwas früher schreibt Werther: Ich „pflücke Blumen am Wege, füge sie sehr sorgfältig in einen Strauß und – werfe sie in den vorbeifließenden Strom und sehe ihnen nach, wie sie leise hinunterwallen." (10. August; S. 43) – als „Blütenträume seiner Liebe im dahinfließenden Strom der Zeit" (Assling, S. 163), d. h. als Symbol der Vergeblichkeit seiner Anstrengungen, Lotte für sich zu gewinnen.

„Werthers Schicksal erfüllt sich im Rhythmus der Jahreszeiten." (Scherpe, S. 61) Daß die Natur-Zeit den Rahmen der Handlungskurve in symbolischer Absicht verstärkt, läßt sich unschwer belegen: Die relativ unbeschwerte Zeit in Wahlheim, Homer-Lektüre, Spazierritte usw. fallen in den Frühling (Mai 1771). Der Sommer (Juni bis August) ist ausgefüllt durch die Liebe zu Lotte, durch Freude und Enttäuschung, vor allem durch die „Ungewißheit" (8. Julius; S. 35). Noch vor Beginn des Herbstes steht Werthers Entschluß fest, abzureisen (September). Den Herbst und vor allem den Winter (Oktober 1771 bis März 1772) verbringt Werther mit der ungeliebten Tätigkeit als Mitarbeiter des Gesandten am Hofe – die Natur ruht ebenso wie Werthers Leidenschaft. Den Frühling 1772 verlebt Werther als Begleiter des Fürsten, ohne sich allerdings von seiner erneut aufkeimenden Sehnsucht nach Lotte befreien zu können; im Sommer schließlich ist er wieder bei ihr, obwohl er es schwer hat, seine „vergeblichen Wünsche" (29. Julius; S. 76) zu bezwingen. Seine Liebe ist nun nur noch ein einziges großes Leiden: „Wie die Natur sich zum Herbste neigt, wird es Herbst in mir und um mich her." (4. September; S. 77) Anders als der verwirrte ehemalige „Schreiber von Lottens Vater" (1. Dezember; S. 93), der Ende November noch nach Blumen der Liebe, nach Rosen, sucht, hat Werther das Gefühl für Zeit nicht verloren: „Das ist auch die Jahreszeit nicht." (30. November; S. 90) belehrt er den Unglücklichen, denn für sich weiß er bereits, daß mit dem Winter auch sein Tod naht.

Die Beziehung zwischen Werther, Lotte und Albert erfährt auf Grund der zunehmenden Spannungen einen Tiefpunkt: „Man bot sich einen frostigen Guten Abend (...)." Albert sagt Lotte „einige Worte", „die Werthern kalt, ja gar hart vorkamen. (...) Albert lud ihn zu bleiben, er aber (...) dankte kalt dagegen und ging weg." (S. 106) In dieser „menschenfeindlichen Jahreszeit" (12. Dezember; S. 101) macht Werther seinem Leben ein Ende – ein „trüber, neblichter Tag" (S. 119), der 22. Dezember (Winteranfang), ist für ihn der letzte.

Unterrichtsverlauf

Da sowohl im Alltagsbewußtsein als auch im „Werther" der Begriff der Natur häufig mit Stimmung, Gefühl usw. verbunden wird, bietet es sich an, dem analytischen Teil der Doppelstunde eine Einstimmungsphase voranzustellen.

Vorphase:
Schöne Stellen zum Thema „Natur" im „Werther"

Mit ihrer Auswahl haben die Schüler zu Hause bereits eine Entscheidung darüber getroffen, was sie als „schöne" Stellen zum Thema „Natur" im „Werther" ansehen. Bei der Besprechung sollte dabei zwischen der „schönen Natur" als Gegenstand der poetischen Beschreibung und den „schönen", d. h. sprachlich beeindruckenden, stimmungsvollen Schilderungen (auch der zerstörerischen, feindlichen Natur) unterschieden werden.

Phase 1:
Bedeutung der Natur im 18. Jahrhundert und heute

Die Beschäftigung mit Naturbeschreibungen in Goethes Roman und ihrer Wirkung auf uns als Leser führt direkt zu der Frage, was uns heutzutage Natur bedeutet. Kaum eine andere Frage bewegt die Industriegesellschaft seit einer Reihe von Jahren so nachhaltig wie die nach dem Verhältnis des Menschen zu seiner natürlichen Umwelt. Obwohl diese Problematik inzwischen bis zur Phrasenhaftigkeit Allgemeingut geworden ist (Stichworte: Gefährdung des Ökosystems, natürliches Leben, Wachstumsgrenzen und Fortschrittsskeptizismus), sollte sie kurz aufgegriffen werden. Das Unterrichtsgespräch liefert dem Lehrer einen Einstieg in einen knappen Vortrag zum Naturbegriff im 18. Jahrhundert, der notwendigerweise nur die groben Linien aufzeigen kann. Unterschie-

den wird zwischen dem durch die Aufklärung beflügelten Drang, die Gesetze der Natur mit wissenschaftlichen Methoden zu erforschen und zu nutzen, und einem neuen Natur-Empfinden bzw. Natur-Enthusiasmus, als dessen Begründer vor allem Rousseau gilt. Dessen apodiktische Forderung „Zurück zur Natur!" ist ihrem Wesen nach zivilisations- und gesellschaftskritisch, insofern er Natur mit Natürlichkeit, und das heißt: Ursprünglichkeit und Unverfälschtheit gleichsetzt.

Falls dies im Zusammenhang der Doppelstunde „Zwei Briefe" noch nicht geschehen ist, verweist der Lehrer auf die kurze Passage im Brief vom 4. Mai, in dem Werther von dem Unterschied zwischen dem „einfach(en)" Garten, den „ein fühlendes Herz" angelegt hat, und dem Garten des „wissenschaftliche(n) Gärtner(s)" schreibt. Hierzu werden Abbildungen eines Rokoko-Gartens und eines englischen Gartens gezeigt, um den Gegensatz zwischen zugerichteter, beschnittener und gefälliger, (scheinbar) urwüchsiger Natur zu veranschaulichen.

Phase 2:
Werthers Naturbegeisterung

Aufgrund der vielfältigen Bedeutung von „Natur" im „Werther" ist es unbedingt notwendig, daß der Lehrer die Aufgabenstellung dieser Phase präzise formuliert und erläutert, damit es nicht zu Vorgriffen auf die Thematik von Phase 3 (Natursymbolik) kommt. Das Zusammentragen sowie die Auswertung von Textstellen zu „Werthers Naturbegeisterung" sollte in Arbeitsgruppen erfolgen; die Schüler erhalten so Gelegenheit, ihr Verständnis von bestimmten Passagen in einer kleineren Gesprächsrunde zu artikulieren und gemeinsam vorzuklären, ehe die Arbeitsresultate im Kurs miteinander verglichen und diskutiert werden. Der Lehrer trägt die Ergebnisse sinngemäß mit Hilfe des Tafelanschriebs zusammen – Anhaltspunkte und Brief- sowie Seitenangaben finden sich auf dem Stundenblatt. Es sollte dabei beachtet werden, daß die drei genannten Komplexe „Geborgenheit im Kosmischen", „Refugium und Kompensation" sowie „Religionsersatz" nicht ganz scharf voneinander zu trennen sind.

Phase 3:
Natur-Symbolik

Während es in Phase 2 um Werthers Liebe zur Natur ging, soll nun die poetische Bedeutung der Natur, d. h. ihre erzählerische Funktion im Roman, näher untersucht werden. Da es hier stark auf die Strukturierung der Ergebnisse durch den Lehrer ankommt, empfiehlt sich als Verfahren das Unterrichtsgespräch, das gelegentlich auch fragend-entwickelnd gestaltet werden kann. Die Ergebnissicherung wird durch den Tafelanschrieb unterstützt.

Sofern der Lehrer die Hausaufgabe B oder das fast gleichlautende Klausurthema (vgl. S. 149) fest eingeplant hat, sollte er die u. U. von den Schülern bemerkte enge Beziehung zwischen den Briefen vom 10. Mai und vom 18. August an dieser Stelle nicht weiter vertiefen.

Alternative (für leistungsstärkere Lerngruppen):

Die Themen von *Phase 2* und *Phase 3* werden im arbeitsteiligen Gruppenunterricht besprochen (je nach Teilnehmerzahl des Kurses vier oder sechs Gruppen), und die Gruppensprecher stellen anschließend ihre Ergebnisse vor. Dem Lehrer kommt bei diesem methodischen Vorgehen neben der exakten Aufgabenbeschreibung die Funktion zu, die Resultate zu koordinieren, korrigierend zu hinterfragen und an der Tafel festzuhalten.

Zur möglichen Ausweitung bzw. Hausaufgabe (Thema A)

Auf den im Roman an vielen Stellen genannten „Strom" in seiner vielfältigen Bedeutung sind die Schüler womöglich schon bei der Erschließung der „Natur-Symbolik" gestoßen. Der Strom als bekanntes Symbol und als Metapher der „Werther"-Epoche kann ergänzend entweder fragend-entwickelnd oder (bei Zeitknappheit) als Hausarbeit A behandelt werden. Voraussetzung ist, daß den Schülern die Begriffe „Symbol" und „Metapher" hinreichend geläufig sind; als Nachschlagewerke können vom Lehrer verschiedene Handbücher oder Lexika bereitgehalten oder empfohlen werden (v. Wilpert, Sachwörterbuch der Literatur; Schülerduden. Die Literatur; Braak, Poetik in Stichworten u. a.).

In Still-, Partner- oder Hausarbeit suchen die Schüler die entsprechenden Textstellen zur Strom-Symbolik und -Metaphorik auf und interpretieren sie; zum *Symbol*: Briefe vom 10. August (S. 43) und vom 12. Dezember (S. 102); zur *Metapher*: Briefe vom 26. Mai (S. 12), vom 16. Junius (S. 25), vom 21. August (S. 52), S. 117 u. a.

Zur Hausaufgabe (Thema B)

Mit einem Vergleich der deutlich aufeinander bezogenen Briefe vom 10. Mai und vom 18. August unter formalem und inhaltlichem Aspekt wird das Thema „Naturerfahrung und Naturdarstellung im ‚Werther'" abgeschlossen. Die Schüler erkennen unschwer die sprachlichen Gemeinsamkeiten in beiden Briefen: Ähnlichkeit der Satzstruktur (Wenn-Periode, Schachtelsätze) sowie Übereinstimmungen in der Wortwahl. Subjektives Naturerleben und pathetische Naturdarstellung sind gleich, im Brief vom 18. August aber in der Rückschau (Imperfekt) melancholisch gefiltert. Durch die sprachlichen Anklänge wird der innere Wandel von hoher

Erwartung und „Glückseligkeit" zu Resignation und „Elend" besonders betont – die Komposition zeigt, daß Werthers Naturerfahrung einer Entwicklung unterliegt, die geprägt ist durch den jeweiligen Zustand seines Herzens, sie ist der „Spiegel (seiner) Seele" (S. 5). Während Werther im Mai das Erwachen der Natur genießen konnte, sieht er nun in ihr das „Ungeheuer", die „verzehrende Kraft", ja, das „Grab" (S. 52). Während im Brief vom 10. Mai das Todesmotiv kaum hörbar angeschlagen wurde und in der Begeisterung unterging („ich gehe darüber zugrunde, ich erliege unter der Gewalt der Herrlichkeit dieser Erscheinungen." (S. 5)), wird im Brief vom 18. August der Gedanke an den Tod gegen Ende hin fast übermächtig. Obwohl Lotte in beiden Briefen mit keinem Wort erwähnt wird, ist sie doch zwischen den Zeilen präsent: Die als Wenn-Periode gestaltete Naturbegeisterung im Brief vom Mai schließt mit dem Vergleich: „wie die Gestalt einer Geliebten –": die Natur ist gleichsam erotisch aufgeladen. Ursache seines „Elendes" (S. 50) im August ist nun hingegen die Notwendigkeit des Verzichts auf jene „Geliebte", nämlich Lotte. Die früher gehegten Erwartungen und Wünsche haben sich zerschlagen, die Natur ist ihm nunmehr ein „Grab" – vorerst noch als Vorstellung, am Schluß dann, im Zyklus der Jahreszeiten, im Winter, als Realität.

Diese Aufgabe erfordert intensive Textarbeit; sie hat sich auch als Klausurthema (vgl. S. 149) bewährt.

Zur Hausaufgabe C

Diese Aufgabe ist – unabhängig von Hausaufgabe A und B – von allen Schülern zu erfüllen, damit in der folgenden Doppelstunde nicht unnötig viel Zeit mit dem Aufsuchen von Textstellen verlorengeht. Die Beschränkung auf das erste Buch des „Werther" ist anzuraten, wenn eine zu große Belastung der Schüler vermieden werden soll.

Stundenziele zur 18./19. Stunde

Die Schüler sollen

– die unterschiedlichen Auffassungen zum Begriff und zur Bedeutung der Natur im 18. Jahrhundert und heute kennen,
– die Gründe für Werthers Naturbegeisterung benennen und voneinander unterscheiden können,
– die erzählerische Funktion der Natur in ihren verschiedenen Symbolformen aufzeigen und
– den „Strom" in seiner metaphorischen und symbolischen Verwendung analysieren und deuten.

20./21. Stunde: „Selbstmord und Selbstverwirklichung"

Sachanalyse

Einen außergewöhnlichen Skandal verursachte das Erscheinen der „Leiden des jungen Werther" insbesondere deshalb, weil am Ende des Romans ein für die damalige Leserschaft unerhörtes Ereignis steht – der Selbstmord des Helden: Nachdem er die entscheidende Phase seines Lebens ausführlich in Briefen geschildert hat, vertauscht Werther die Feder mit der zu diesem Zweck ausgeliehenen Pistole und erschießt sich. Daß hier eine Romanfigur selbst entscheidet, wann der Roman (im Leben und auf dem Papier) beendet ist, war neu und mußte die Zeitgenossen aus ästhetischen und vor allem aus moralischen und religiösen Gründen irritieren, wenn nicht gar provozieren.

Seit jeher galt der Selbstmord in der kirchlichen Lehre als Todsünde, als Verbrechen gegen den göttlichen Willen. „Ich will frommen Christen nicht zumuten, ihren Körper neben einen armen Unglücklichen zu legen." schreibt Werther in seinem Abschiedsbrief „‚nach eilfe'" (S. 126), und er bittet darum, „auf dem Kirchhofe (...) hinten in der Ecke nach dem Felde zu" (ebenda) begraben zu werden. Die Erfüllung dieses Wunsches konnte nicht als selbstverständlich gelten, da sich die Gläubigen häufig gegen die Bestattung eines Selbstmörders innerhalb der Friedhofsmauern wehrten. Nur auf Grund der Anwesenheit des Amtmannes kann nach Werthers Tod ein „Auflauf" (S. 129) der Dorfbewohner verhindert werden; die Beerdigung muß des Nachts, in aller Stille, erfolgen, ein christliches Begräbnis wird ihm (wie übrigens auch dem Vorbild aus der Wirklichkeit, dem Sekretär am Kammergericht Karl Wilhelm Jerusalem) nicht zuteil: „Kein Geistlicher hat ihn begleitet." (S. 129)

Die Ächtung des Selbstmörders beschränkte sich nicht auf den kirchlichen Bereich: „In juristischer Sicht (war) der Selbstmord ein die Grundlagen des Staates angreifendes crimen capitale und die Pönalisierung desselben eine selbstverständliche Konsequenz" (Oettinger, S. 56), die bis ins 19. Jahrhundert darin bestehen konnte, daß man den toten Körper durch die Straßen schleifte und vom Scharfrichter unter dem Galgen verscharren ließ.

Daß dem jungen Dichter des „Werther" eine tatsächliche Begebenheit als Vorlage für sein Werk gedient hatte, der Freitod Jerusalems am 30. Oktober 1772, war allgemein bekannt; daß aber dieser Vorgang literarisiert und damit aufgewertet wurde, löste – vor allem auf Grund der gewählten Darstellungsweise – neben interessierter Bewunderung Abscheu und Empörung aus. Goethe hatte nämlich darauf verzichtet, die Tat des Selbstmörders im Roman explizit moralisch zu verurteilen, weshalb selbst wohlmeinende Kritiker wie der Aufklärer Lessing be-

fürchteten, von diesem Buch könne eine Art Signalwirkung ausgehen. Junge Leute, so meinte er, könnten womöglich

die poetische Schönheit leicht für die moralische nehmen, und glauben, daß der *gut* gewesen sein müsse, der unsere Teilnehmung so stark beschäftiget. Und das war er doch wahrlich nicht; (Editionen „Werther", S. 148)

Und so scheint es ihm angebracht, daß der „liebe Göthe" „noch ein Kapitelchen zum Schlusse; und je zynischer je besser!" (ebenda) anfügt, um den Leser vor allzu großem Mitgefühl zu bewahren und die für nötig befundene Distanz zu garantieren. (Lessing plante als eine moralische Korrektur des „Werther" ein Drama mit dem Titel „Werther, der Bessere", das allerdings nie ausgeführt wurde.)

Der Schluß des Romans, den Lessing gerne um „eine kleine kalte Schlußrede" (ebenda) ergänzt gesehen hätte, der Herausgeber-Bericht von Werthers Ende (ab S. 127, Z. 36), ist berühmt wegen seines effektvollen Stils, der durch Tempuswechsel (Präsens, Imperfekt, letzter Satz: Perfekt), Anaphern und knappe Parataxe gekennzeichnet ist: Die Spannung zwischen der Dramatik der Geschehnisse und der ausgeklügelten Nüchternheit der epischen Darstellung, die jedes Kommentars entbehrt und gerade von daher ihre eigentümlich bedrückende Wirkung erhält, bleibt dem Leser lange im Gedächtnis und ist dazu angetan, daß er sich mit Werther identifiziert. Dabei muß allerdings beachtet werden, daß Werthers Selbstmord zwar Mitgefühl („Teilnehmung") erregt, aber an keiner Stelle im Roman gutgeheißen wird. Dies übersehen insbesondere die orthodoxen kirchlichen Kritiker (Ziegra, Editionen „Werther", S. 150f.; Goetze, Erläuterungen und Dokumente, S. 127f.), die in dem Roman „Apologien für den Selbstmord" (Goetze, S. 128) erkennen wollen. Werthers tragisches Schicksal wurde meist verengt betrachtet als die Folge einer unglücklichen Liebe des empfindsamen Helden zu einer verheirateten und daher unerreichbaren Frau. Tatsächlich aber hat Werthers Tod tiefere Ursachen, die schon *vor* der ersten Begegnung mit Lotte thematisiert werden; der Selbstmord ist Kulminationspunkt eines langen Prozesses von gescheiterten Versuchen zur Selbstverwirklichung, der im Roman sorgfältig vorbereitet wird – zunächst in Andeutungen, Vergleichen, Metaphern, dann immer entschiedener.

Die erste pointiert vorgetragene Anspielung auf die Möglichkeit, aus freiem Willen aus dem Leben zu scheiden, findet sich am Schluß des Briefes vom 22. Mai, dessen Rahmenthema die bereits zur Doppelstunde „Freiheit und Regeln" erwähnte bedrückende „Einschränkung" (S. 9) der Menschen bildet. Eingangs beklagt sich Werther darüber, daß „die tätigen und forschenden Kräfte des Menschen eingesperrt sind" (S. 9), und der Brief schließt mit der tröstenden und zugleich beklemmenden Aussicht: „Und dann, so eingeschränkt er ist, hält er doch immer im Herzen das süße Gefühl der Freiheit, und daß er diesen Kerker verlassen kann, wann er will." (S. 10)

Dieser Satz faßt die Grundbedingungen und die Problematik von Werthers Existenz zusammen. Der Entscheidung zwischen einem Leben, das für ihn gleichbedeutend ist mit „Kerker" und „Einschränkung", und dem Tod, der allein ihm wirkliche „Freiheit" verheißt, kann Werther auf Dauer nicht ausweichen: Entweder wird er sich den für ihn unerträglichen Regeln und Beschränkungen unterwerfen und zum „Philister" (26. Mai; S. 12) werden oder seinem unbegrenzten Freiheitsdrang nachgeben und dessen letzte Konsequenz, den Frei-Tod, wählen müssen. Nur für eine kurze Zeit, zu Beginn der Lotte-Episode, können sich Werther und der Leser über die Unausweichlichkeit dieser Alternative täuschen. Sobald er jedoch gewahr wird, daß er auch in seiner Liebe zu Lotte an Grenzen stößt, „Einschränkungen"

hinzunehmen hat, beschäftigt ihn der Gedanke an Selbstmord aufs neue. Bereits einen Monat nach dem Ball auf dem Lande schwebt Werther zwischen Himmel und Hölle und hat Augenblicke, in denen er sich „eine Kugel vor den Kopf schießen möchte." (16. Julius; S. 37)

Wie der Brief vom 8. August zeigt, weiß Werther sehr wohl, daß er sich, um den quälenden Zustand der „Ungewißheit" (8. Julius; S. 35) zu beenden, zwischen „Entweder-Oder" (8. August; S. 42), d. h. dem Kampf um Lotte oder dem Verzicht auf sie, entscheiden muß. In diesem Zusammenhang vergleicht er sich zum ersten Mal mit einem „Unglücklichen, dessen Leben unter einer schleichenden Krankheit unaufhaltsam allmählich abstirbt" (ebenda). Die ihm von Wilhelm offensichtlich angeratene Abreise und die damit verbundene Trennung von Lotte bezeichnet er als sicheren „Dolchstoß" (ebenda), den er aufschieben möchte.

An dieser Stelle wird zweierlei deutlich: Werther weiß bzw. bildet sich in seiner Schwärmerei doch immerhin fest ein, daß er nicht zu retten ist und sterben wird. Fortwährend reflektiert er seine Situation und sein Handeln (vgl. den von Goethe in der Neuausgabe von 1787 eingeschobenen Zusatz zum Brief vom 8. August „Abends"), ohne jedoch in diesen Prozeß der allmählichen inneren Zerrüttung selbsttätig einzugreifen. Bewußt läßt er der „Krankheit" ihren Lauf, gegen den Einspruch des Verstandes bzw. Wilhelms. Die Krankheit ist ihm eine Herzens-Sache, und wie er es mit seinem Herzen hält, hat er in einem früheren Brief so ausgedrückt: „jeder Wille wird ihm gestattet." (13. Mai; S. 6) Werther kennt sich genau:

Lieber! brauch' ich dir das zu sagen, der du so oft die Last getragen hast, mich vom Kummer zur Ausschweifung und von süßer Melancholie zur verderblichen Leidenschaft übergehen zu sehen? (ebenda)

So ist es nur konsequent, wenn Werther den Rat Wilhelms, sich zu „ermanne(n)" und der „elenden Empfindung los zu werden" (ebenda), ebenso zurückweist wie die rationalistischen Grundsätze Alberts, mit dem er das zentrale Gespräch über die Berechtigung des einzelnen zum Selbstmord führt.

Die Sonderstellung dieses berühmten Briefes vom 12. August wird außer durch den ungewöhnlichen Umfang auch durch die äußere Form kenntlich gemacht: Statt des sonst üblichen monologischen Erzähler- bzw. Briefschreiber-Berichts wird hier ein ausführlicher Dialog wiedergegeben, in dem die unterschiedlichen Wesen und Weltanschauungen Werthers und Alberts in ihrem Streit um die Beurteilung des Selbstmordes unversöhnlich aufeinandertreffen.

Schon die das Gespräch auslösende Situation ist bezeichnend: Während Albert noch einen ermüdenden Vortrag über die Gefahren im Umgang mit Feuerwaffen hält, „verfiel [Werther] in Grillen, und mit einer auffahrenden Gebärde drückte ich mir die Mündung der Pistole übers rechte Aug' an die Stirn." (12. August; S. 44) Albert kritisiert diese leichtsinnige Spielerei, wobei er sie nicht als das erkennt, was sie ist: die symbolische Vorwegnahme des Selbstmordes.

In der sich anschließenden Auseinandersetzung zeigt sich Albert als ein Mann von festen Grundsätzen, zu denen u. a. gehört, daß „sich zu erschießen" „töricht" und „lasterhaft" (S. 45) sei. Sein Wertsystem ist klar fixiert durch Regeln, die Werther unmöglich akzeptieren kann. Für diesen sind „Gesetze" „kaltblütige Pedanten" (S. 45), und er besteht darauf, die „Ursache", den „Beweggrund" einer Handlung zu untersuchen, anstatt diese vorschnell zu verurteilen. Das moralische oder juristische Prinzip gilt ihm wenig, da es ihm stets um das konkrete Einzelschicksal geht. Indem er Alberts pauschale Verdammung des Selbstmordes zurückweist, verteidigt er nicht nur die Freiheit des Individuums, die eigene Todesstunde selbst zu bestimmen, sondern zugleich „Leidenschaft! Trunkenheit! Wahnsinn!" (S. 45), die er als Kennzeichen des Genies versteht und gegen die Ansprüche der „vernünftigen Leute" und „sittlichen Menschen" (S. 45), d. h. gegen Albert und die Gesellschaft, in Schutz nimmt.

Der Rationalist Albert betrachtet das Problem des Selbstmords als „ein Mensch von Verstande" (S. 49); Werther, der selbst „aus ganzem Herzen rede(t)" (S. 46), lehnt seine Argumente als „Gemeinsprüche" (S. 46), die vom Besonderen, vom subjektiven Wollen und Fühlen abstrahieren, ab: „Denn nur insofern wir mitempfinden, haben wir die Ehre, von einer Sache zu reden." (S. 47) Wie das Beispiel des verlassenen Mädchens zeigt, geht es Werther nicht um eine moralische Bewertung der Verzweiflungstat, sondern um Mitgefühl und Verständnis.

Werthers „Mitempfinden", seine „Teilnehmung" (S. 45) ist schon deshalb gesichert, weil er – von Albert allerdings unbemerkt – in dieser Diskussion von sich selbst spricht: Längst hat er den Freitod als einen Ausweg aus seiner inneren Not ernsthaft ins Auge gefaßt. Sein Mitleid für die Verlassene ist zugleich Selbstmitleid für seinen eigenen psychischen Zustand, den er als „Krankheit zum Tode" (S. 47) begreift. Albert, der den Selbstmord als „Schwäche" (S. 46) anprangert und statt dessen vom Lebensmüden Durchhalten und ‚Standhaftigkeit' (S. 46) fordert, hält Werther abschließend sein in leidenschaftlich-elliptischer Rede vorgetragenes Credo entgegen:

„der Mensch ist Mensch, und das bißchen Verstand, das einer haben mag, kommt wenig oder nicht in Anschlag, wenn Leidenschaft wütet und die Grenzen der Menschheit einen drängen. Vielmehr – Ein andermal davon. . ." (S. 49)

Mit seinem unvollendeten Satz behält Werther das letzte Wort, ehe er sich dieser unerfreulichen und unergiebigen Auseinandersetzung durch einen überhasteten Abschied entzieht. Ähnlich verhält es sich am Ende des Romans: Werther zieht sich zurück und verfaßt noch einen letzten Brief, ehe er sich auf den für ihn einzig möglichen Weg ins Freie macht.

Werthers Verzweiflung an der Welt, dem „Kerker" (S. 10), und den „Grenzen der Menschheit" (S. 49) konzentriert sich zum Schluß hin immer mehr auf die aussichtslose Leidenschaft für Lotte, die zum Auslöser seiner Tat wird. Ursache ist indes etwas anderes: „Werthers Selbstmord (. . .) ist die letzte Konsequenz seines Nonkonformismus." (Scherpe, S. 69) Die fortwährende Kollision seiner inneren Welt mit der äußeren läßt ihn früh schon den Verlauf seiner „Krankheit" (S. 42; S. 49) erahnen: „ich sehe dieses Elendes kein Ende als das Grab." (30. August; S. 55) schreibt er vor seiner Abreise an den Hof. Die erniedrigenden Erlebnisse dort lassen den Wunsch in ihm, zu sterben, erneut mächtig werden: „ich möchte mir eine Ader öffnen, die mir die ewige Freiheit schaffte." (16. März; S. 71) heißt es angesichts der erneuten „Einschränkungen", die er bei dem Versuch, „sich (. . .) über alle Verhältnisse hinaus(zu)setzen" (15. März; S. 70) schmerzhaft erfährt. Um seiner Todessehnsucht nachzugeben, hegt er vorübergehend sogar den Plan, „in den Krieg" zu ziehen (25. Mai; S. 75).

Noch durch die Art seines Todes zeigt sich Werther als Nonkonformist. Als besonders verwerflich werden die zeitgenössischen Theologen dabei empfunden haben, was Werther in seiner eigenwilligen Umdeutung der Parabel vom verlorenen Sohn von seinem „himmlische(n) Vater" erwartet: „Zürne nicht, daß ich die Wanderschaft abbreche, die ich nach deinem Willen länger aushalten sollte." (30. November; S. 93) Er setzt damit, was für ungeheuerlich gehalten werden mußte, seinen „Willen" wissentlich über den göttlichen und rückt sich in die Nähe des Prometheus. Aber nicht Selbstherrlichkeit und Eigensinn, sondern Lebensüber-

druß ist Werthers Motiv: „Mir wäre besser, ich ginge." heißt es im Brief vom 20. Dezember (S. 103), und, als Ausdruck seines selbstinszenierten theatralischen Abgangs, den er von Hamlet abgeguckt hat:

Den Vorhang aufzuheben und dahinter zu treten! das ist alles! Und warum das Zaudern und Zagen? Weil man nicht weiß, wie es dahinten aussieht? und man nicht wiederkehrt? (14. Dezember; S. 103)

Gleich viermal kündigt er seinen Entschluß: „ich will sterben" im Abschiedsbrief an Lotte an (S. 107), in dem sich Entschlossenheit und Angst gleichermaßen dokumentieren. Werthers besondere Tragik liegt darin, daß er bis zuletzt unverstanden bleibt: „Wie denn auf dieser Welt keiner leicht den andern versteht." (12. August; S. 49) klagt er nach der ergebnislosen Auseinandersetzung mit Albert, und eben dieser wird ihm nichtsahnend das Tatwerkzeug leihen, mit dem Werther seinen von der Außenwelt offenbar nicht für möglich gehaltenen Entschluß genau so ausführt, wie er ihn Albert vor dem Streitgespräch bereits vorgespielt hat: „Über dem rechten Auge hatte er sich durch den Kopf geschossen (. . .)." (S. 128)

Unterrichtsverlauf

Vorbemerkung

Angesichts der Bedeutung des Themas „Selbstmord" für die leidenschaftlich geführte Kontroverse um den „Werther" in seiner Zeit ist es durchaus vertretbar, den Rahmen einer Doppelstunde um eine Einzelstunde zu erweitern; auch bei Zeitknappheit sollten die in Phase 5 vorgesehenen Zeugnisse der Wirkungsgeschichte unbedingt einbezogen und ausgewertet werden. – Bei der inhaltlichen Gestaltung der Phasen 2 und 5 habe ich mich eng an die Ausführungen von Klaus Oettinger (vgl. Literaturverzeichnis) gehalten.

Phase 1:
Gründe für Werthers Selbstmord

Das Zusammentragen und Paraphrasieren der Textpassagen zur Todes- und Selbstmordthematik hat den Zweck, einen für alle Schüler gleichen Informationsstand zu sichern. Falls die Schüler zu Hause nur die entsprechenden Stellen aus dem ersten Buch des „Werther" aufzusuchen hatten, gibt der Lehrer als Ergänzung die Textpassagen des zweiten Buches selber an und läßt sie kurz nachlesen; dies ist vor allem dann anzuraten, wenn die Besprechung der Hausaufgaben A bzw. B bereits einige Zeit in Anspruch genommen hat und der Einstieg in das neue Thema zügig erfolgen soll.

ihrerseits den „Werther" verurteilten. Ihnen soll hier klar werden, inwiefern dieser Roman, der einen Selbstmörder als Ich-Erzähler und Titelfigur aufweist, den „Erwartungshorizont" (Hans Robert Jauß) seiner Leser und Rezensenten durchbrach. – Die Ergebnisse der Stillarbeitsphase werden stichwortartig an der Tafel festgehalten. (Möglicherweise stoßen einzelne Schüler auf die sprachlichen Parallelen zwischen den Ausführungen von Sodens und Werthers Brief vom 12. August (vor allem am Schluß) – ob der Strafrechtler bewußt oder unbewußt Formulierungen aus Goethes Roman übernommen hat oder ob es sich hier um einen Zufall handelt, kann allerdings nicht geklärt werden.)

Phase 2:
Der Selbstmord im 18. Jahrhundert in juristischer, moralischer und theologischer Sicht

Da der Suizid heute weitgehend vom Tabu befreit ist und nach psychologischen und sozialen, aber kaum noch nach moralischen Grundsätzen beurteilt wird, ist es zum Verständnis der Empörung über den „Werther" bei dessen Erscheinen unerläßlich, den Schülern historische Dokumente zur Bewertung des Selbstmordes im 18. Jahrhundert vorzulegen. Für den hierzu vorgeschlagenen Textbogen 1 wurden bewußt die ursprüngliche, z. T. uneinheitliche Orthographie und Interpunktion beibehalten, um die historische Distanz dieser Texte aus Zedlers Lexikon sowie von v. Soden und Gerstlacher auch über die Fremdheit des schriftsprachlichen Erscheinungsbildes wirken zu lassen. – Die Textausschnitte sind trotz ihres Umfangs und der umständlichen Diktion leicht verständlich und daher in relativ kurzer Zeit lesbar. – Die Schüler werden auf einzelne Textaussagen vermutlich entrüstet reagieren, von daher aber zugleich verstehen, weshalb und mit welchen Argumenten die orthodoxen Vertreter von Kirche und Staat

Phase 3:
Die Selbstmord-Kontroverse zwischen Werther und Albert

Nachdem die Schüler einige zur Zeit Goethes gültige Auffassungen zum Suizid kennengelernt haben, ist der Boden bereitet, die im Roman selbst geäußerten Meinungen zu untersuchen. Mit Hilfe des Tafelbildes werden die gegensätzlichen Standpunkte Alberts und Werthers, die beide Figuren zugleich charakterisieren, einander gegenübergestellt.

Albert zeigt sich in seiner Argumentation als nüchterner, prinzipientreuer und gesellschaftlichen Anforderungen verpflichteter Mann des Verstandes, ein aufgeklärter Beamter, der des Lebens Bürde zu tragen für selbstverständliche Pflicht hält. Werther dagegen beruft sich auf das Recht (notfalls extremer) Selbstverwirklichung des Subjekts, seiner Gefühle und Leidenschaften, die keine „Grenzen" (S. 49) akzeptieren. Während Werther seine subjektiven Ansprüche absolut setzt und sich den vorgegebenen Verhältnissen nicht anzupassen vermag, versteht sich Albert als ein nützliches Glied der Gesellschaft. Seine Haltung zum Selbstmord weicht zwar von der orthodox-religiösen Verurteilung ab, insofern er sich nicht auf den Hauptvorwurf der Kirchen bezieht (Eingriff in die göttliche Allmacht, Todsünde, Frevel usw.), dafür aber greift er den Selbstmörder mit weltlichen Argumenten an: „töricht", „lasterhaft" (S. 45), „Schwäche" (S. 46) – das sind Vorhaltungen, die seinem aufklärerisch-moralisierenden Weltbild entstammen. Ähnlich wie Zedlers Großes Universal Lexikon gesteht Albert zu, daß es pathologisch begründbare Ausnahmen von einer generellen Verurteilung des Suizids gibt: verlorene „Besinnungskraft", „Wahnsinn" (S. 45). Anders als Werther aber kann er den von einem „Mensch(en) von Verstande" (S. 49) vollzogenen Selbstmord nicht nachvollziehen, da er den Vergleich der „Leidenschaft" mit einer „Krankheit" nicht zuläßt. – Die Gegenüberstellung ergibt, daß Albert als Rationalist, Werther dagegen als Stürmer und Dränger streitet – Vernunft und Gefühl treffen hier aufeinander, ohne daß gegenseitiges Verständnis eine Annäherung herbeiführen könnte. – Die abschließenden Fragen (3. und 4.) zielen auf die Einordnung des Briefes in den Gesamtzusammenhang des Romans: Die Vorausdeutungen in Symbolik und Handlung sollten kurz herausgestellt werden.

Phase 4:
Der Roman-Schluß

Mit der Analyse des Romanschlusses (ab S. 127, Z. 36) erfolgt zum einen der in Phase 3 vorbereitete Anschluß an den für das Thema zentralen Brief vom 12. August, zum anderen werden hier die Voraussetzungen für die Frage nach der Rezeption des „Werther" erarbeitet. Resultat der eingehenden Stiluntersuchung, in der auf die Verwendung der Fachtermini nicht verzichtet werden sollte, ist die Erörterung der beabsichtigten und der erzielten Wirkung dieses Schlusses auf den Leser des Romans. Daß

dessen Mitgefühl erregt werden soll, leuchtet unmittelbar ein. Ob aber daraus gefolgert werden darf, daß der Leser zur Identifikation mit dem Selbstmörder gedrängt wird und dessen Tat gutheißen, womöglich nachahmen soll, wie zeitgenössische Kritiker aus den Reihen des orthodoxen Klerus unterstellten, ist sehr fraglich und führt zu der in Phase 5 zu behandelnden Problematik, der Beurteilung der Moralität des Selbstmordes im Roman.

Phase 5 a:
Das Problem der Moralität des Selbstmordes in der Rezeption des „Werther"

Der Lehrer gibt einen knappen Hinweis bezüglich des Stellenwertes dieser Frage, indem er die Erwartungshaltung damaliger Leser erläutert, nach der „der Dichter immer noch als moralische Instanz betrachtet wurde". (Oettinger, S. 63) Die Schüler lesen zunächst die scharfe Polemik Christian Ziegras (abgedruckt in Editionen „Werther", S. 150 f.), darauf die entgegengesetzte Auffassung eines anonymen Verfassers (ebenda, S. 151 f., vor allem S. 152, Z. 20–23) und abschließend die Thesen Oettingers (Textbogen 2, a.). Zur Überprüfung der kontroversen Positionen werden das Vorwort des „Werther" (S. 3), der Brief vom 12. August (S. 43 ff.) sowie evtl. weitere Textstellen eigener Wahl herangezogen. Die Frage lautet: Erfolgt im „Werther" durch den Briefschreiber oder durch den fiktiven Herausgeber eine moralische Rechtfertigung des Selbstmordes? Die möglichst akribische philologische Analyse wird voraussichtlich ergeben, daß Oettinger sowie der anonyme Verfasser recht haben.
Um den Schülern das Neuartige dieser einer moralischen Bewertung gegenüber indifferenten Erzählweise zu demonstrieren, wird in Phase 5b Lessings Kritik am „Werther" nachgelesen.

Phase 5 b:
Das neue Verhältnis zwischen Moral und
Poesie

Zunächst wird Lessings behutsame Kritik am „Werther" nachgelesen (Editionen „Werther", S. 148). Hier finden sich einige Grundsätze, die als typisch für die aufklärerische Poetik gelten können. Darauf wird anhand zweier Texte Goethes Gegenposition hinzugezogen (Editionen „Werther", S. 146, vor allem Z. 24–27, außerdem Goethes Äußerung nach einer brieflichen Mitteilung Lavaters (Textbogen 2, b.)). Die Ergebnisse hält der Lehrer zum Zwecke einer besseren Übersichtlichkeit an der Tafel fest – als Belege werden inzwischen vertraute Textstellen vor allem aus dem Brief vom 12. August herangezogen.

Die Schüler sollen erkennen, daß sich im „Werther" ein für die Entwicklung der modernen Literatur bedeutsamer Wandel in der Erzählkunst ankündigt: Da der Autor im Hintergrund bleibt und die erzählten Vorgänge von keinem didaktisch ausgerichteten Kommentar begleitet werden, muß das Werk für sich selbst sprechen.

Zur Hausaufgabe

Da das nachfolgende Thema „Werther – Lotte – Albert" in einer Einzelstunde behandelt und abgeschlossen werden soll, sind häusliche Vorüberlegungen der Schüler unverzichtbar. Diese können in schriftlich ausformulierter Form oder als Liste von Stichworten und Textbelegen vorgelegt werden – wichtig ist vor allem, daß die Schüler über die für die Besprechung erforderliche Textkenntnis verfügen und sich in das Problem der Dreierbeziehung hineingedacht haben, ehe die Stunde beginnt.

Stundenziele zur 20./21. Stunde

Die Schüler sollen
- die Gründe für Werthers Todeswunsch am Text aufzeigen,
- mit der Bedeutung des Selbstmords im 18. Jahrhundert unter verschiedenen Aspekten vertraut gemacht werden,
- über die Selbstmord-Kontroverse zwischen Werther und Albert diese beiden Figuren charakterisieren und als Vertreter unterschiedlicher Bewegungen identifizieren,
- den Roman-Schluß analysieren und auf die vom Autor beabsichtigte Wirkung schließen,
- das Problem der Moralität des Selbstmordes in seiner Bedeutung für die „Werther"-Rezeption einschätzen können,
- das im Hinblick auf die Aufklärung veränderte Verhältnis zwischen Moral und Poesie im Sturm und Drang herausarbeiten.

Vorlage für Textbogen 1
Textauszüge aus: Großes vollständiges Universal Lexikon aller Wissenschaften und Künste.
Verlegts Zedler, J. H., Leipzig und Halle 1743, Bd. 36, Sp. 1595–1614

1595 *Der grobe Selbst-Mord* ist, wenn jemand vorsetzlich gewaltthätige Hand an sich legt, und sich selbst das Leben nimmt, es sey gleich, daß er sich erhenckt, erstickt, ersäufft, von einer gewissen Höhe herabstürzt, oder sonst vom Leben zum Tode bringt. Welches aber schlechterdings unrecht oder offenbarlich wider das Gesetz der Natur ist. (. .), so müssen wir sagen, es sey der Selbst-Mord 1) was unnatürliches, welches wider die von GOtt in der Natur des Menschen, auch der Thiere eingepflantzte Begierde, sein Leben zu erhalten, streitet. (. . .)
Solche Begierde ist nicht nur natürlich; sondern auch von GOtt eingepflantzet, weil sie auf was gutes zielet. Ist sie von GOtt, so hat er dadurch seinen Willen an den Tag geleget, daß er wolle, man soll sein Leben erhalten, folglich, wer sich ums Leben bringt, u. wider solchen Trieb handelt, der handelt zugleich wider den Willen GOttes: 2) ist er was ungerechtes, sofern das Wort Gerechtigkeit in weiterm Verstand genommen wird, und sich auf alle Pflichten, die man nach dem Gesetz in acht zu nehmen, gehet. (. . .) Man sündiget also durch den Selbst-Mord wider alle Pflichten, jedoch auf ungleiche Art. Denn wider die Pflichten gegen sich handelt man directe, und unterlässet, was man sich selber nach dem göttlichen Gesetz schuldig ist. (. . .)

1596 Indirecte sündiget ein Selbst-Mörder wider GOtt und seinen Nächsten. Wider GOtt, indem er nicht nur sein Gesetz überschreitet; sondern sich auch etwas anmasset, so ihm zukommt, welches die Herrschaft über das Leben ist. Diese kommt GOtt zu, der uns das Leben gegeben; da wir uns nun solches nicht selber gegeben, indem kein Mensch weiß, wie er auf die Welt gekom̄en, und wie ihm zu Muthe gewesen, als er zu einem Menschen gebildet worden; so stehet es auch nicht in unserer freyen Macht, solches nach Gefallen zu lassen. Die Schuldigkeit gegen den Nächsten wird durch den Selbst-Mord beleidiget, sofern man ihn durch solchen Tod derjenigen Dienste, die man ihm noch hätte erweisen können, beraubet, wie denn der Fall, daß ein Mensch auf der Welt zu gar nichts nutze seyn solte, nicht wohl möglich ist. (. . .)

1597 wie [ist] es mit der Imputation [Schuldzuschreibung, R. K.] desselbigen zu halten? (. . .) Denn es kommt darauf an, ob eine solche That mit Wissen und Willen geschiehet. Nimmt sich jemand das Leben, ist aber seines Verstandes nicht mächtig gewesen, indem er in der Raserey, oder in dem höchsten Grad der Melancholey gestanden, und also nicht wissen können, was er thut, so kan man ihn für keinen Selbst-Mörder ansehen. Thut er aber dieses vorsetzlich, mit Wissen und Willen, so wird ihm die That billig zugerechnet. Denn wollte man einwenden, es werde sich kein Mensch, der vernünftig sey, ermorden, und wären alle Selbst-Mörder, indem sie gewaltthätige Hand an sich geleget, zu der Zeit, da sie dieses gethan, nicht bey Verstand gewesen, daher erschiene, daß man ihnen nichts zurechnen könnte, so hat wohl dieses seine Richtigkeit, daß ein Selbst-Mörder nicht bey Verstand ist; es hebt aber dieses seine Schuld nicht auf. Deñ da er durch seine Affecten in einen solchen Stand gesetzt wird, daß er gleichsam seiner Vernunft beraubt wird, und nicht weiß, was er thut, so ist er ja selbst die Ursache von solchem Zustande, und setzt sich dadurch in die Schuld, daß er seine hefftige Gemüths-Regungen nicht in Zaum gehalten. (. . .)
So lebt auch in Wahrheit derjenige GOtte nicht zum Schimpf, welcher alle Noth

willig über sich nimmt, und gedultig erträget, mithin seinen Gehorsam gegen GOtt erweiset. (...)

1603 Allein wir sind so wohl aus dem natürlichen Rechte, als aus der Heil. Schrifft eines bessern überführet, daß nehmlich derjenige, welcher sich selbst entleibet, sich nicht allein gegen GOtt und gegen sich selbst, sondern auch gegen andere, denen er noch länger dienen können, greulich versündiget. (...)

1604 Ja derjenige sündiget noch vielmehr, welcher sich selbst, als der einen andern, entleibet: indem der letztere solchen Falls nur seines Nächsten Leib Leib tödtet, dessen Seele aber nicht zu schaden vermag; da hingegen derjenige, welcher sich selbst umbringet, unstreitig so wohl den Leib, als die Seele, zugleich auf das schändlichste und kläglichste verlieret. (...)

1605 Da aber die Umstände klärlich und unstreitig auswiesen, daß der Entleibte entweder aus würcklicher Verzweifelung, oder aus Verdruß und Furcht, etwas Zeitliches zu verlieren, und also mit Fleiß und gutem Willen sich umgebracht hätte; so wäre der Cörper durch den Hencker mit Stricken durch das Haus, oder durch ein Fenster, hinab zu lassen, und unter den Galgen, wie ein Hund zu vergraben. (...) Wie selbige denn auch würcklich insgemein nur oben aus denen Fenstern herunter geworffen, oder zum Hause heraus geschleppet, hernach aber auf dem Schinderkarren zur Fehmstatt geschlefft, und entweder unter dem Galgen, oder doch wenigstens an einem solchen Orte, allwo man sonst keine ehrliche Leute zu begraben pfleget, in die Erde eingescharret werden. (...)

1606 Da aber die Umstände allzuzweifelhafft schienen, dergestalt, daß man so genau nicht zu bestimmen wüßte, ob der Selbstmörder sich aus purem Unverstande, Schwermuth, Raserey, oder aus andern gleichmäßigen Ursachen, folglich aus Mangel der Vernunfft, oder dagegen aus Verzweifelung entleibet hätte; so wäre, verschiedener Meynung nach, sicherer, mit Ausschlüssung der letztern das erstere anzunehmen, und also auch der Cörper, wiewohl ohne alle Ceremonien und nur in der Stille, in die Erde zu bringen, zuvorher aber mit der Geistlichkeit darüber zu berathschlagen, und die Umstände wohl zu überlegen. Wiewohl die Gemeinen und Nachbarschafften dieserwegen gemeiniglich sehr schwürig sind, indem sie vermeynen, daß dergleichen Cörper nichts, als Unglück, Schauer und Hochwetter zu verursachen pflegen. (...)

(Orthographie und Interpunktion wurden exakt übernommen).

Der Strafrechtstheoretiker J. F. von Soden 1783:

Der Zustand, in dem sich ein Mensch tödet, ist nicht der natürliche; der natürliche Trieb der Selbsterhaltung fordert einen heftigen übernatürlichen zur Bezwingung. Nur in der äußersten Verzweiflung, nur im Taumel unbegränzter Leidenschaft, wo keine Moralität, keine Freyheit des Willens stattfindet, vergißt der Mensch auf diesen Grad, was er Gott, der Gesellschaft, und hauptsächlich sich selbst schuldig ist.
Wer will die krampfhaften Bewegungen der widerstrebenden Natur und die Gränzen der allmächtigen Leidenschaft bestimmen, die in diesem schrecklichen Augenblicke in seinem Innersten wüthete und ihn zu der fürchterlichen That hinriß? (...) – wenn er hingeht und den Vorhang eigenmächtig aufzieht, so folgen ihm meine Thränen, nicht mein Abscheu.

Der Strafrechtler Carl Friedrich Gerstlacher 1793:

Freilich wird eine kluge Obrigkeit mit dem Leichnam eines solchen Unglücklichen etwas auszeichnender verfahren, als es das übertriebene Mitleiden unserer superklugen Aufklärer haben möchte. Aber dieses geschieht nicht zur Bestrafung des todten Leichnams, sondern um den noch lebenden dieses schrecklichen Verbrechen in seiner ganzen Abscheulichkeit darzustellen.

(zitiert nach: Klaus Oettinger, S. 59/60)

Vorlage für Textbogen 2
a) Textauszüge aus: Klaus Oettinger: „Eine Krankheit zum Tode". Zum Skandal um Werthers Selbstmord.

So findet sich unter Werthers Briefen keiner, in dem förmlich für das Recht zum Selbstmord argumentiert würde, (...).

Werther läßt sich (...) auf eine Reflexion der moralischen Aspekte des Selbstmords gar nicht ein.

Auch der fiktive Erzähler gibt keine Anweisungen, wie seine Geschichte zu beurteilen sei. (...) In ‚Werthers Leiden' beschränkt sich der Erzähler fast ganz auf die Funktion des Chronisten. (...)

In ‚Werthers Leiden' (...) wird die Moralität des Selbstmords als Problem gar nicht gestellt.

In: Der Deutschunterricht, (Jg. 28) Heft 2 (1976), S. 63

b) Textauszug aus einem Brief Johann Kaspar Lavaters vom 10. Juli 1777, zitiert nach Oettinger, S. 64

‚Historiam morbi (die Geschichte einer Krankheit, R.K.) zu schreiben ohne angegebene Lehren a.b.c.d.', sagte mir einst Goethe, da ich ihm einige Bedenklichkeiten über seinen Werther ans Herz legte, ‚ist tausendmal nützlicher als alle noch so herrlichen Sittenlehren, geschichtlich oder dichterisch dargestellt. Siehe, das Ende dieser Krankheit ist Tod! Solcher Schwärmereien Ziel ist Selbstmord! Wer's aus der Geschichte nicht lernt, lernt's gewiß aus der Lehre nicht.'

22. Stunde:
„Werther – Lotte – Albert"

Sachanalyse

Werthers Leiden als Roman hätten keinen solchen Erfolg haben können, wenn es für sie einen Ausweg gegeben hätte; seine inneren Qualen, die Generationen von Lesern zu Tränen rühren konnten, wären durch einen glücklichen Ausgang entwertet und banalisiert worden. Hätte Werthers Liebe zu Lotte ihre Erfüllung gefunden, ihren Schlußpunkt gar in einer Hochzeit, würde sie das allgemeine Interesse weder verdient noch wohl auch gefunden haben, das ihr seit dem Erscheinen von Goethes Roman entgegengebracht wird. Hierin liegt die grausame Paradoxie und zugleich das Faszinierende: „Die Bedingung der Wertherliebe ist (...) ihre Unerfüllbarkeit" (Scherpe, S. 64), die in jeder Hinsicht bedingungslose Vergeblichkeit einer schwärmerischen Leidenschaft, die den zugleich Liebenden und Leidenden zugrunde richtet.

Von Beginn an idealisiert Werther die Amtmannstochter, als sei diese nicht von dieser Welt: „Sie ist mir heilig. Alle Begier schweigt in ihrer Gegenwart." (16. Julius; S. 37) Er vergöttert Lotte so sehr, daß er sich mit einer rein geistigen Beziehung, die durch erotische Momente nur verunreinigt würde, zufrieden gibt. Auf solche Weise vermag er seine Zuneigung zu ihr zu rechtfertigen, denn er weiß ja, daß Lotte versprochen und für ihn als konkretes sinnliches Wesen, als Frau, unerreichbar ist; als „Engel" (1. Julius; S. 33; 16. Julius; S. 37 u. a.) aber darf er sie anbeten. Und es scheint, daß gerade dieser Umstand sie für Werther ganz besonders reizvoll werden läßt, wie Lotte übrigens selbst vermutet: „„Ich fürchte, ich fürchte, es ist nur die Unmöglichkeit, mich zu besitzen, die Ihnen diesen Wunsch so reizend macht."" (S. 105) Sie mag spüren, daß Wer-

ther in ihr seine eigene Idealvorstellung von einer vollkommenen Liebe sieht, daß ihm das Bild und die Illusion von Liebe am Ende wichtiger sind als diese selbst:

Wilhelm, was ist unserem Herzen die Welt ohne Liebe! Was eine Zauberlaterne ist ohne Licht! Kaum bringst du das Lämpchen hinein, so scheinen dir die buntesten Bilder an deine weiße Wand! Und wenn's nichts wäre als das, als vorübergehende Phantome, so macht's doch immer unser Glück (...) (18. Julius; S. 37f.)

Dieser Art von „Glück" stand Werther vor seiner ersten Begegnung mit Lotte noch wesentlich kritischer gegenüber: Es machte ihn „stumm", daß „man sich die Wände, zwischen denen man gefangen sitzt, mit bunten Gestalten und lichten Aussichten bemalt" (22. Mai; S. 9f.) Er erkannte hier noch klar die Ersatzfunktion derartiger Illusionen, die man sich macht, um ein unbefriedigendes Dasein in der „Einschränkung" (S. 9) ertragen zu können.

Nun genießt er, daß ihm Lotte „alle Sinne, alle Empfindungen ausfüllt" (10. Julius; S. 35). Daß sie dies aber nur als Gegenstand seiner permanenten Sehnsucht vollbringen kann, wird deutlich, wenn man diesen Satz zu folgendem Briefauszug in Beziehung setzt:

wir sehnen uns, ach! unser ganzes Wesen hinzugeben, uns mit aller Wonne eines einzigen, großen, herrlichen Gefühls ausfüllen zu lassen. – Und ach! wenn wir hinzueilen, wenn das Dort nun Hier wird, ist alles vor wie nach, (...) und unsere Seele lechzt nach entschlüpftem Labsale. (21. Julius; S. 26f.)

Die vorerwähnten „buntesten Bilder" sind zum Schauen und Sehnen, nicht zum Greifen da. Würde Werther Lotte als Menschen aus Fleisch und Blut wirklich für sich gewinnen, wäre „alles vor wie nach", müßte eine neue Sehnsucht an die Stelle der erfüllten treten, die ihn wieder ganz „ausfüllen" würde, denn anders hielte Werther die Nüchternheit der Nähe des „Hier" einer konkreten Beziehung gar nicht aus. Niemals könnte er sich mit der „Einschränkung" (21. Junius; S. 26) einer vielleicht behaglichen, aber letztlich philiströsen und im übrigen ganz und gar unpoetischen Existenz abfinden. Dieser Einsicht aber verschließt er sich, indem er glaubt, daß auch in einer Ehe mit Lotte sein „ganzes Leben" „ein anhaltendes Gebet sein" würde (29. Julius; S. 76). Wenn er sich nur einmal mit Lotte so auseinandersetzte, daß er von seiner Sehnsucht absehen und sie nur um ihrer selbst willen betrachten könnte, müßte er feststellen, daß er ihr auf Grund seines rastlos-drängenden Wesens auf Dauer gar nicht gerecht werden und sie durch seine übersteigerten Erwartungen an ihre Vollkommenheit sowie durch seinen euphorischen Glücksanspruch hoffnungslos überfordern würde.

Werther hat sich vollständig von seiner Liebe zu Lotte abhängig gemacht, indem er in der ihm eigenen kompromißlosen Art sein Schicksal untrennbar mit Lottes Wollen und Fühlen verknüpft. Dabei gibt er zu, daß Lottes vermeintliche Liebe für ihn auch ein Mittel seiner Eigenliebe darstellt: „Ja ich fühle (...), daß sie mich liebt! Mich liebt! – Und wie wert ich mir selbst werde, (...) wie ich mich selbst anbete, seitdem sie mich liebt!" (13. Julius; S. 36) Die Kehrseite dieses nur kurz währenden Hochgefühls der eigenen Aufwertung ist allerdings, daß er durch Lottes Entscheidung für Albert in die tiefste Depression gestürzt wird.

Lotte erfüllt für Werther zunächst einmal eine Funktion: Objekt seiner Sehnsucht zu sein, und insofern ist sie auswechselbar. Andererseits ist sie für ihn einmalig, weil er erst dann von ihr lassen und ein neues Objekt für seine Sehnsucht suchen könnte, wenn er Lottes Nähe und damit die Erfüllung seiner mit ihr verknüpften Wünsche erfahren hätte. Dies ist der tiefere Grund, warum Werther von Lotte nicht loskommt, warum er nicht für immer aus Wahlheim abreist und sich nach Lottes Hochzeit nicht einem anderen weiblichen Wesen zuzuwenden vermag.

Lotte bedeutet für Werther nicht nur eine Frau mit für ihn unvergleichbaren Reizen, sondern auch eine fixe Idee, eine zum Engel hochstilisierte und als Ziel seiner zwanghaften Schwärmerei unerreichbare Geliebte. Diese beiden Aspekte seiner Liebe zu Lotte vermengen sich in ihm. Den Zustand, in den Werther sich auf Grund seiner Wesensart selbst gebracht hat, nimmt er zunehmend als leidvoll wahr, bis er ihn schließlich nicht mehr aushält. Die Spannung entlädt sich nach der gemeinsamen „Ossian"-Lektüre, als Werther Lotte plötzlich als Frau und nicht mehr als „Engel" behandelt; seine „Begier" kann nun nicht mehr ‚schweigen': „Er schlang seine Arme um sie her, preßte sie an seine Brust und deckte ihre zitternden, stammelnden Lippen mit wütenden Küssen. –" (S. 118) „Wütend" sind seine Küsse, weil Werther hier den Boden der platonischen Liebe verläßt und seine Beziehung zu Lotte ihren Sündenfall erfährt. Denn noch kurz zuvor hatte er sich geschworen: „Nie will ich es wagen, einen Kuß euch aufzudrücken, Lippen, auf denen die Geister des Himmels schweben." (S. 89)

Durch die Vor-Erfüllung seiner Sehnsucht hat Werther die Grundlage seiner Beziehung zu Lotte selbst zerstört und den Abschied von ihr unausweichlich gemacht. Ein Zurück kann es für ihn nicht geben; ein Sich-Bescheiden mit den Verhältnissen, die allenfalls eine gute Freundschaft auf der Grundlage vernünftig-beschränkter Zuneigung erlauben würde, kommen für Werther nicht in Betracht. Für ihn kann es nur Euphorie oder tiefstes Leid geben, alles oder nichts, aber keine gefühlsmäßige Mittelmäßigkeit, denn Werther hat – und darauf besteht er ausdrücklich – kein wohltemperiertes Herz. Sich an seinem Hochgefühl oder an seinem Elend zu berauschen, ist ihm daher Lebenselexier: Ob glücklich wie ein „Heiliger" (21. Junius; S. 26) oder leidend wie ein Märtyrer, immer möchte Werther seiner selbst und sein Herz genießen – als Narziß.

Wenngleich Werther so sein trauriges Ende selbst heraufbeschwört, indem er sich durch die Kompromißlosigkeit seines Anspruchs auf Lotte in die Enge treibt, zuletzt in die Enge des Grabes, sollte darüber die unselige Wirkung von Lottes Verhalten nicht unberücksichtigt bleiben. Werthers Illusionen und schwärmerische Exzesse werden genährt durch ihre mitunter zweideutig-freundliche Zuwendung, die sie ihm zuteil werden läßt. Zweifellos genießt sie seine unverhüllte Verehrung, zumal sie – wie schon während der ersten Begegnung am 16. Juni – von Albert oft alleingelassen wird, wenn dieser seinen Pflichten und Geschäften nachzugehen hat. Werthers Erscheinen in Wahlheim bringt Abwechslung in das Leben der jungen lebenslustigen Frau, die schon früh die Aufgaben einer Ersatzmutter übernehmen mußte und sich zu alledem von ihrer sterbenden Mutter Albert hat anvertrauen lassen (10. August; S. 43). Dem ihr aufgezwungenen „Ernste, eine wahre Mutter geworden" zu sein (ebenda), steht der von allen Pflichten ledige Werther als personifizierter Unernst entgegen, dessen Lotte eben auch bedarf. Während für diese „kein Augenblick ihrer Zeit ohne tätige Liebe, ohne Arbeit" verstreicht (10. August; S. 43), führt Werther eine Müßiggänger-Existenz, die es ihm erlaubt, etwas Kurzweil und angenehme Unterhaltung in Lottes von Verantwortung geprägtes Leben zu bringen.

Lotte schätzt dies, was indes nicht bedeutet, daß sie seine übersteigerte Sentimentalität und seine Überspanntheiten teilt, wie ihre Warnung zeigt: „Und wie sie mich auf dem Wege schalt über den zu warmen Anteil an allem, und daß ich drüber zugrunde gehen würde!" (1. Julius; S. 33) Auch mißbilligt sie seine Narrheiten und „Possen": „,ich bitte Sie, keine Szene wie die von gestern abend! Sie sind fürchterlich, wenn Sie so lustig sind.'" (30. Julius; S. 41) „Sie hat mir meine Exzesse vorgeworfen." (8. November; S. 87), teilt Werther mit, ohne dabei zu bemerken, daß es zwischen ihm, dem Empfindsamen und Drängenden, und der auf Ehe und Familie eingestellten Amtmannstochter keine Seelenverwandtschaft gibt, auch wenn ihm dies gelegentlich so scheinen mag: „Sie wäre mit mir glücklicher geworden als mit ihm!" (29. Julius; S. 76)

Im Grunde paßt weder Albert noch Werther wirklich zu Lotte; die beiden Männer haben ihr gegensätzliche und gleichermaßen angenehme Eigenschaften zu bieten: Alberts „gelassene Außenseite" (30. Julius; S. 40) und seine solide Lebensführung garantieren ihr die Sicherheit und Ruhe einer bürgerlichen Existenz. Werthers Emotionalität, die „Unruhe (s)eines Charakters" (ebenda), seine Liebe zu Kindern, zur Literatur und Kunst sowie seine Begeisterungsfähigkeit ziehen sie an. Lottes Beziehung zu Werther ist deshalb ambivalent: Sie liebt an ihm das, was sie an Albert vermißt, und will somit keinen von beiden verlieren. Die durch Werther und ihren Verlobten repräsentierten Wesensarten zusammen würden einen ihr gemäßen Partner ergeben; da sich aber beide gegenseitig ausschließen, ist Lottes Glück durch die Bekanntschaft mit Werther unwiderruflich dahin, da ihr immer der eine oder der andere fehlen wird.

Ihr „sonderbare(r) Zustand" (S. 109) erklärt sich aus dem Zwiespalt, in den sie durch dieses Dreiecksverhältnis geraten ist. Lotte möchte das Problem lösen, indem sie Werther empfiehlt, sich „einen werten Gegenstand (seiner) Liebe" (S. 106) zu suchen, aber selbst unter ihren Freundinnen findet sie „keine, der sie ihn gegönnt hätte", denn sie fühlt „tief, ohne es sich deutlich zu machen, daß ihr herzliches, heimliches Verlangen sei, ihn für sich zu behalten." (S. 110)

Lottes innere Unentschiedenheit läßt sie in bezug auf Werther inkonsequent werden und verursacht so seine quälende „Ungewißheit" (8. Julius; S. 35): „Ja ich fühle, und darin darf ich meinem Herzen trauen, daß sie (. . .) mich liebt! Mich liebt!–" (13. Julius; S. 36) jubelt er und beschreibt noch in demselben Brief, wie er verzweifelt, „wenn sie von ihrem Bräutigam spricht, mit solcher Wärme, solcher Liebe von ihm spricht" (ebenda). An dem Wechselbad der Gefühle, das Werther vor allem im Juli und August 1771 durchleidet, ist Lotte auf Grund ihres auch für den Leser nur schwer durchschaubaren Verhaltens wesentlich beteiligt. Werther erkennt dies auch, wenn er ironisch bemerkt: „denn darin sind die Weiber fein und haben recht: wenn sie zwei Verehrer in gutem Vernehmen mit einander erhalten können, ist der Vorteil immer ihr, so selten es auch angeht." (30. Julius; S. 40) Anlaß für eine kritischere Haltung Lotte gegenüber ist ihm diese Beobachtung allerdings nicht.

Ganz offenbar wird erst am Schluß, wie es um Lotte steht: Lediglich „mit schwacher Hand" (S. 118) stößt sie Werther, der sie an die Brust gedrückt und geküßt hat, von sich, „bebend zwischen Liebe und Zorn" (S. 118), wobei der Zorn wohl ihr selber gilt. „Und mit dem vollsten Blick der Liebe auf den Elenden eilte sie ins Nebenzimmer". (S. 119) Nur indem sie vor ihm flieht, darf sie ihm ihre Gefühle für ihn zeigen. Der fiktive Herausgeber spricht damit aus, was Werther immer nur voller Zweifel zu hoffen wagte: „Sie liebt mich! Sie liebt mich!" (S. 120)

Paradoxerweise kann diese Erkenntnis keine glückliche Wende bewirken: Eine Liebesbeziehung zwischen Werther und Lotte ist von Anbeginn zum Scheitern verurteilt – sowohl durch die äußeren Bedingungen als auch durch die unterschiedliche Beschaffenheit ihrer Charaktere und ihrer Wünsche. Was bleibt, ist einzig das Mitleiden der Leser, das dem Roman die eingangs erwähnte dauerhafte Geltung verschafft hat.

Unterrichtsverlauf

Die auch heute noch gelegentlich vorfindbare Meinung, Werthers Liebe zu Lotte sei das Ideal der Liebe zwischen Mann und Frau schlechthin, haben schon aufgeklärte Zeitgenossen Goethes ironisch widerlegt. Die Interpretation der Beziehung zwischen Werther und Lotte ist der Prozeß einer allmählichen Desillusionierung, die das Ziel dieser Einzelstunde darstellt. Dabei kann auf psychologisierende Erklärungen weitgehend verzichtet werden: Eine eingehende Textanalyse sowohl der Briefe als auch des Herausgeber-Berichts reicht aus, um die Idealisierung der Werther-Liebe zu destruieren und zu deren angemessenen Beurteilung zu gelangen.

Phase 1:
Werthers Liebe zu Lotte

Einige Schülerbeiträge (Auswertung der Hausaufgabe) führen sofort in die Thematik ein, wobei zwischen den äußeren und den inneren Gründen des Scheiterns von Werthers Liebe zu Lotte differenziert werden sollte. Bei der Zusammenstellung der äußeren Gründe ist es sinnvoll, zwischen dem ersten und dem zweiten Buch des Romans zu unterscheiden, um die Entwicklung des Geschehens mit zu berücksichtigen – so ist z. B. Lotte nach der Hochzeit mit Albert für Werther noch unerreichbarer (und zugleich noch begehrenswerter) als vorher. – Um Werthers Liebe zu Lotte zu beschreiben, bieten sich eine ganze Reihe von Charakterisierungen an, die an der Tafel festgehalten werden können und nach Möglichkeit jeweils mit einem Zitat belegt werden sollten (Textbezug beachten). Besonders wichtig hierbei sind die Begriffe „Idealisierung" und „Sehnsucht", deren Nennung im Unterrichtsgespräch unbedingt erfolgen sollte.

Ausgehend vom Begriff „Sehnsucht" wird die Werther-Liebe problematisiert, indem nach den Möglichkeiten ihrer Realisierung gefragt wird, soweit diese von Werther selbst abhängt. Ziel der Betrachtung ist es, zu zeigen, daß unabhängig von den äußeren Hindernissen in Werther selbst der Keim des Scheiterns der Liebesbeziehung zu Lotte angelegt ist. Der Lehrer lenkt an dieser Stelle das Unterrichtsgespräch etwas stärker, indem er die aufschlußreichen Textstellen auf S. 9, S. 26 und S. 37 f. nachlesen läßt. Die Schüler erkennen, daß Werthers Liebe Ausdruck einer Sehnsucht ist, die durch die konkrete Realisierung nicht befriedigt werden könnte und ihrem Wesen nach euphorisch ist und unerfüllbar sein muß. Die Briefe selbst zeigen diesen Zusammenhang auf, den Werther nicht wirklich begreift; bis zuletzt glaubt er an das versäumte Glück einer Ehe mit Lotte (S. 76). Dieser Irrtum ist schließlich tödlich, und hierin – nicht so sehr in den äußeren Gründen (Lottes Verlobung usw.) – liegt die eigentliche Tragik des „Werther".

Phase 2:
Lottes Beziehung zu Werther und Albert

Die im bisherigen Unterrichtsgeschehen recht stiefmütterlich behandelte Lotte soll nun endlich im Rahmen einer Figurenkonstellation näher charakterisiert werden. Ausgangspunkt ist Lottes Beziehung zu Werther bzw. zu Albert. Das Tafelbild demonstriert den Zwiespalt und damit den Grund für ihre im ganzen eher passive Haltung: Sie steht zwischen den beiden gegensätzlichen Männern und findet an ihnen Qualitäten, die es ihr schwer machen, sich gefühlsmäßig ausschließlich an den einen oder anderen zu binden.
(Diese Phase müßte relativ schnell abgeschlossen werden können, da hier auf bereits Bekanntes aufgebaut werden kann (vgl. Doppelstunde zum Thema „Selbstmord und Selbstverwirklichung", Phase 3).

Phase 3:
Lottes Verhalten gegenüber Werther

Erfahrungsgemäß besteht bei den Schülern ein starkes Bedürfnis, sich mit dem Verhalten Lottes kritisch auseinanderzusetzen; hierbei können sie sich – evtl. bereits auf Grund eigener Erfahrungen in Beziehungen – selbst einbringen, was in bezug auf den exzentrischen Außenseiter Werther oder den langweilig-normalen Albert weniger reizvoll ist. Dabei reichen die Schülerbeiträge meist von Verständnis und gar Mitleid bis hin zu Vorwürfen und völliger Verurteilung Lottes.
Der Lehrer sollte in den Verlauf der freien Aussprache nicht eingreifen, sondern sich darauf beschränken, die vorgetragenen Meinungen und Beurteilungen gelegentlich durch Zitate stützen zu lassen, wenn die Diskussion sich zu weit vom „Werther" entfernt; er kann überdies selbst auf relevante Zitate hinweisen, die zur Klärung oder zur Weiterführung beitragen.
Wenn die Aussprache zu keinem befriedigenden bzw. zumindest vorläufigen Ergebnis gelangt (auf Grund von Zeitknappheit oder besonderem Engagement der Schüler), kann die Fragestellung von einzelnen interessierten Schülern als schriftliche Hausaufgabe (evtl. in Form eines Essays) aufgegriffen werden. Diese Schüler sollten dann befreit werden von der

Hausaufgabe,

die die folgende Doppelstunde zur „Gesellschaftskritik" vorbereitet. Da die Schüler in der Regel nur sehr ungenaue oder keine Kenntnisse über die Zustände in Deutschland im 18. Jahrhundert besitzen, sollen sie sich die nötigen Informationen selbst beschaffen. Alte Geschichtsbücher aus der Mittelstufe reichen da kaum aus; der Lehrer gibt deshalb zwei Literaturhinweise zu Werken, die in der Schülerbibliothek vorhanden sein sollten:

a) Walter H. Bruford, Die gesellschaftlichen Grundlagen der Goethezeit, Frankfurt/M. – Berlin – Wien 1975 (Ullstein 3142)
b) Heinz Ide und Bodo Lecke (Hg.), Ökonomie und Literatur. Lesebuch zur Sozialgeschichte und Literatursoziologie der Aufklärung und Klassik, Frankfurt/M. – Berlin – München 1972 (Diesterweg 6232) (eine Sammlung von Textauszügen verschiedener Werke zum Thema).

Den Auftrag zur Informationsbeschaffung sollte der Lehrer auch dann erteilen, wenn er einen Textbogen für die Doppelstunde einplant.

Die zweite Hausaufgabe erfordert das nochmalige Durchblättern des Romans unter dem Gesichtspunkt der sozialen Stellung der Figuren; auch dies soll den Einstieg in das Thema „Gesellschaftskritik im ‚Werther‘“ erleichtern.

Stundenziele zur 22. Stunde

Die Schüler sollen
– den Charakter von Werthers Liebe zu Lotte beschreiben und problematisieren und dabei die Gründe für das Scheitern seiner Liebe zu ihr herausstellen,
– Lottes Zwiespalt in ihrer Beziehung zu den gegensätzlichen Männern Werther und Albert herausarbeiten,
– Lottes Verhalten Werther gegenüber untersuchen und kritisch beurteilen können.

23./24. Stunde: „Gesellschaftskritik im ‚Werther‘“

Sachanalyse

Davon, daß Werther an der immer wieder erfahrenen Einsamkeit als Folge seiner Außenseiterstellung leidet, war schon die Rede; zu untersuchen ist nun, welche Anstrengungen er unternimmt, um seine gesellschaftliche Isolation zu überwinden, und weshalb er bei diesem Versuch scheitert. Die sich hieran anschließende Frage wird sein, ob „Die Leiden des jungen Werther“ als gesellschaftskritischer Roman aufzufassen sind.

In seinen Briefen berichtet Werther von seinen vielfältigen Begegnungen mit Vertretern aller Stände und Schichten der Gesellschaft des 18. Jahrhunderts. Zu Beginn beschreibt er sein Verhältnis zu den „geringen Leute(n) des Ortes“ (15. Mai; S. 7), die ihn „lieben“. Werther möchte sich ihnen gegenüber ungezwungen und freundlich geben und muß dabei feststellen, daß seine „Annäherung“ (ebenda) als Spott mißverstanden wird; die einfachen Dorfbewohner sind es nicht gewohnt, daß „Leute von einigem Stand“ (ebenda), zu denen auch der der gehobenen Bürgerschicht entstammende Werther zählt, so mit ihnen verkehren. Hier zeigt sich, daß Werther die Standesunterschiede als Hemmnis für einen natürlichen zwischenmenschlichen Umgang erfährt und deshalb gesellschaftliche Konventionen durchbricht: So nimmt er in Kauf, daß die Magd, der er am Brunnen behilflich ist, „rot über und über“ (ebenda) wird.

Werthers Sympathie für das einfache Volk, die für die jungen Leute des Sturm und Drang typisch ist, darf dabei aber nicht mißgedeutet werden. Keineswegs will er, wie später noch deutlicher gezeigt wird, die gesellschaftlichen Verhältnisse insgesamt ändern, denn er „weiß wohl, daß wir nicht gleich sind, noch sein können“. (ebenda) Soziale Unterschiede lehnt er nicht prinzipiell ab, wohl aber deren äußere Erscheinungsformen, insbesondere das dünkelhafte, überhebliche Auftreten der höheren Stände.

Trotz seiner vielen Kontakte bleibt Werther einsam: „Ich habe allerlei Bekanntschaft gemacht, Gesellschaft habe ich noch keine gefunden.“ (17. Mai; S. 7) Seine „Kräfte“ nämlich, schreibt er, muß er „sorgfältig verbergen" (17. Mai; S. 8), um die einfachen Leute, mit denen er zu tun hat, nicht zu irritieren – sie würden ihn nicht verstehen und für überspannt oder arrogant halten. Werther möchte also volkstümlich sein und soziale Schranken harmonisieren, um einen unmittelbaren, offenen Zugang zu den Menschen zu gewinnen; dies aber mißlingt, weil er sich auf Grund seiner „Kräfte" und seines Herzens als etwas Herausgehobenes, Einmaliges, eben als „Genie" definiert, das sich nicht adäquat mitteilen kann und deshalb keinen Weg zum Herzen seiner Mitmenschen findet: „mißverstanden zu werden, ist das Schicksal von unsereinem." (17. Mai; S. 8) An die Stelle eines sozialen Elitedenkens, von dem Werther sich distanziert, ist bei ihm das Selbstverständnis als Herzenselite getreten, mit dem er sich selbst innerlich isoliert.

Während Werther mit den einfachen Leuten nur über Alltägliches („dies und das", 15. Mai; S. 7) redet und die Beziehungen schon von daher reduziert sind, kann er mit Leuten seines Standes, sofern sie über Bildung verfügen, gelehrte Gespräche führen. Es zeigt sich aber, daß er dadurch keineswegs seine innere Einsamkeit überwinden kann. Als intellektueller Bürger schließt Werther sich vom Bildungsbürgertum sowie vom akademischen Betrieb ab, da er die dort vertretenen Anschauungen entschieden ablehnt (vgl. die entsprechenden Ausführungen im Kapitel „Freiheit und Regeln"). Dies gilt für den „jungen V.." (17. Mai; S. 8) ebenso wie für den Medikus (29. Junius; S. 27), den Fürsten, Albert und die neue Pfarrersfrau.

Doch nicht nur im Bereich der Wissenschaft und Kunst stößt Werther auf Unverständnis und Ablehnung innerhalb des Standes, dem er zugehört; seine Mutter und Wilhelm beobachten mißbilligend bzw. besorgt, wie er sich dem Müßiggang überläßt und seine Zeit einzig seinen Neigungen und seiner Innerlichkeit widmet. Die dem Bürgertum eige-

nen Tugenden und Werte des Fleißes, der Strebsamkeit, Ordnung usw. sind ihm zutiefst fremd, wie seine bereits erwähnte Philisterkritik (26. Mai; S. 12) beweist. Als er gegen seine inneren Vorbehalte auf Drängen der Mutter die Stellung bei dem Gesandten annimmt, spürt er schon bald das „Joch" seiner „Aktivität" (24. Dezember; S. 62) und den „Käfig" (20. Januar; S. 66), in den er sich gesperrt sieht. Werther ist für eine auf Broterwerb gerichtete, am Nützlichkeitsprinzip orientierte Arbeit nicht geeignet, da diese ihn seiner Freiheit beraubt, die er zu seiner Selbstverwirklichung notwendig braucht. Im Gegensatz zu vielen studierten Bürgern seiner Zeit, die im Dienste eines Hofes zu einem wichtigen Stützpfeiler der absolutistischen Bürokratie wurden und dadurch eine, wenngleich nicht politisch wirksame, Aufwertung erfuhren, lehnt Werther die „Subordination" (20. Julius; S. 38) als unwürdig ab.

Unfähig, sich dem Zwang einer bürgerlichen Berufstätigkeit zu unterwerfen, strebt Werther im Grunde eine Existenzweise an, die der aristokratischen ähnelt. Gleichwohl erfährt er gerade im Kreise des Adels seine schmerzlichste Enttäuschung. Seine Ausweisung aus der Abendgesellschaft des Grafen ist der Höhepunkt eines Unbehagens, das Werther schon zu Beginn seines Aufenthaltes am Hofe angesichts der starren Standesschranken empfindet. Er verurteilt die „Rangsucht" (24. Dezember; S. 63), die er um sich herum beobachtet, die lediglich von „Zeremoniell" (8. Januar; S. 64) und Etikette, d. h. von Äußerlichkeiten bestimmten Beziehungen zwischen den Menschen. Der Adel des Herzens, der allein für ihn Bedeutung hat, spielt allenfalls im privaten, nicht aber im gesellschaftlichen Verkehr eine Rolle. Die meisten Adligen sind zu hohlen Repräsentationsfiguren verkommen und werden von Werther wie Karikaturen beschrieben (die Tante des Fräuleins von B.., der Baron F.., die „übergnädige Dame von S..

mit ihrem Herrn Gemahl und wohl ausgebrüteten Gänslein Tochter mit der flachen Brust und niedlichem Schnürleibe" (15. März; S. 68), der Hofrat R.. usw.), andere, wie der Graf C.. und das Fräulein von B.., schätzen Werther, ohne ihm deshalb die demütigende Ausweisung aus der Adelsgesellschaft zu ersparen. Seine inneren Werte und Verdienste bleiben für seine soziale Stellung unerheblich, sein Gefühl der Überlegenheit über die meisten Adligen steht im Widerspruch zu der geschlossenen Gesellschaft des Feudalsystems, in dem es für ihn, den Bürger, keinen Aufstieg geben kann. Als Werther sich in naiver Verkennung dieser ihm vorgegebenen gesellschaftlichen Situation dennoch als Gleicher unter Gleichen fühlt und in der ausschließlich von Adligen besuchten Abendgesellschaft bleibt („Ich denke, Gott weiß, an nichts." [15. März; S. 68]), wird ihm durch den Grafen C.. sein Verstoß gegen herrschende Normen deutlich gemacht: „,Sie wissen', sagt' er, ,unsere wunderbaren Verhältnisse; die Gesellschaft ist unzufrieden, merke ich, Sie hier zu sehn.'" (15. März; S. 69) Tief verletzt flieht Werther in die Einsamkeit der Natur und der Literatur, um darauf den Dienst bei Hofe zu quittieren.

Angesichts der erlittenen Kränkung muß ihm das Angebot des Fürsten, ihn auf seine Güter zu begleiten, als besondere Auszeichnung seiner Person und seiner Fähigkeiten erscheinen. Werther soll nicht als „Subalterner" (15. März; S. 68), sondern als Gesprächspartner mitreisen und „ganz mir selbst gelassen sein" (24. März; S. 72), was ihm eigentlich entgegenkommt. Der gelehrte, aufgeklärte Fürst bietet Werther indes nicht, was er sucht: „sein Umgang unterhält mich nicht mehr, als wenn ich ein wohl geschriebenes Buch lese." (11. Junius; S. 75) Ihm fehlt das, was Werther bei den Menschen sucht und was er im Grunde nie (auch bei Lotte nicht) findet: ein fühlendes Herz, das ihn ganz versteht: „Auch schätzt

er meinen Verstand und meine Talente mehr als dies Herz, das doch mein einziger Stolz ist, (...)." (9. Mai; S. 74) Bemerkenswert ist, daß Werther den Fürsten nicht in seiner politischen Funktion als höchsten Repräsentanten des feudalabsolutistischen Staates kritisiert, sondern als trockenen, nüchternen Verstandesmenschen, dem es an Gefühl mangelt. Als Werther die von ihm so geliebten Nußbäume im Pfarrhof umgehauen vorfindet, wiederholt er diesen Vorwurf: „O, wenn ich Fürst wäre! (...) Fürst! – Ja wenn ich Fürst wäre, was kümmerten mich die Bäume in meinem Lande!" (15. September; S. 83)

Auch nach seiner Rückkehr nach Wahlheim gelingt es Werther nicht, sich zu integrieren:

Die Kollision mit Normen der feudalen Gesellschaftsordnung wiederholt sich auf einer neuen Ebene und in einem neuen Zusammenhang: Mit seinem leidenschaftlichen Bemühen um Lotte verletzt Werther diesmal bürgerliche Wertvorstellungen und Normen und treibt weiter in die Isolierung. (Stephan, S. 155)

Immer wieder stößt Werther auf gesellschaftliche Grenzen, die die Entfaltung seiner Persönlichkeit behindern bzw. unmöglich machen. Individualität, Spontaneität und Gefühl sieht er stets dem Zwang von außen gesetzter Ansprüche unterworfen, wobei es keine Rolle spielt, mit welcher sozialen Schicht Werther jeweils konfrontiert ist. Seine „Leiden" stellen sich auf allen Ebenen neu ein, und immer führt die darauf folgende Flucht in die Innerlichkeit: „Ich kehre in mich selbst zurück, und finde eine Welt." (22. Mai; S. 10)

Werthers Klagen sind jedoch nicht als radikale Kritik der Gesellschaft gemeint, wie folgende Bemerkung verrät:

Was mich am meisten neckt, sind die fatalen bürgerlichen [gemeint sind die im absolutistischen Ständestaat bestehenden, R. K.] Verhältnisse. Zwar weiß ich so gut als einer, wie nötig der Unterschied der Stände ist, wie viel Vorteile er mir selbst verschafft: (...). (24. Dezember; S. 63)

Werther ist also bewußt, daß eine Abschaffung der Ständeordnung, gegen deren Prinzipien er sowohl in der Adelsgesellschaft als auch im Umgang mit den Dorfbewohnern verstößt, ihm selbst schaden würde. Ohne die ihm zuteil werdenden „Vorteile" könnte er sich schwerlich einen „Diener" (18. Julius; S. 38, auch erwähnt auf S. 106 und S. 108) halten und sich einem Brotberuf entziehen.

Wo die Ständeunterschiede ihm nützen, begrüßt er sie; wo sie ihm schaden, wendet er sich gegen sie. Die hemmungslose Selbstverwirklichung, wie sie der Sturm und Drang fordert, erhält hier einen negativen, egoistischen Zug. (Höllerer-März u. a., Bd. 2, S. 343)

Werther ist also keineswegs revolutionär, denn er „reflektiert nicht auf das Ganze der Gesellschaft um ihrer selbst willen, sondern immer nur auf seine individuelle Einschränkung durch sie." (Assling, S. 223) Im Unterschied zu Werther kann der Roman hingegen durchaus als gesellschaftskritisch bezeichnet werden, denn er weist eine „doppelte Stoßrichtung gegen die Prinzipien der feudalen wie gegen die der sich herausbildenden bürgerlichen Gesellschaftsordnung" auf (Stephan, S. 149). Während bürgerliche Rezensenten sich bereits bei Erscheinen des Romans heftig gegen die Infragestellung bürgerlicher Wertvorstellungen wandten, wurde die Kritik am Feudalsystem merkwürdigerweise kaum beachtet, wie Heinrich Heine 1828 bemerkte:

Es liegt aber noch ein Element im Werther, welches nur die kleinere Menge angezogen hat, ich meine nämlich die Erzählung, wie der junge Werther aus der hochadligen Gesellschaft höflichst hinausgewiesen wird. Wäre der Werther in unseren Tagen erschienen, so hätte diese Partie des Buches weit bedeutsamer die Gemüter aufgeregt, als der ganze Pistolenknalleffekt. (...) Die Idee der Menschengleichheit durchwärmt unsere Zeit (...)[1]

Während die Adelskritik, anders als zu Heines Zeiten, heute weniger brisant ist, hat die Kritik an den Werten der bürgerlichen Gesellschaft ihre Gültigkeit nicht eingebüßt. Daß Werthers Klagen sich sogar noch gegen die im realen Sozialismus übernommenen Tugenden und Normen richten, hat Ulrich Plenzdorf mit seinem Erfolgsroman „Die neuen Leiden des jungen W." aus dem Jahre 1972 gezeigt: Der junge Edgar setzt sich mehrfach gegen die, die ihn (wie Werther) in „Aktivität" einbinden wollen, mit Zitaten aus dem „Werther" zur Wehr.

Unterrichtsverlauf

Vorphase:
Gesellschaftsstruktur und Romanfiguren

Die von den Schülern als Hausarbeit zusammengetragenen Informationen zur politischen, sozialen und ökonomischen Situation in Deutschland im 18. Jahrhundert sollen, nach diesen drei Teilbereichen getrennt, an der Tafel stichpunktartig festgehalten werden. Der Lehrer gibt die aus seiner Sicht nötigen Ergänzungen und Erläuterungen, sofern er keinen Textbogen an die Schüler verteilt (vgl. „Vorschlag einer Textvorlage"). An der Tafel sollte außerdem die Gesellschaftspyramide erscheinen; die Unterscheidung nach Ständen erfaßt die sozialen Verhältnisse zwar insgesamt etwas grob, eine genauere Differenzierung ist aber für den unterrichtlichen Zusammenhang nicht erforderlich. – Die Zuordnung der Romanfiguren zu den genannten Ständen (2. Teil der Hausaufgabe) dürfte den Schülern keine Probleme bereitet haben; es sollte erkannt werden, daß alle Stände durch Figuren im Roman vertreten sind.

---

[1] zitiert nach: Norbert Heinze / Bernd Schurf: Deutschunterricht auf der Sekundarstufe II, Düsseldorf 1982, S. 218f. (Verlag Schwann-Bagel). (Auszug auch in: Editionen „Werther", S. 152f.)

Phase 1:
Werthers Verhältnis zu den kleinen Leuten

Da Werther zuerst von seinen Begegnungen mit Menschen aus den unteren Schichten berichtet (er ist aus der Stadt geflohen und trifft auf dem Lande auf bäuerliche Bevölkerung), bietet es sich an, mit diesem Bereich der Gesellschaftspyramide zu beginnen. Im Unterrichtsgespräch erarbeiten die Schüler, daß Werthers Wunsch nach Kontakt mit den „geringen Leute(n) des Ortes" (15. Mai; S. 7) den Vorstellungen von Volkstümlichkeit, wie sie im Sturm und Drang vertreten wurden, entspricht. Daß dabei gesellschaftliche Konventionen durchbrochen, aber gesellschaftliche Schranken deshalb noch nicht aufgehoben werden sollen, müßte hier schon angesprochen werden (vgl. Phase 4). Werthers Selbstverständnis als „Genie" und sein übersteigertes Ich-Gefühl lassen eine wirkliche Nähe zum „gemeinen Volke" (ebenda) gar nicht zu, was aus seiner Klage, „mißverstanden zu werden" (17. Mai; S. 8), herausklingt. – Die Ergebnisse sollten durch genaue Textarbeit abgesichert und kurz schriftlich fixiert werden.

Phase 2:
Das Dilemma des unbürgerlichen Bürgers Werther

Die beiden vom Lehrer diktierten Fragen a) und b) zielen darauf ab, Werthers ambivalente Position als Bürger mit unbürgerlichen Eigenschaften und Anschauungen herauszustellen. Bei der Partnerarbeit zu Frage a) sollten die Schüler auf die entsprechenden Inhalte der Vorphase zurückgreifen, zu b) werden sie die Ergebnisse des ganzen bisherigen Verlaufs berücksichtigen müssen, insbesondere natürlich die zum Thema „Freiheit und Regeln". Ggf. sind die Briefe vom 17. und 26. Mai noch einmal nachzulesen.

Phase 3:
Die Kritik am Adel

Grundlage für die Erörterung von Werthers Kritik am Adel sind im wesentlichen die Briefe vom 24. Dezember bis zum 16. März (S. 61–71). Sollten diese Passagen den Schülern nicht mehr hinreichend vertraut sein (was bei sorgfältiger Erledigung der Hausaufgabe weniger wahrscheinlich ist), empfiehlt es sich, eine kurze Lesephase zur Textsicherung voranzustellen. Im fragend-entwickelnden Verfahren wird dann schrittweise der Grund für Werthers Ausweisung aus der adligen Abendgesellschaft sowie für den „Verdruß" (15. März; S. 68), den er darüber empfindet, herausgestellt. Die aus den gesellschaftlichen Verhältnissen resultierenden unterschiedlichen Positionen und Ansprüche (bürgerlicher Gleichheitsgedanke und feudale Standesschranken) treffen hier aufgrund der Eigenart Werthers besonders scharf aufeinander. Werthers Reaktion (Flucht in die Einsamkeit der Natur und der Lektüre) sollte angesprochen werden, wobei u. U. kurz auf die entsprechenden Doppelstunden zurückgegriffen werden kann. – Nur wenn genügend Zeit zur Verfügung steht, wird in einem

möglichen Zusatz

Werthers Verhältnis zum Fürsten erwähnt. Entscheidendes Resultat ist hier, daß keineswegs alle absolutistischen Fürsten Despoten waren, die nur an der Auspressung ihrer Untertanen Interesse besaßen. Der Fürst erscheint im Roman als ein liberaler Kopf, der sich (zumindest in seinen Anschauungen, weniger wohl in seiner praktischen Ausübung der Staatsgewalt) als Anhänger der Aufklärung erweist. Er hat viel mit den Gebildeten des Bürgerstandes gemein, zu denen Werther bereits keinen Zugang fand. Lange hält dieser es deshalb – trotz der ihm eingeräumten Freiheit und der erwiesenen Großzügigkeiten – nicht bei dem Fürsten aus. – Der Lehrer sollte darauf hinweisen, daß eine wesentlich ungünstigere Darstellung der Figur des Fürsten in den „Leiden des jungen Werther" wohl die Zensur auf den Plan gerufen hätte.

Phase 4:
Werther – ein Revolutionär?

Nachdem Werthers Verhältnis zu Vertretern aller Stände der feudalen Gesellschaftspyramide behandelt worden ist, sollte hinsichtlich seiner gesellschaftspolitischen Position ein Fazit gezogen werden. Der Lehrer leitet diese Phase durch die provozierende Frage ein, ob Werther als Sozialrevolutionär bezeichnet werden kann. Die (vermutlich konträren) Thesen dazu sollten zunächst klar formuliert und anschließend auf der Basis möglichst enger Textarbeit diskutiert werden. Als Impuls erinnert der Lehrer an die Aussagen in den Briefen vom 15. Mai und vom 24. Dezember; er sollte jedoch nicht zu stark in das Schülergespräch eingreifen; die im Stundenblatt angeführten Punkte sind als Ergebnisvorschläge zu verstehen. Zum Abschluß der Diskussion wird hinsichtlich der Frage der Gesellschaftskritik der prinzipielle Unterschied zwischen der subjektiv-beschränkten Perspektive einer *Romanfigur* (Werther) und dem Roman als Produkt eines Autors (Goethe) festgehalten. Die Frage, ob der *Roman* sozialkritisch ist, ist also gesondert zu stellen.

Zur Hausaufgabe,

die sich nach der weiteren Durchführung der Unterrichtseinheit richtet: Wenn eine Wiederholungs- und Vertiefungsphase zur Si-

cherung und Strukturierung bisher erarbeiteter Ergebnisse zweckmäßig erscheint, läßt der Lehrer die Schüler die Gründe zusammenstellen, die Werthers Scheitern und sein Ende herbeiführen (Hausaufgabe A). Ist hingegen als nächstes das Thema „Romanstruktur und Nebensachen und -figuren" vorgesehen, wählt er Hausaufgabe B. Der Lehrer diktiert die Aufgabenstellung und erläutert die den Schülern unklaren Begriffe. Die beiden letzten Punkte (Bauernbursche und armer Schreiber/Blumensucher) entfallen, wenn für die Doppelstunde die Alternative A gewählt wird.

Für die 28. Stunde ist spätestens jetzt sicherzustellen, daß das Referat zu den biographischen Hintergründen des „Werther" vorbereitet wird.

Stundenziele zur 23./24. Stunde

Die Schüler sollen

– Grundzüge der Gesellschaftsstruktur in Deutschland im 18. Jahrhundert kennen und die Figuren des „Werther" den Ständen und Schichten zuordnen,

– Werthers Verhältnis zu den unteren Schichten kennen und problematisieren,

– begründen können, weshalb Werther auch in seinem eigenen, dem bürgerlichen Stand isoliert bleibt,

– Werthers Adels-Kritik herleiten und einordnen können,

– die Figur des Fürsten näher untersuchen und die Ursachen für Werthers Abreise benennen,

– kritisch die Frage erörtern, ob Werther als Revolutionär zu bezeichnen und ob der Roman als gesellschaftskritisch einzustufen ist.

Vorschlag einer Textvorlage
zum Thema „Staat, Gesellschaft und Wirtschaft im 18. Jahrhundert in Deutschland"

Staat

In der zweiten Hälfte des 18. Jahrhunderts bestand das Heilige Römische Reich Deutscher Nation aus mehr als 300 souveränen Staaten, darunter große Flächenstaaten wie Preußen und Österreich, kleinere und mittlere Fürstentümer sowie die freien Reichsstädte und daneben noch viele winzige Reichsrittergüter. Die meisten dieser Staaten wurden von einem weltlichen oder geistlichen Fürsten nach den Grundsätzen des aus Frankreich übernommenen Absolutismus geführt. Eine Zentralgewalt wie in England und Frankreich gab es auf Grund dieser *Kleinstaaterei* (Partikularismus) nicht; der *Kaiser* verfügte weder über ein Heer noch über eigene Einkünfte, eine Staatskirche gab es seit dem Dreißigjährigen Krieg nicht mehr, ebensowenig eine Reichsverfassung. Der *Reichsrat* in Regensburg war lediglich eine Versammlung von ohne Vollmacht ausgestatteten Gesandten der Partikularstaaten; das *Reichskammergericht* in Wetzlar, an dem Goethe zeitweise tätig war, hatte zwar den Rang eines obersten Appellationsgerichtes im Reich, besaß aber faktisch keine Autorität, um die Macht der Fürsten in ihrem eigenen Land einzuschränken.
Zur Bewältigung der staatlichen Aufgaben (Heer, Rechtsprechung, Finanzen, Bewirtschaftung der Domänen, Polizei, Zensur usw.) bedurften die Fürsten einer leistungsfähigen Verwaltung; der *Beamtenapparat* wurde immer größer und wurde in den unteren und mittleren Rängen von Bürgern besetzt.
Landtage („Stände"), die die unbeschränkte Macht der absoluten Fürsten mildern konnten (etwa durch das Steuerbewilligungsrecht), gab es nur in sehr wenigen Staaten (u. a. Württemberg). Kennzeichnend für die Hofhaltung in den Kleinstaaten waren die *Verschwendungssucht* und die damit einhergehende *Verschuldung* der Fürstenhäuser; als besonders skandalös wurden der Verkauf bzw. Verleih von Landeskindern als Soldaten nach Amerika sowie die Mätressenwirtschaft am Hofe empfunden.

Gesellschaft

„In jedem Staat, ob klein oder groß, bestand der gleiche Pyramidenaufbau der Stände, der in dem Landesherrn gipfelte. Die unterste Schicht dieser Pyramide waren die Bauern, nicht eine undifferenzierte Masse (. . .), aber doch immerhin ziemlich einheitlich. An der Spitze stand die Aristokratie mit ihrer Abstufung vom Fürsten bis hinab zum einfachen Landjunker, dessen Lebensführung sich nicht selten kaum mehr von der des Bauern unterschied. [Zwischen Adel und Bauern, R.K.] stand das Bürgertum der Städte, in sich wiederum vielfach unterteilt (. . .). Diese mittlere Schicht bildete zumindest gegen Ende des Jahrhunderts das eigentliche Rückgrat des Staates." (Bruford, S. 51)

a) *die Fürsten*
   orientierten sich in ihrer Lebensführung zumeist am französischen Vorbild und übten eine autokratische Herrschaft aus, die sie in der Regel zu ihrem eigenen Vorteil nutzten. Nur einige aufgeklärte Fürsten wie Friedrich II. betrachteten sich als erste Diener ihres Staates und handelten gemäß der Staatsraison (aufgeklärter Absolutismus).

b) der Adel

„wurde schon als Kind in der Anschauung erzogen, eine Sonderstellung innezuhaben. Er war vom Bürgertum durch seine rechtliche Stellung, Lebensweise, gesellschaftliche Sitte, ethischen Anschauungen geschieden, durch Erziehung, Geschmack an Kunst und Literatur, ja sogar in der Ausdrucksweise und Sprache." (Bruford, S. 53) „Vom Kaiser bis herab zur verarmten Witwe eines bankrotten Reichsritters hielt sich jeder Adlige mit geringen Ausnahmen tatsächlich für eine Sondergattung Mensch und verschieden von der titellosen Masse." (Bruford, S. 62) Seine Einkünfte bezog dieser Stand als Land- oder als Hof- bzw. Dienstadel.

c) die Bürger

bildeten den wohl heterogensten Stand: Zu ihnen gehörten die Kaufleute, Manufakturbesitzer, Beamten, Handwerker, Intellektuellen, Pfarrer, Schulmeister, Ärzte. „Das Bürgertum als Schicht war stolz auf seine Tugend, Bescheidenheit, Ehrlichkeit und seinen Fleiß, im Gegensatz zur lockeren Lebensweise, der Anmaßung und Prinzipienlosigkeit des Adels. (...) Die Kaufleute und Fabrikanten (...) waren auch mehr selbstbewußt. Sie arbeiteten nicht mehr nur für ihr täglich Brot. Fleiß war für sie zu einer selbständigen Tugend geworden, wie Genügsamkeit und Sauberkeit." (Bruford, S. 215) „Gegen Ende des 18. Jahrhunderts stellte das Bürgertum in den großen Städten Deutschlands bereits eine ansehnliche ökonomische Macht dar. Weitreichende Handelsbeziehungen, große Manufakturbetriebe verschafften den Bürgern der großen Städte einen weiteren Horizont und ein ausgeprägtes Selbstbewußtsein, und sie riefen natürlich politische Ansprüche wach." (Holtzhauer, in: Ide, S. 91) Der zunehmenden sozialen Bedeutung widersprach die politische Ohnmacht des Bürgertums.

d) die Bauern

stellten wenigstens drei Viertel der Bevölkerung und standen, von wenigen freien Bauern abgesehen, in Abhängigkeit zum Adel, wobei der Grad der Abhängigkeit durchaus unterschiedlich war. Üblich waren die Schollenbindung, der Abgabenzwang, Frondienste (Hand- und Spanndienste), Heiratsbeschränkungen, Unterstellung unter die gutsherrliche Gerichtsbarkeit. Die Lage der meisten Bauern war schlecht, wie ein zeitgenössischer Bericht zeigt: „Der Bauer wird wie das tumme Vieh in aller Unwissenheit erzogen; er wird unaufhörlich mit Frondiensten, Boten-Laufen, Treib-Jagen, Schanzen-Graben, und dergleichen geängstiget; er muß von Morgen bis Abend die Äcker durchwühlen, es mag ihn die Hitze brennen, oder die Kälte starr machen. Des Nachts liegt er im Felde, und wird schier zu einem Wild, um das Wild zu scheuen, daß es nicht die Saat plündere. Was dem Wild-Zahn entrissen wird, nimmt hernach ein rauher Beamter auf Abtrag der noch rückständigen Schoß- und Steuer-Gelder weg. Heut zu Tage ist der Landmann die armseligste unter allen Creaturen. Die Bauren sind Sklaven, und ihre Knechte sind von dem Vieh, das sie hüten, kaum noch zu unterscheiden." (J. M. Loen, in: Bruford, S. 120)

Wirtschaft

Im 18. Jahrhundert war Deutschland vorwiegend agrarisch strukturiert; in den Städten waren Handwerk und Handel zu Hause, die in Gilden und Zünften organisiert waren. Für den Absolutismus typisch ist die neue Wirtschaftsform des *Merkantilismus:* Der Staat fördert zur Steigerung seiner Steuereinnahmen durch Privilegien und Einfuhrzölle bestimmte Betriebe, vor allem die *Manufakturen,* die zunehmend an Bedeutung gewinnen. Diese beruhen auf dem Prinzip der Massenproduktion durch Arbeitsteilung

sowie auf der Lohnarbeit. Daneben entwickelte sich das auf Heimarbeit basierende
90 *Verlagssystem.*

„Der Absolutismus stellte also eine Staatsform dar, die den Interessen des aufsteigen-
den Bürgertums in wesentlichen Punkten entgegenkam, als eine befriedigende Lösung
aber dennoch nicht gelten konnte. (...) Obwohl das Bürgertum im wirtschaftlichen
Bereich alle wichtigen Positionen besetzt hatte, war es von der Führung in Staat und
95 Kirche praktisch ausgeschlossen." (R. Kühnl, in: Ide, S. 97)

25./26. Stunde:
„Romanstruktur und Nebensachen und -figuren"

Sachanalyse

Nachdem die Hauptlinien der „Leiden des jungen Werther" durch die Behandlung der Schwerpunktthemen deutlich geworden sind, lohnt es sich, den Blick auf die weniger auffälligen Motive, Symbole und Figuren zu lenken, um an ihnen als den feinen Verästelungen der ästhetischen Struktur den Romanschreiber Goethe als Meister der Kleinigkeiten zu entdecken.

Die im Grunde nebensächlichen *Nußbäume,* von denen an zwei Stellen im Roman die Rede ist, eignen sich gut zur Demonstration des Goetheschen Verfahrens, Haupthandlung und Nebenhandlung miteinander zu verknüpfen. Die erste Erwähnung der Bäume findet sich im Brief vom 1. Julius im Zusammenhang mit dem Bericht über den Besuch beim alten Pfarrer. Werther ist voller Bewunderung für die Schatten spendenden Nußbäume im Pfarrhof, was den Alten dazu anregt, „wiewohl mit einiger Beschwerlichkeit, die Geschichte davon zu geben" (S. 29), u. a. von der ersten Begegnung mit seiner späteren Frau. Unterbrochen wird der Pfarrer dabei von Lottes Frage nach seiner Tochter, die zu der Erzählung nicht im geringsten paßt; offenbar hat sie gar nicht zugehört und nicht erfaßt, was in dem Alten

durch Werthers Interesse für die Bäume bewegt wird. – An diesem wie beiläufig vermerkten Einschub zeigt sich, wie der Erzähler Lottes Idealisierung durch den verliebten Werther ironisch in Frage stellt: Dem aufmerksamen Leser wird – anders als Werther – an dieser Nebensächlichkeit auffallen, daß Lotte wenig einfühlend und unhöflich sein kann.

Die zweite Erwähnung der Nußbäume erfolgt im Brief vom 15. September, zu einem Zeitpunkt also, da Werthers Leiden sich bereits ihrem Ende entgegenneigen. Nach dem Tod des alten Pfarrerehepaares sind die Bäume „abgehauen worden – abgehauen!" (S. 82), was den gefühlvollen Werther aufs schärfste empört. Wie für den Pfarrer, der durch sie an seine Liebes- und Ehegeschichte erinnert wurde, sind sie auch für Werther Zeugen einer zwar nicht unbeschwerten, aber doch glücklicheren Vergangenheit. Voll Wut und Trauer schaut er nun auf „meine (!) Nußbäume" (S. 82) zurück, deren Fall nicht nur dem Tod der beiden alten Leute folgt, sondern auch seinen eigenen gleichsam vorwegnimmt.

Die Bäume, die als Relikte und Zeugen einer besseren Zeit dem Pfarrer und Werther „Seelenvergnügen" (S. 81 f.) bereiteten, werden nun, als Bau- oder Brennholz verkauft, einem ganz und gar unsentimentalen Nützlichkeitsdenken unterworfen. An dieser kleinen Episode wird deutlich, daß für die Naturschwärmerei Werthers in einer auf Rationalität und Naturausbeutung ausgerichteten Wirklichkeit kein Platz ist. Der herrschende Zeitgeist wird durch die Frau des neuen Pfarrers repräsentiert, die, um mehr „Tageslicht" (S. 82) für ihre gelehrte Lektüre zu erhalten, das Abschlagen der Bäume angeordnet hat (die metaphorische Kritik an den Auswüchsen der Aufklärung ist hier unübersehbar). Sie ist ein „hageres, kränkliches Geschöpf" (S. 82), deren „zerrüttete Gesundheit" (S. 82) zu der Beseitigung der kraftvollen, „herrlichen Nußbäume" (S. 81) in direkter Beziehung steht: Hier offenbart sich einmal mehr der Gegensatz zwischen Rationalismus und Sturm und Drang, zwischen trocken-gefühlloser, „neumodische(r), moralisch-kritische(r)" (S. 82) Gelehrsamkeit einerseits und Gefühlsüberschwang, Empfindsamkeit und Schwärmerei andererseits.

Mit dem Abholzen der Nußbäume wird erkennbar, wer den Sieg in dieser Auseinandersetzung davontragen wird. Darüber hinaus spiegelt es Werthers innere Verfassung wider: Das im Brief vom 1. Julius nur kurz erwähnte „Siechbette" (S. 28) wird Werther nun nicht mehr verlassen; „die heilige, belebende Kraft, mit der ich Welten um mich schuf; sie ist dahin!" (3. November; S. 86) –

Die „blaßroten Schleifen an Arm und Brust", die Lotte an einem „simple(n) weiße(n) Kleid" (16. Junius; S. 18) trägt, als Werther sie zum Ball abholt, wären der Erwähnung im Roman nicht wert, wenn nicht in einem späteren Zusammenhang an sie erinnert und dabei ihre wahre (u. a. auch erotische) Bedeutung offenbart würde: Zu seinem Geburtstag empfängt Werther ein Päckchen von Albert, und ihm „fällt beim Eröffnen sogleich eine der blaßroten Schleifen in die Augen, die Lotte vor sich hatte, als ich sie kennen lernte, und um die ich sie seither etlichemal gebeten hatte." (28. August; S. 53) Die Schleife ist ein gutes Beispiel für den von Heinz Schlaffer so bezeich-

neten Unterschied zwischen „Exoterik und Esoterik in Goethes Romanen", für den „Gegensatz von offenem und verstecktem Sinn" (Schlaffer, S. 215). Vordergründig stellen die Schleifen nicht mehr dar als beliebiger Zierat an ihrem Kleid, und wenn Werther sie sich von Lotte erbittet, so deshalb, weil er, der Sentimentale, ein Erinnerungszeichen an eine vergleichsweise unbeschwerte Begebenheit besitzen möchte. Als er nun eine der Schleifen an seinem Geburtstag erhält, ist seine Freude groß, und der Leser kann sie nur allzu leicht nachempfinden. Dabei aber übersehen beide etwas Wesentliches: Der Umstand, daß nicht Lotte, sondern Albert die Schleife verschenkt, scheint zunächst belanglos, ist jedoch für die Aufdeckung der esoterischen Schicht, des verborgenen Sinns, von entscheidender Bedeutung. Albert präsentiert sich durch seine Freigiebigkeit als Sieger im Werben um Lotte, und als solcher reicht er die Trophäe weiter, denn die Schleifen, „die das jungfräulich-weiße Kleid Lottes verzierten und (...) den Zugang zum weiblichen Körper verschlossen (...), haben ihre reale Funktion verloren" (Assling, S. 168) und auch ihre Bedeutung als Band gemeinsamer Gefühle Lottes und Werthers eingebüßt. Albert, der sich Lottes ganz gewiß sein darf, kann über die Schleifen wie über sie selbst verfügen und damit auch eine an Werther verschenken, womit er diesem die Aussichtslosigkeit seiner Hoffnungen demonstriert.

Gegen Werthers eigene Interpretation (großzügiges Geschenk, Anlaß zur Freude usw.) erhebt der Erzähler Einspruch, indem er dem Vorgang einen tieferen Sinn gibt, der sich erst durch die Beachtung des scheinbar Nebensächlichen im Zusammenhang des Ganzen auftut.

Es ist nur konsequent, daß Werther die rosa Schleife mit ins Grab nimmt (S. 127), nicht nur, weil die unglückliche Liebe zu Lotte ihm nach seinem eigenen Empfinden den Todesstoß versetzt hat, sondern auch, weil die durch die Schleifen symbolisierte sentimentalische Verklärung Lottes, Werthers „Traum einer ästhetischen Existenz" (Assling, S. 198), mit beiden zugleich begraben wird.

Nicht nur Nebensachen, sondern auch Nebenfiguren besitzen in den „Leiden des jungen Werther" eine Funktion, die über die des üblicherweise Nebensächlichen hinausweist. Die Figuren des Bauernburschen und des armen Schreibers z. B. „sind lehrreiche Beispiele der echt Goethischen Methode der Vervielfältigung von Hauptmotiven". (Pniower, S. 35)

Die *Bauernburschen-Episode* hat Goethe erst in der Zweitfassung des Romans von 1787 eingefügt. Bereits durch die Plazierung des ersten Briefes, in dem Werther von dem Burschen berichtet, wird der Zusammenhang zwischen dessen und seinem eigenen Schicksal angedeutet. Werther trifft ihn noch vor seiner ersten Begegnung mit Lotte, und er ist gerührt angesichts der „reine(n) Neigung, (der) Liebe und Treue dieses Menschen" (30. Mai; S. 15) zu einer wohlhabenden Bauernwitwe. Werther ist zugleich beeindruckt von der „Zartheit", „die in seinem ganzen Wesen und Ausdruck" ist (S. 15); er schwärmt von diesem einfachen Knecht so sehr, daß er sich für unfähig hält, seine Eindrücke in Worte zu fassen (hier wird das Motiv der Sprachlosigkeit aufgegriffen; vgl. die Anmerkungen zum Brief vom 10. Mai (Doppelstunde „Zwei Briefe")).

Durch die Leidenschaft des Bauernburschen wird Werthers Phantasie angeregt, und er schildert, wie er, „wie selbst davon entzündet, lechz(t) und schmachte(t)." (30. Mai; S. 16) Damit kündigt sich zum einen Werthers Liebe zu Lotte an (von deren Beginn schon im folgenden Brief berichtet wird), zum anderen wird bereits vorweggenommen, wie er Lotte sehen wird: Um nämlich nicht sein idealisiertes Bild von der Bauernwitwe zu zerstören, will er sie lieber nicht selbst, sondern nur „durch die Augen ihres Liebhabers" sehen (S. 16) – schon hier erhebt Werther die Illusion zum Programm seines Umgangs mit der Wirklichkeit.

Werther betont, daß er in seinem „Leben die dringende Begierde und das heiße, sehnliche Verlangen nicht in dieser Reinheit gesehen" hat (S. 15). Sein Verhältnis zu Lotte wird von anderer Art sein: „Alle Begier schweigt in ihrer Gegenwart." (16. Julius; S. 37) Der Bauernbursche hat zu seiner Angebeteten ein zwar ‚reines', aber gleichwohl sinnliches „Verlangen", während Werthers Liebe sich, wie erwähnt, auf das Platonische beschränkt: Er sublimiert sein sinnliches Begehren durch Sehnen und durch die Stilisierung Lottes zur Heiligen.

Vom weiteren Schicksal des Bauernburschen erfährt Werther erst nach seiner Rückkehr zu Lotte, und er ist betroffen von den Parallelen, die er zwischen seinem und dem Elend des Burschen erkennt: „Könnt' ich dir alles recht sagen, damit du fühltest, wie ich an seinem Schicksale teilnehme, teilnehmen muß!" (4. September; S. 79) Der Knecht hat inzwischen versucht, seine Bäuerin zu vergewaltigen, weshalb er durch ihren Bruder, der bereits um seine Erbschaft fürchtete, vom Hof gejagt worden ist. Die Bäuerin aber steht im Begriff, ihren neuen Burschen zu heiraten. Düster verkündet der Bauernbursche, „er sei fest entschlossen, das nicht zu erleben." (4. September; S. 79) Werther, der Wilhelm darauf hinweist, „daß es auch die Geschichte deines Freundes ist" (4. September; S. 80), glaubt, daß der Knecht Selbstmord begehen wolle, und bezeichnet sich noch als „nicht halb so entschlossen als der arme Unglückliche" (ebenda). Daß dieser auf ganz andere Weise mit seiner Eifersucht fertigwerden will, zeigt, wie sehr ihn Werther mißversteht: Der Bauernbursche erschlägt seinen Nebenbuhler: „Keiner wird sie haben, sie wird keinen haben." (S. 98) Werther, der in seinem Abschiedsbrief an Lotte gesteht, selbst Mordpläne gegen Albert gehegt zu haben (S. 107), begreift, daß die Worte des Amtmannes über den verhafteten Burschen sein eigenes Schicksal vorwegnehmen: „Nein, er ist nicht zu retten." (S. 99) Der Bauernbursche leitet seine Wut, Eifersucht und Enttäuschung nach außen und setzt sie in Gewalt um, indem er einen Mord begeht. Werther hingegen bereitet seinem Leiden durch die Zerstörung seiner selbst ein Ende. Während der Bauernbusche von Mal zu Mal stummer wird, kann sich Werther an seinem Unglück schreibend berauschen.

In gewisser Weise trägt die Aufnahme der Bauernburschen-Episode in den Roman didaktische Züge, die ihm ansonsten fremd sind. Mit der furchtbaren Tat des Burschen zeigt der Erzähler eine andere mögliche Folge übersteigerter Leidenschaft, durch die Werthers Selbstmord in den Augen der Zeitgenossen moralisch entschärft wird: Indem er die Gewalt gegen sich selbst richtet, schont er das Leben der anderen Beteiligten und übernimmt die Verantwortung für seine Kompromißlosigkeit. Vor dem Hintergrund des Mordes an einem Unschuldigen erscheint der Selbstmord nun in einem milderen Licht. Zugleich wird deutlich, daß Leidenschaft nicht ein Privileg des Genies ist, sondern auch im einfachen Volk ihren Platz hat, vor allem aber, daß sie stets den Keim der Zerstörung in sich birgt. Der Ausgang der Episode zeigt überdies, wie falsch Werthers anfängliche Idealisierung des Bauernburschen, seiner naiven „Zärtlichkeit" (30. Mai; S. 16) usw. war – er sieht die Menschen nicht, wie sie wirklich sind, sondern nach Maßgabe seiner Illusionen.

Die Nebenfiguren und -handlungen haben aber noch eine weitere Funktion: In einem – ebenfalls in der Ausgabe von 1787 neu aufgenommenen – Brief stellt Werther die Frage nach der Einzigartigkeit seines Schicksals: „Ach, sind denn Menschen vor mir schon so elend gewesen?" (26. November 1772; S. 89) Die Antwort findet sich in den beiden folgenden Briefen, die von dem *un-glücklichen Schreiber* erzählen, der an seiner Liebe zu Lotte wahnsinnig geworden ist (30. November; S. 90f.; 1. Dezember; S. 93). Werthers Los ist entgegen seiner eigenen, Mitleid erheischenden Deutung kein vereinzeltes oder gar herausgehobenes, das einen Selbstmord begründen könnte. Werthers Absolutheitsanspruch, den er auch hinsichtlich seines ‚Elends‘ geltend macht und den die Leser vielfach akzeptiert haben, wird durch den Erzähler zurückgedrängt; seine Leiden werden durch diese beiden Nebenhandlungen also *poetisch* relativiert (statt durch *moralische* Sentenzen, wie Lessing sie verlangte).

Unterrichtsverlauf

Vorbemerkung

Das für diese Doppelstunde vorgesehene Thema ist für das Verständnis des „Werther" nicht unerläßlich, bietet aber Einblicke in die Werkstatt und in Besonderheiten des Romanschreibers Goethe, auf die nach Möglichkeit nicht verzichtet werden sollte. Die Analyse der Romanstruktur, deren Besprechung etwa eine Unterrichtsstunde in Anspruch nehmen wird, stellt eine sinnvolle Grundlage für die Erörterung der Nebensachen und -figuren dar, da deren Komposition im Roman auf der Strukturskizze gut zu überblicken ist.

Für den Verlauf der Doppelstunde werden im zweiten Teil zwei Alternativen vorgeschlagen; sofern der Lehrer die Bauernburschen-Episode als Klausurthema eingeplant hat, wählt er Alternative A, im anderen Fall Alternative B.

Strukturanalyse: – *äußere Struktur*
           – *innere Struktur*
           – *Zeitstruktur (Jahreszeiten)*

Aus der für den „Werther" spezifischen Ver-schränkung von Form und Inhalt ergab sich für die Einstiegsphase die Notwendigkeit, die Bedeutung des Brief-Romans zu erar-beiten (Doppelstunde „Briefroman", beson-ders Phase 2). Zum Abschluß der Unter-richtseinheit soll nun die Struktur des Ro-mans analysiert werden (s. Beilagen S. 43), wobei die Vertrautheit mit dessen komple-xem und vielschichtigem Inhalt unabdingba-re Voraussetzung ist. Nachdem in den vor-angegangenen Stunden die wichtigsten The-men (Regeln; Literatur; Natur; Liebe; Selbstmord; Gesellschaft) bearbeitet wor-den sind, kann der Roman auf seine äußere und innere Struktur und (als Wiederholung zur Doppelstunde „Naturerfahrung und Na-turdarstellung") der Zeitstruktur (Zuord-nung der Jahreszeiten zur Handlungskurve) hin untersucht werden.

Die Ergebnisse der Hausaufgabe werden zu Beginn vorgestellt (Tafelfläche geschickt ausnutzen, damit Übersichtlichkeit gewahrt bleibt), verglichen und gemeinsam disku-tiert. Als zeitsparende Alternative bietet sich an, daß der Lehrer einen eigenen Ent-wurf (evtl. in Anlehnung an den hier vorge-schlagenen) hektographiert den Schülern an die Hand gibt und zur Diskussion stellt. Ein solches Verfahren motiviert Schüler er-fahrungsgemäß besonders, da sie sich als „Experten" kritisch mit ihren eigenen, ab-weichenden Vorstellungen einbringen kön-nen.

Die Auswertung der Strukturanalyse kann dazu beitragen, offengebliebene Fragen zu den bereits behandelten Themen zu klären und Einzelnes ins Gedächtnis zurückzurufen. Daß der Roman analog zu den zwei Büchern zwei Handlungskurven aufweist, deren erste einen vorläufigen, deren zweite einen end-gültigen Abschied (Flucht) am Schluß auf-weist, sollte ebenso deutlich werden wie die zunehmende Unübersichtlichkeit in der äu-ßeren Struktur am Ende des zweiten Buches – das Ineinander und Durcheinander von Briefen, Notizen, Herausgeber-Bericht ist als Spiegel von Werthers innerer Situation, als Zeichen zunehmender Auflösung und als Vorzeichen von Chaos und Katastrophe zu sehen (Form-Inhalt-Entsprechung).

Da auf der Handlungskurve die in der Auf-gabenstellung genannten Nebensachen und -figuren markiert sind, ist von hier aus der Übergang zum zweiten Teil der Doppelstun-de möglich.

Phase I:
Die Bedeutung der Nußbäume

setzt mit der Betrachtung der Briefauszüge zu den Nußbäumen ein. Die Schüler erhalten in einer kurzen Stillarbeitsphase Gelegenheit, sich den genauen Wortlaut von Werthers Briefauszügen über die Nußbäume in Erinne-rung zu rufen (1. Julius; S. 29; 15. Septem-ber; S. 81 ff.). In der sich daran anschließen-den Besprechung (im fragend-entwickeln-den Verfahren) sollen die kompositorische und die inhaltliche Bedeutung dieser Ne-bensache erschlossen werden. Es muß deut-lich werden, wie auch Kleinigkeiten ihre Funktion im Romanganzen besitzen, indem sie auf die Hauptthemen verweisen (im vor-liegenden Fall auf den Gegensatz von Natur-schwärmerei und Naturausbeutung, von Ge-fühl/Schönheit und Nützlichkeit/Gelehrsam-keit als extremen Positionen von Sturm und Drang und Aufklärung). Sie können zudem der Charakterisierung von Figuren und Fi-gurenkonstellationen dienen (ironische Bre-chung von Werthers Idealisierung Lottes und ihrer beider Beziehung) und die Hand-lung symbolisch vorwegnehmen (Voraus-deutung auf Werthers Tod). Ob die Nußbäu-me auch als Sexualsymbol gesehen werden dürfen, könnte einmal problematisiert werden.

Phase 2:
Die Bedeutung der rosa Schleifen

Der Lehrer wird hier, um die Parallelität und zugleich den Gegensatz von exoterischer und esoterischer Sinnschicht aufzudecken, das Gespräch geschickt lenken müssen; die vorgegebenen zwei Fragen sind in der konkreten Unterrichtssituation ggf. kleinschrittiger zu formulieren und zu modifizieren. – Den Schülern sollte an Hand der (u. U. überraschenden) Ergebnisse einsichtig werden, daß die Beachtung von Details, wie sie hier exemplarisch demonstriert wird, für eine angemessene, d. h. alle Aspekte berücksichtigende Interpretation unerläßlich ist.

Alternative A
Phase 2 (Weiterführung)

Anknüpfend an die Differenzierung zwischen exoterischer und esoterischer Sinnschicht am Beispiel der Schleife wird die Frage geklärt, weshalb Werther sie mit ins Grab gelegt haben möchte (S. 127). Die Schüler werden voraussichtlich zunächst die vordergründige Ebene ansprechen und erst bei weiterem Nachfragen auf die verborgene Sinnebene stoßen. Der Lehrer sollte den Schülern ihren eigenen Erkenntnisprozeß nach Möglichkeit bewußt machen und zusammenfassend festhalten, daß Werthers Wunsch als Romanfigur nicht mit der Intention des Erzählers gleichgesetzt bzw. verwechselt werden darf. Der Leser sollte die Bedeutung dieses Details nicht nur mit Werthers Augen sehen, um der identifikatorischen Lektüre, von der bereits mehrfach die Rede war, zu entgehen.
In dem *möglichen Zusatz* wird der Schattenriß unter einer ähnlichen Fragestellung wie die rosa Schleife angesprochen. Auch hier sollen die Schüler nach Möglichkeit zur esoterischen Sinnschicht vordringen. Die Bedeutung von Schattenrissen als Modeerscheinung der zweiten Hälfte des 18. Jahr-

hunderts demonstriert der Lehrer, indem er eine Reihe von Beispielen vorlegt, vor allem natürlich die von Goethe angefertigte Silhouette von Lotte Buff aus dem Jahre 1772 (abgebildet in Erläuterungen und Dokumente, S. 44) sowie die des jungen Goethe von 1774 (ebenda, S. 31). Ergänzend erläutert der Lehrer, daß Goethe dem im Roman mehrfach erwähnten und den Schülern aus Textauszügen bereits bekannten Johann Kaspar Lavater bei dessen Abfassung der „Physiognomischen Fragmente zur Beförderung der Menschenkenntnis und Menschenliebe" (1775–78) half. Lavater versuchte u. a. an Hand von Silhouetten einen Zusammenhang zwischen Physiognomie und Charakter des Menschen zu erweisen.

Phase 3 (A):
Das Motiv der Flucht/des Reisens

Zum Abschluß der Doppelstunde wird noch einmal auf die Strukturskizze zurückgegriffen. Der Lehrer ruft den lakonischen Brief vom 16. Junius 1772 in Erinnerung, in dem sich nur die zwei trotzig klingenden Sätze finden: „Ja wohl bin ich nur ein Wandrer, ein Waller auf der Erde! Seid ihr denn mehr?" (S. 75) Die Schüler stellen in Partnerarbeit die verschiedenen, im zweiten Buch gehäuft auftretenden ‚Wanderungen‘ bzw. Reisen, die im Grunde Fluchten sind, zusammen und beziehen sie anschließend auf Werthers Wesen. Der (für die Ausgabe von 1787 nachträglich eingefügte) Brief stellt zwar aus Werthers Sicht eine Rechtfertigung seiner Unstetigkeit dar (als Antwort offenbar auf eine entsprechende Vorhaltung Wilhelms), problematisiert aber, vom Standpunkt des Erzählers aus, Werthers Lebensweise des Sich-treiben-Lassens von den spontanen Eingebungen seines Herzens.

Alternative B

Phase 3 (B):
Zweck und Bedeutung der Bauernburschen-Episode

Sofern erforderlich, lesen die Schüler die für die Besprechung nötigen Passagen noch einmal nach (Brief vom 30. Mai, S. 15 f.; vom 4. September, S. 77 ff.; S. 97 ff.). Das nachfolgende Unterrichtsgespräch hat zwei Schwerpunkte: 1) den inhaltlich-motivischen Vergleich, der Gemeinsamkeiten und Unterschiede zwischen Werther und dem Bauernburschen zutage fördert und in dem sich die Bauernburschen-Episode als Spiegelung der Haupthandlung erweist, und 2) die Frage nach dem Kompositionsprinzip und der Deutung, die den Zusammenhang zwischen der Rezeption des Romans 1774 und der späteren Hinzufügung der Episode aufzeigt: Diese Ergänzung stellt eine poetische Relativierung von Werthers Leiden dar und kann als Zugeständnis an die Kritiker, die eine unkontrollierte Identifizierung der jungen Leser mit dem Helden befürchteten, sowie als Reaktion auf das „Werther-Fieber" verstanden werden.

Ausgehend vom Resultat der Phase 3 (B) kann in einem *möglichen Zusatz* die Frage nach der Funktion einer weiteren Nebenfigur, des wahnsinnigen Blumensuchers und ehemaligen Schreibers in Diensten von Lottes Vater, beantwortet werden. Es wird den Schülern nicht schwerfallen, die motivischen Parallelen zum Bauernburschen und damit auch zu Werther zu benennen. Werthers brieflicher Bericht paßt stimmungsmäßig genau in die Situation gegen Ende des Romans – das Düster-Unheilvolle kündigt sich über die beiden Nebenfiguren bereits an. Entgegen seinem eigenen Verständnis ist Werthers Schicksal kein vereinzeltes, aber anders als der Bauernbursche und der arme Blumensucher endet er nicht als Wahnsinniger oder als Mörder, sondern als Selbstmörder: durch die selbstbestimmte Zerstörung seines Ichs.

– Das vorgeschlagene Tafelbild verdeutlicht die beschriebene Figurenkonstellation.

Eine Hausaufgabe

sollte in beiden Alternativen nur dann gestellt werden, wenn das für die Doppelstunde vorgesehene Programm nicht erfüllt wurde. In diesem Fall ist die Hausaufgabe für Alternative A identisch mit den Fragen in Phase 3 (A), für Alternative B gilt die Aufgabenstellung der unter Phase 3 (B) thematisierten Figurenkonstellation.

Stundenziele zur 25./26. Stunde

Die Schüler sollen

– „Die Leiden des jungen Werther" auf die äußere, die innere sowie die Zeitstruktur hin analysieren,

– die motivischen Bezüge der Nußbäume im Hinblick auf Handlung und Aussage des Romans aufzeigen,

– die Bedeutung der rosa Schleifen sowie die des Schattenbildes von Lotte herausarbeiten,

– das Motiv der Flucht und des Reisens in bezug auf Werthers Wesen und Schicksal deuten,

– Funktion und Bedeutung der Bauernburschen-Episode sowie der Figur des armen Schreibers ermitteln und darstellen können.

27. Stunde:
„Die Gründe für Werthers Scheitern"
(Sachanalyse entfällt)

Unterrichtsverlauf

Da diese (nur als Möglichkeit vorgeschlagene) Stunde im wesentlichen auf die Auswertung der Hausaufgabe beschränkt ist, erübrigt sich eine detaillierte Verlaufsbeschreibung. Der erste Teil der Stunde wird darauf verwandt, die von den Schülern vorgetragenen Überlegungen auszuwerten und geschickt strukturiert an der Tafel festzuhalten. Im zweiten Teil soll, vor allem im Rückgriff auf die Stunden „Werther – Lotte – Albert" und „Gesellschaftskritik im ‚Werther'" die Frage aufgeworfen werden, wem Werthers Leiden hauptsächlich anzulasten sind – sind sie in erster Linie Folge individuellen Fehlverhaltens und übersteigerten Selbstverwirklichungsdrangs usw. oder sind sie vor allem durch äußere Bedingungen (Mitmenschen oder Gesellschaft) hervorgerufen?

Diese Frage führt erfahrungsgemäß zu kontroversen und sehr interessanten Diskussionen, in denen die Schüler nicht nur über Werther und sein Verhältnis zur Realität, sondern darüber hinaus, vermittelt über die Romanfigur, auch über sich selbst reflektieren und ihre eigenen Vorstellungen und Erwartungen an sich selbst und an das Leben einbringen. Es ist hier also durchaus abzusehen und auch angebracht, daß das Gespräch sich einmal von der Romanvorlage löst und man zu einer verallgemeinernden Erörterung des Problems gelangt, in der die Schüler sich als Betroffene äußern.

Die abschließende Frage zielt auf die Intention Goethes, die er mit der Abfassung und der Herausgabe des „Werther" verfolgt haben mag. Die von den Schülern hierzu vorgetragenen Vermutungen bereiten auf die Stunde bzw. das Referat „Biographische Hintergründe des ‚Werther'" vor.

Stundenziele zur 27. Stunde

Die Schüler sollen
– zeigen, daß sie einen umfassenden Überblick über Inhalt und Gehalt der „Leiden des jungen Werther" gewonnen haben,
– die verschiedenen Gründe für Werthers Scheitern kennen und nach übergreifenden Gesichtspunkten ordnen können,
– über die moralische Verantwortung für Werthers Ende nachdenken und darüber diskutieren,
– Mutmaßungen über die Intention Goethes bei der Abfassung des Romans anstellen.

28. Stunde (1. Zusatz):
Referat: „Literatur und Leben. Die biographischen Hintergründe des ‚Werther'"

Dieses Referat überschneidet sich thematisch teilweise mit Inhalt und Lernzielen der Phase 6 der Unterrichtseinheit „Literatur in der Literatur – Werther als Leser", kann also, wenn dieser Bereich ausführlich behandelt wurde, entfallen. –

In „Dichtung und Wahrheit" beklagt sich Goethe: „so wollten sie [die Leser des Romans, R. K.] sämtlich ein für allemal wissen, was denn eigentlich an der Sache wahr sei?" (Editionen „Werther", S. 146). Das schon vom Autor gescholtene Interesse an den biographischen Vorlagen besteht natürlich auch bei heutigen Lesern, und wenn ihm durch dieses Referat entsprochen wird, dann nur deshalb, weil gezeigt werden soll, daß die Identifizierung von Leben und Poesie beiden wenig nützlich ist. Goethe selbst weist schon darauf hin, daß der Roman als „poetische Einheit" zu betrachten sei, in der sich die einzelnen Elemente einer „Form" unterordnen (ebenda). Die Frage nach den realen Vorbildern ist also von keinem poetischen oder literaturwissenschaftlichen Interesse, sondern befriedigt lediglich die Neugier der Leser an der Person des Autors.

Das Schülerreferat sollte diesen wichtigen Aspekt ansprechen; es ist deshalb sinnvoll, wenn die mit dem Referat betraute Gruppe bzw. der Schüler einige Leitfragen vorgegeben bekommt.

– Ergänzen Sie die Informationen zu den „drei Komplexen" (Editionen „Werther", S. 143), die auf die Entstehung des Romans Einfluß hatten! (*Literatur:* Reclam, Erläuterungen und Dokumente; Richard Friedenthal, Goethe. Sein Leben und seine Zeit; Die großen Klassiker, Band 1 zu Goethe; dpa-Meldung zum Jerusalem-Haus in Wetzlar).

– Woran wird deutlich, daß Goethe mit dem jungen Werther nicht gleichzusetzen ist?

– Wie begründet Goethe in der Rückschau das Zustandekommen des Romans? („Dichtung und Wahrheit" in: Editionen „Werther", S. 144ff. / Gespräch mit Eckermann, ebenda S. 147)

– Welche Bedeutung mißt er der Poesie für das Leben bei?

– Wo besteht nach seiner Auffassung die Gefahr einer falschen Rezeption?

– Weshalb reagierte Goethe „unartig", wenn er später danach gefragt wurde, „was denn eigentlich an der Sache wahr sei"?

– Wie erklären Sie sich dieses Interesse der Leser (d. h. auch Ihres) an biographischen Hintergründen im Roman (siehe auch Restaurierung des Jerusalem-Hauses *(Textbogen)*)

Wetzlars Jerusalem-Haus des Goethefreundes wurde jüngst restauriert

Durch Werther unsterblich

(dpa). Goethes Briefroman „Die Leiden des jungen Werthers" war bei seinem Erscheinen im Jahre 1774 eine literarische Sensation in Europa und machte seinen Autor mit einem Schlage berühmt. Auch die Vorbilder für seine beiden Kunstfiguren Lotte und Werther, Charlotte Buff und Carl-Wilhelm Jerusalem, die Goethe wenige Jahre zuvor während seines Praktikums am Reichskammergericht in Wetzlar kennengelernt hatte, sind unsterblich geworden. Ihr Andenken wird heute noch in der Stadt Wetzlar gepflegt, im Lotte-Haus, das mit einer Werther-Sammlung aufwartet, und im Jerusalem-Haus, das nach dreijähriger Restaurierung vor kurzem neu eröffnet wurde.

Das Jerusalem-Haus, ein schmucker Fachwerkbau aus dem 17. Jahrhundert, erstrahlt in neuem Glanz: rot-weiß gestrichen die Fassade, die beiden dreigeschossigen Erker schmuckverziert. Innen wurden die Dielenfußböden erneuert und ein dem Barock nachempfundenes Treppengeländer installiert. Insgesamt 980 000 Mark hat Wetzlar, selbsternannte Goethestadt, sich die Renovierungsarbeiten kosten lassen, um der im zweiten Obergeschoß des Hauses gelegenen Gedenkstätte Jerusalems einen würdigen Rahmen zu bieten.

In den beiden Zimmern im zweiten Geschoß, die der junge Mann wenige Monate, bevor er sich am 30. Oktober 1772 erschoß, angemietet hatte, werden sensationshungrige Besucher allerdings vergebens nach dem Loch in der Wand über dem Schrankbett suchen, das die Kugel des Selbstmörders angeblich geschlagen hat. „Wir haben die beiden Zimmer mit alten Wetzlarer Möbeln aus der Zeit Jerusalems möbliert, so unter anderem mit einem Claviccrd, einem Instrument, auf dem er gerne spielte, denn wir wollen ein Bild der damaligen Wirklichkeit bieten, aber wir wollen keine Scheinauthentizität für Sensationshungrige", sagt der Leiter der städtischen Sammlungen, Hartmut Schmidt.

Im Jerusalem-Haus das mit großformatigen, nach alten Stichen hergestellten Werther-Abbildungen reich geschmückt ist, solle die literarische Kunstfigur Werther objektiviert werden, die Person des Werther-Vorbilds Karl-Wilhelm Jerusalem dabei klarer erscheinen.

Dieser liebte als Bewunderer britischer Kultur und Lebensart in Anlehnung an die damalige englische Kirchhoflyrik den Blick von seinem Wohnzimmer auf den gegenüberliegenden Friedhof. Er habe sich aber nicht, wie Werther, nur wegen seiner unerwiderten Liebe zu einer verheirateten Frau das Leben genommen, obwohl dies möglicherweise einer der Gründe für den Selbstmord des 26jährigen gewesen sei.

Der junge Mann hatte sich, als der Legationssekretär aus Braunschweig zu einer mehrjährigen Untersuchungskommission nach Wetzlar beordert worden war, tatsächlich in die Frau eines anderen Kommissionsmitglieds verliebt und, so Schmidt, „die Ungeschicklichkeit begangen, sich dieser Dame zu offenbaren". Daraufhin hatte ihm der Ehemann Hausverbot erteilt. Das führte zu einer völligen Isolation Jerusalems in der Wetzlarer Gesellschaft und ruinierte augenscheinlich seine Karriere. Da er keine Aussicht mehr auf ein berufliches Weiterkommen gesehen und zudem unter ständigem Ärger mit seinem direkten Vorgesetzten, einem „wirklichen Ekel", litt, habe er sich erschossen.

Schmidt stützt seine Angaben auf Untersuchungen und Schriften, darunter auch Jerusalems philosophische Aufsätze, die von seinem Freund Lessing nach dem Erscheinen des „Werther" veröffentlicht wurden, um das darin gezeichnete Bild des jungen Mannes zu korrigieren. Diese Schriften können im Jerusalem-Haus eingesehen werden. Wo Jerusalem begraben wurde, weiß niemand genau. Der anglophile Friedhofsliebhaber wurde als Selbstmörder „irgendwo an der Stadtmauer verscharrt", sagt Wetzlars Oberbürgermeister Walter Froneberg.

Sicher ist, ohne Goethe würde heute kein Mensch mehr an Jerusalem denken. Aber daß die Person des Jerusalem richtig dargestellt und von der Kunstfigur Werther abgehoben wird, ist nach Meinung des Germanisten und Kunsthistorikers Schmidt auch für die Einordnung des deutschen Dichterfürsten wichtig. Wenn die künftigen Besucher des Jerusalem-Hauses auch das Lotte-Haus mit der Werther-Sammlung besuchen, sollten sie in der Lage sein, Urbild und Abbild des Werther voneinander zu unterscheiden. Nur so, meint Schmidt, werde Goethes kreative literarische Arbeit wirklich deutlich.

Gesine Desgroseilliers

© dpa Hamburg. In: Kurier am Sonntag, Nr. 29 (165), S. 20 v 19. 7. 1987

29./30. Stunde (2. Zusatz): „Der ‚Werther'-Stoff in der Literatur"

Die Rezeption des „Werther" vollzog sich zu einem Teil literarisch-produktiv, indem Autoren mit unterschiedlicher Absicht auf verschiedene Weise an den Stoff des Romans anknüpften und ihn neu gestalteten. Goethes Werther hat auf diese Art eine Reihe von Brüdern erhalten, von denen die Schüler am Schluß der Unterrichtseinheit einige kennenlernen sollten. Um den dafür vorgesehenen Zeitraum von zwei, maximal drei Stunden nicht zu überschreiten, ist eine Beschränkung notwendig; vorgestellt werden eine bitterböse gemeinte, im Grunde aber flache Parodie (Nicolai), eine Persiflage (Kleist) sowie eine aktualisierte Neuschöpfung (Plenzdorf); hiermit sind die drei vorherrschenden Arten der Wertheriaden erfaßt.

Schon aus chronologischen Gründen beginnt die Stunde mit der Besprechung bzw. Vorstellung der von Friedrich Nicolai 1775 herausgegebenen „Freuden des jungen Werthers. Leiden und Freuden Werthers des Mannes. Voran und zuletzt ein Gespräch" (Inhaltsangabe mit Textauszügen in Reclam, Erläuterungen und Dokumente, S. 140–146). Neben der Vorlage eines Textbogens bietet sich hier auch der Lesevortrag an, der die hahnebüchene Handlung und vor allem den übertrieben genialischen Stil (Elisionen, Interjektionen, Ellipsen etc.) verdeutlicht. Nachdem zunächst nur der erste Teil (S. 141–145) gelesen worden ist, sollten folgende Fragen im Unterrichtsgespräch oder durch den/die referierenden Schüler aufgegriffen werden:

- Welche Wirkung will Nicolai ganz offenbar beim Leser erzielen?
- Welche stilistischen Mittel verwendet er dafür?
- Wie bezieht sich Nicolai inhaltlich und formal auf die Handlung im „Werther"?
- Welche Motive arbeitet er ein und um?
- Welche Funktion erhält Albert in der Parodie Nicolais?
- Wie wirkt und welche Funktion hat das Happy-End im Vergleich zum „Werther"?
- Welche Intention verfolgt Nicolai? Aus welcher Sicht schreibt er?

Der zweite Teil der „Freuden" wird entsprechend Reclam, S. 146 zusammengefaßt. – (Nicolais „Freuden" kann auch als *Klausurthema* eingesetzt werden; vgl. S. 150.) Im Anschluß lesen die Schüler Heinrich von Kleists Anekdote aus dem Jahre 1811 „Der neuere (glücklichere) Werther" (Textbogen 1). Der Lehrer sollte kurz darüber informieren, daß Kleist Goethe seit der mißratenen Aufführung des „Zerbrochenen Krugs" am Weimarer Hoftheater (1808) haßte. – Im Unterrichtsgespräch werden folgende Fragen erörtert:

- Welche motivischen und Handlungselemente übernimmt Kleist?
- Welchen Eindruck vermittelt der Schluß der Handlung?
- Welchen Eindruck will dagegen ganz offenbar der Erzähler erwecken?
- (– Welche typisch Kleistschen Stilmerkmale erkennen Sie?)
- (– Beschreiben Sie die Verknüpfung von Inhalt und Stil, und geben Sie an, welche Wirkung von ihr ausgeht!)
- Ist die Anekdote eher als eigenständige Erzählung oder primär als Persiflage auf „Werther" zu verstehen?

(Die in Klammern gesetzten Fragen können entfallen, wenn die Schüler mit der Prosa Kleists nicht vertraut sind.)

Für den zweiten Teil der Doppelstunde ist das Referat zu Plenzdorfs „Die neuen Leiden des jungen W." (1972) einzuplanen. Wenn man bedenkt, daß für eine ausführliche Besprechung des Romans in der Sekundarstufe I etwa 18 Stunden anzusetzen sind (vgl. „Stundenblätter" zu Plenzdorf von Otmar Leppla / Hartmut Fischer, Klett 927481), wird klar, daß das Referat nur auf das Wesentliche eingehen kann. Folgende Themenbereiche, die wohl nicht alle abgedeckt werden können, geben den Referenten einen „roten Faden" vor; fortgeschrittene (Leistungskurs)schüler sollten sich dagegen ihre inhaltlichen Schwerpunkte selbst suchen.

- Inhaltsangabe / Vorstellung der Figuren / Vorlesen von Textauszügen
- Formbeschreibung (Handlungsstruktur, Perspektiven, Schnittechnik usw. im Unterschied zum „Werther")
- Gemeinsamkeiten und Unterschiede zwischen Edgar und Werther sowie weitere Entsprechungen auf der Ebene der Figuren
- Bedeutung der „Werther"-Zitate für Edgar und den Handlungsverlauf
- Bedeutung der Arbeit und der Kunst für Edgar und Werther

- Vergleich der Romanausgänge (Edgars Tod ein Unglücksfall??)
- Aktualität der Sozialkritik im „Werther" für den real existierenden Sozialismus (Konflikt zwischen Individualität und Kollektiv, Regeln, Anpassungsdruck usw.)
- Parallelen in der Rezeption der beiden Romane 1774 und 1972

Für den letzten, sehr interessanten Themenbereich gibt der Lehrer den Schülern zwei Rezensionen von DDR-Verfassern an die Hand (Textbogen 2).

Sofern die Möglichkeit dazu besteht, sollte in einer weiteren Doppelstunde der Film zu den „Neuen Leiden des jungen W." (unter der Regie von Eberhard Itzenplitz mit Klaus Hoffman in der Hauptrolle, 1976) vorgeführt werden. Dies scheint mir auch dann legitim, wenn die meisten Schüler den Roman nur durch das Referat kennen; Anknüpfungspunkte für eine interessante (und nicht notwendig vorstrukturierte) Nachbesprechung gibt es genug.

Heinrich von Kleist (1777–1811)

Der neuere (glücklichere Werther)

Zu L..e in Frankreich war ein junger Kaufmannsdiener, Charles C..., der die Frau seines Prinzipals, eines reichen aber bejahrten Kaufmanns, namens D..., heimlich
5 liebte. Tugendhaft und rechtschaffen, wie er die Frau kannte, machte er nicht den mindesten Versuch, ihre Gegenliebe zu erhalten: um so weniger, da er durch manche Bande der Dankbarkeit und Ehrfurcht an seinen Prinzipal geknüpft war. Die Frau, welche mit seinem Zustande, der seiner Gesundheit nachteilig zu werden drohte, Mitleiden hatte, forderte ihren Mann, unter mancherlei Vorwand auf, ihn aus dem
10 Hause zu entfernen; der Mann schob eine Reise, zu welcher er ihn bestimmt hatte, von Tage zu Tage auf, und erklärte endlich ganz und gar, daß er ihn in seinem Kontor nicht entbehren könne. Einst machte Herr D..., mit seiner Frau, eine Reise zu einem Freunde, aufs Land; er ließ den jungen C..., um die Geschäfte der Handlung zu führen, im Hause zurück. Abends, da schon alles schläft, macht sich der junge Mann, von
15 welchen Empfindungen getrieben, weiß ich nicht, auf, um noch einen Spaziergang durch den Garten zu machen. Er kömmt bei dem Schlafzimmer der teuern Frau vorbei, er steht still, er legt die Hand an die Klinke, er öffnet das Zimmer: das Herz schwillt ihm bei dem Anblick des Bettes, in welchem sie zu ruhen pflegt, empor, und kurz, er begeht, nach manchen Kämpfen mit sich selbst, die Torheit, weil es doch niemand
20 sieht, und zieht sich aus und legt sich hinein. Nachts, da er schon mehrere Stunden, sanft und ruhig, geschlafen, kommt, aus irgend einem besonderen Grunde, der, hier anzugeben, gleichgültig ist, das Ehepaar unerwartet nach Hause zurück; und da der alte Herr mit seiner Frau ins Schlafzimmer tritt, finden sie den jungen C.., der sich, von dem Geräusch, das sie verursachen, aufgeschreckt, halb im Bette, erhebt. Scham und
25 Verwirrung, bei diesem Anblick, ergreifen ihn; und während das Ehepaar betroffen umkehrt, und wieder in das Nebenzimmer, aus dem sie gekommen waren, verschwindet, steht er auf, und zieht sich an; er schleicht, seines Lebens müde, in sein Zimmer, schreibt einen kurzen Brief, in welchem er den Vorfall erklärt, an die Frau, und schießt sich mit einem Pistol, das an der Wand hängt, in die Brust. Hier scheint die Geschichte
30 seines Lebens aus; und gleichwohl (sonderbar genug) fängt sie hier erst allererst an. Denn statt ihn, den Jüngling, auf den er gemünzt war, zu töten, zog der Schuß dem alten Herrn, der in dem Nebenzimmer befindlich war, den Schlagfluß zu: Herr D... verschied wenige Stunden darauf, ohne daß die Kunst aller Ärzte, die man herbeigerufen, imstande gewesen wäre, ihn zu retten. Fünf Tage nachher, da Herr D... schon
35 längst begraben war, erwachte der junge C..., dem der Schuß, aber nicht lebensgefährlich, durch die Lunge gegangen war: und wer beschreibt wohl – wie soll ich sagen? seinen Schmerz oder seine Freude? als er erfuhr, was vorgefallen war, und sich in den Armen der lieben Frau befand, um derentwillen er sich den Tod hatte geben wollen! Nach Verlauf eines Jahres heiratete ihn die Frau; und beide lebten noch im Jahr 1801,
40 wo ihre Familie bereits, wie ein Bekannter erzählt, aus 13 Kindern bestand.

In: Heinrich von Kleist: Sämtliche Werke und Briefe, Bd. 2 (Hg.) Helmut Sembdner, München [7]1983, S. 276f. (Carl Hanser Verlag)

Werther-Diskussion
1774–1775

Hamburgische Nachrichten, 21. März 1775:
„Zu den Schriften, welche als sichtbare Beispiele der Ausbrüche des Verderbens unserer Zeit anzuführen sind, rechnen wir die Leiden – Narrheiten und Tollheiten, sollte es heißen – des jungen Werther, einen Roman, welcher keinen anderen Zweck hat, als das Schändliche von dem Selbstmorde eines jungen Witzlings, den eine närrische und verbotene Liebe dazu gebracht hat, abzuwischen, und diese schwarze Tat als eine Handlung des Heroismus vorzuspiegeln – einen Roman, der von unseren jungen Leuten nicht gelesen, sondern verschlungen wird.

Im Grunde ist die Charteque nichts anderes, als ein moderner Don Quichote, nicht als Löwenritter, sondern als ein verliebter Narr betrachtet. Allein Don Quichote ist noch viel vernünftiger als Werther, und redet durchgängig mit mehr Hochachtung von der Religion als dieser.

Welcher Jüngling kann eine solche verfluchungswürdige Schrift lesen, ohne ein Pestgeschwür davon in seiner Seele zurückzubehalten, welches gewiß zu seiner Zeit ausbrechen wird. Und keine Zensur hindert den Druck solcher Lockspeisen des Satans. Die Verleger haben den Mut, ihren Namen auf dieselben zu setzen. Die Zeitungsposaunen heben den höchsten Ton zu ihrem Lobe an. Ewiger Gott! Was für Zeiten hast Du uns erleben lassen!"

Wieland in „Der Teutsche Merkur", Weimar 1774:
„Einen einzelnen Selbstmörder rechtfertigen, und auch nicht rechtfertigen, sondern nur zum Gegenstande des Mitleids zu machen, in seinem Beispiele zu zeigen, daß ein allzuweiches Herz und eine feurige Phantasie oft sehr verderbliche Gaben sind, heißt keine Apologie des Selbstmords schreiben. Dennoch ist dieser gewöhnliche Fehlschluß auch bei diesem Buche gemacht worden. Unzufriedenheit mit dem Schicksale ist eine der allgemeinen Leidenschaften, und daher sympathisiert hier jeder zumal da Werthers liebenswürdige Schwärmerei und wallendes Herz jeden anstecken müssen."

Werther-Diskussion
1973–1975

In der DDR

Friedrich Karl Kaul, Rechtsanwalt:
Um mein Urteil knapp zu fassen: mich ekelt geradezu – um keinen anderen Ausdruck zu benutzen – die von einem unserer professionellen Theaterkritiker sogar noch „mehr als ein hübscher Einfall" laudierte Inbezugsetzung eines verwahrlosten – der Fachmann würde sagen, „verhaltensgestörten" – Jugendlichen mit der Goetheschen Romanfigur an; von dem Fäkalien-Vokabular, in dem des langen und breiten über die innige Funktionsverbindung von Niere und Darm der Plenzdorfschen Figur abgehandelt wird, ganz zu schweigen.

Man komme nicht mit der Binsenwahrheit, daß es derart verhaltensgestörte Jugendliche bei uns gibt, worüber ich gerade durch Beruf und spezielles Fachinteresse besonders gut unterrichtet sein dürfte. Natürlich gibt es sie, und natürlich bin ich darüber unterrichtet! Aber dank der energischen Maßnahmen unseres Staates sind sie alles andere als repräsentativ für unsere Jugend! Herr Plenzdorf hätte nur in die Werkhallen unserer Betriebe, in die Hörsäle unserer Universitäten und Akademien, in Ateliers und Laboratorien, schlechthin an jeden Ort gehen können, wo gearbeitet wird, um das festzustellen!

Aus einem Brief an Wilhelm Girnus, Herausgeber der Ostberliner Zeitschrift „Sinn und Form", abgedruckt in Heft 1/1973

Stephan Hermlin, Schriftsteller:
Ich halte die vorgelesene Zuschrift nicht für so ungeheuer interessant, daß man sich groß und breit damit auseinandersetzen müßte. Ein altes Argument wird vorgestellt, das immer aktiviert wird, wenn ein Stück neue Kunst irgendwo auftaucht, und hier geht es um ein authentisches Stück neue Kunst. Man argumentiert, daß das ja nicht typisch sei, sondern daß es eben nur irgendeine in diesem Falle verhaltensgestörte Minderheit angeht, während man in den Werkhallen etwas ganz anderes erleben könnte. Verhaltensgestört, also krank, sind die anderen; man selber ist kerngesund.

Das wichtigste an Plenzdorfs Stück ist, daß es vielleicht zum erstenmal, jedenfalls in der Prosa, authentisch die Gedanken, die Gefühle der DDR-Arbeiterjugend zeigt.

Diskussionsbeitrag in „Sinn und Form", Heft 1/1973

31. Stunde (3. Zusatz): „Produktive Auseinandersetzung mit dem ‚Werther'"

Warum sollte, was Nicolai, Kleist, Plenzdorf, Thomas Mann und viele andere versucht haben, nämlich den Werther-Stoff weiterzuführen, umzuformen, zu parodieren, zu aktualisieren usw., nicht auch von Schülern geleistet werden? Gerade im Anschluß an die Beschäftigung mit den Wertheriaden bietet es sich an, daß die Schüler einmal selbst produktiv werden, indem sie sich schreibend-kreativ auf den Roman beziehen. Dies ist um so mehr geboten, als ohnehin der größte Teil des konventionellen Literaturunterrichts (und auch der vorliegenden Einheit) auf textanalytisches Verstehen und Beurteilen ausgerichtet ist. Kreativität, die als Lernziel im Rahmen der Literaturbetrachtung meist zu kurz kommt, kann gerade im Zusammenhang mit dem „Werther" exemplarisch erprobt werden, insofern mit den Wertheriaden bereits einige Vorbilder vorliegen.

Und es gibt noch einen weiteren Aspekt, warum die schreibende Auseinandersetzung bei diesem Roman besonders naheliegt: Die Hauptfigur selbst ist ein Schreibender, der seine Gedanken, Sehnsüchte, Empfindungen und Erfahrungen, kurz, das, was seine Subjektivität ausmacht und bestimmt, preisgibt. Der Roman hatte ja nicht zuletzt seiner Briefform wegen einen solchen Erfolg: Die Leser konnten bis in das Innerste der fiktiven Figur des Werther hineinschauen. Denn wer schreibt, stellt sich dar, kommt aus sich heraus, zeigt sich durch Inhalt und Stil gleichermaßen. Diese Erfahrung sollten die Schüler nicht nur auf der Ebene des Verstandes machen, sondern ebenso durch eigene Tätigkeit, durch Schreiben. Dabei wird zugleich die Erfahrung vermittelt, daß Schreiben anstrengend ist und daß etwas Gutes geschrieben zu haben, Glücksmomente ver-

schafft, während die an sich selbst erfahrene Begrenzung enttäuschend ist (hier sei noch einmal an Werthers Brief vom 10. Mai (S. 5) erinnert).

Da, wie eingangs erwähnt, die Kunst des Briefschreibens gerade unter Jugendlichen immer mehr verkümmert, könnte hier, in bezug auf den Roman, eine Möglichkeit eröffnet werden, schreibend wieder einen Zugang zum Schreiben zu gewinnen. –

Der Lehrer legt verschiedene Themenvorschläge vor. Diese können dabei eng auf den Text bezogen sein, z. B.

1. Verfassen Sie bitte einen Brief Wilhelms, den Werther vor dem 8. August (S. 41 f.) erhält!

2. Verfassen Sie bitte einen Brief Lottes an eine vertraute Freundin nach Werthers Rückkehr Ende Juli 1772!

Denkbar ist auch, daß die Schüler aufgefordert werden, im Anschluß an die Abfassung des Briefes dessen thematische Schwerpunkte und Stil zu begründen, z. B.

3. Verfassen Sie bitte einen Brief an Wilhelm, in dem Sie über eine fiktive Begegnung mit Werther, die nach dem 12. August stattgefunden hat, berichten. Schildern Sie Ihre Eindrücke von dem jungen Mann, und stellen Sie Überlegungen zu seiner Lage an! – Begründen Sie in einem zweiten Teil die Wahl Ihrer Schwerpunkte hinsichtlich des von Ihnen gewählten Zeitpunktes der Begegnung!

4. Verfassen Sie bitte einen Brief Alberts an einen nahen Freund nach dem Selbstmord Werthers! – Beurteilen Sie die im Brief aufscheinenden Wesensmerkmale, Gedanken, Gefühle und Erwartungen Alberts aus Ihrer eigenen Sicht!

Natürlich können die Themen auch wesentlich allgemeiner gehalten werden, z. B.

5. Verfassen Sie bitte eine Kurzgeschichte (möglichst unter Berücksichtigung der charakteristischen Formmerkmale) zum Werther-Stoff; die Tendenz (identifikato-

risch, polemisch, ironisch u. ä.) ist dabei beliebig.

Die Schüler können auch – mehr oder weniger verdeckt – ihre eigene Lebenswirklichkeit in einen fiktiven Brief mit einbringen, z. B.
6. Verfassen Sie bitte einen Brief an einen Werther unserer Tage (evtl. aus Ihrem Freundes- oder Bekanntenkreis)!

Nicht als Brief, sondern als Essay und als Nachtrag der Stunde zu „Werther – Lotte – Albert" eignet sich folgendes Thema:
7. Werther, Albert und ich. Was gehen mich literarische Figuren an?

Der Phantasie sind, wie die Beispiele zeigen, keine Grenzen gesetzt. Besonders zu begrüßen ist es natürlich, wenn die Schüler eigene Themenvorschläge unterbreiten, die nach Abstimmung mit dem Lehrer bearbeitet werden.

Auf jeden Fall muß sichergestellt werden, daß möglichst viele der Eigenproduktionen zum „Werther" im Unterricht (evtl. vervielfältigt) vorgetragen und (kritisch-wohlwollend) besprochen werden. Auf eine Benotung der Arbeiten ist zu verzichten, da die Beurteilungskriterien den Schülern genau bekannt sein müßten, was den geplanten spielerisch-kreativen Umgang behindert; allenfalls ist denkbar, daß besonders eindrucksvolle Arbeiten (z. B. die zwei besten) durch den Kurs als Jury für eine gute Note vorgeschlagen werden.

Bei überaus engagierten Kursen kann daran gedacht werden, die Schüler-Arbeiten abzutippen, zu vervielfältigen und als Heft oder Broschüre zusammenzustellen – eine hübsche Erinnerung an den Kurs und die Teilnehmer, die ihre Beiträge namentlich zeichnen.

5 Verwendete Texte aus Editionen – Heften

A. Sturm und Drang. Lyrik, Texte und Materialien bearbeitet von Friedrich Burkhardt, (Klettbuch 3525), Stuttgart 1979 (abgekürzt als: Editionen „Lyrik").

1. Johann Wolfgang von Goethe: Ganymed, S. 97 (1./2. Stunde sowie Vorlage für Klausurthema)
2. Johann Gottfried Herder: (Die Einheit von Dichtung und Wirklichkeit), S. 107–109 (3./4. Stunde)
3. Johann Wolfgang von Goethe: Prometheus, S. 95 (3./4. Stunde)
4. Gottfried August Bürger: Der Bauer, S. 58 (3./4. Stunde)
5. Gottfried August Bürger: Des Pfarrers Tochter von Taubenhain, S. 48–53 (3./4. Stunde)
6. Johann Wolfgang von Goethe: Maifest, S. 22 (5./6. Stunde)
7. Friedrich Gottlieb Klopstock: Ode über die ernsthaften Vergnügungen des Landlebens, S. 15–19 (14.–17. Stunde)
8. Johann Gottfried Herder: (Alte und zeitgenössische Literatur), S. 122–125 (14.–17. Stunde)

B. Aufklärung – Sturm und Drang. Kunst- und Dichtungstheorien, Texte und Materialien bearbeitet von Wilhelm Große, (Klettbuch 35127), Stuttgart 1981 (abgekürzt als: Editionen „Kunst- und Dichtungstheorien").

1. Johann Christoph Gottsched: Von dem Charaktere eines Poeten, S. 16–24 (1./2. Stunde)
2. Johann Kaspar Lavater: Genie, S. 74–78 (3./4. Stunde sowie 11./12. Stunde)
3. Johann Gottfried Herder: (Die Suche nach dem Ursprünglichen und Lebendigen), S. 84f. (5./6. Stunde)
4. Johann Wolfgang von Goethe: (Shakespeares Theater), S. 58–60 (5./6. Stunde)

C. Johann Wolfgang von Goethe: Die Leiden des jungen Werther, Text und Materialien bearbeitet von Doris Bonz, (Klettbuch 3519), Stuttgart 1979

1. Johann Wolfgang von Goethe: („Das Innere eines kranken jugendlichen Wahns"), S. 144–147 (14.–17. Stunde; 20./21. Stunde; 28. Stunde)
2. Johann Wolfgang von Goethe: (Motto-Verse zur zweiten Auflage des „Werther"), S. 134 (14.–17. Stunde)
3. Christian Ziegra: („Werther"-Lockspeise des Satans), S. 150f. (20./21. Stunde)
4. Anonymer Verfasser: (Kann Literatur die Moral gefährden?), S. 151 (20./21. Stunde)
5. Gotthold Ephraim Lessing: (Ästhetisches Vergnügen – moralische Gefahr), S. 148 (20./21. Stunde)
6. Johann Wolfgang von Goethe: (Auszüge aus der ersten Fassung des „Werther"), S. 137–142 (Vorlage für Klausurthema)
7. Hermann August Korff: (Werther – der faustische Menschentypus), S. 159–162 (Vorlage für Klausurthema)
8. Hans Jürgen Geerdts: (Werthers Tod als sozialer Protest), S. 164f. (Vorlage für Klausurthema)

6 Leistungskontrollen

1. Fragen für einen informellen Test

Vorbemerkung: Die Durchführung eines informellen Tests vor Beginn der Besprechung eines literarischen Werkes ist mit Recht umstritten: Obwohl davon ausgegangen werden kann, daß die Schüler bei vorheriger Ankündigung eines solches Tests sorgfältiger lesen, werden manche Lehrer sich scheuen, diesen Druck auszuüben, weil sie befürchten, die Motivation der Schüler zu beeinträchtigen. Auf jeden Fall dürfen die Schüler den Text während des Tests nachlesen, und die erzielte Note sollte insgesamt ein nicht zu großes Gewicht erhalten.

1. Warum läßt Werther sich nicht von Wilhelm seine Bücher nachschicken?
2. Welche Lektüre bevorzugt Werther? Was schätzt er an diesem Dichter?
3. Warum und in wessen Auftrag sucht Werther seine Tante auf?
4. Wieviele Kinder hat der Amtmann?
5. Bei welcher Gelegenheit lernt Werther Lotte kennen?
6. Was trägt Lotte bei der ersten Begegnung mit Werther?
7. Welche Art Lektüre schätzt Lotte?
8. Womit beschäftigt sich die Gesellschaft während des Gewitters?
9. Um welches Thema dreht sich abends das Gespräch beim Pfarrer von St.?
10. Warum läßt Albert „alles Gewehr ungeladen"?
11. Welches Instrument spielt Lotte?
12. Wann hat Werther Geburtstag?
13. Welche Geschenke erhält Werther zu seinem Geburtstag?
14. Welches Versprechen gab Lotte ihrer Mutter in der Stunde ihres Todes?
15. Was verdrießt Werther am Gesandten, bei dem er arbeitet?
16. Warum schätzt Werther Fräulein von B.?
17. Was gibt Werther als eigentlichen Grund dafür an, daß er dem Fürsten auf sein Jagdschloß folgte?
18. Was fehlt Albert – nach Werthers Meinung –, um der geeignete Ehemann für Lotte zu sein?
19. Was ist der Grund für den Irrsinn des Wahnsinnigen, den Werther auf einem Spaziergang trifft?
20. Warum beneidet Werther den Wahnsinnigen?
21. Was hinterläßt Werther Lotte außer den Briefen an sie?

Natürlich sollten nur einige der Fragen vorgelegt werden; denkbar ist die Einteilung des Kurses in zwei Gruppen mit unterschiedlichen Fragen.

Auflösung zu den Fragen des informellen Test:

1. Er will nicht mehr „geleitet, ermuntert, angefeuert sein", sein Homer ist ihm der rechte „Wiegengesang". (13. Mai; S. 6).
2. Homer; er liebt die „patriarchalische Idee", das einfache Leben, das bei Homer beschrieben wird.
3. Im Auftrag seiner Mutter in einer Erbschaftsangelegenheit (4. Mai; S. 4).
4. 7 Kinder (16. Junius; S. 18).
5. Bei der gemeinsamen Kutschfahrt zu einem Ball auf dem Lande (16. Junius; S. 17).
6. „Ein simples weißes Kleid, mit blaßroten Schleifen an Arm und Brust" (16. Junius; S. 18).
7. Lektüre, in der Lotte ihre eigene Welt wiederfindet (16. Junius; S. 20).
8. Mit einem Gesellschaftsspiel (16. Junius; S. 24).
9. Es geht um die schlechte Laune (den bösen Humor) (1. Julius; S. 30f.).
10. Sein Bedienter hat mit einer geladenen Pistole einem Mädchen die Hand durchschossen (12. August; S. 44).
11. Klavier (16. Julius; S. 37).
12. Am 28. August (28. August; S. 53).
13. Eine blaßrote Schleife Lottes und zwei Bücher (Homer) (28. August; S. 53).
14. „Die Mutter ihrer Kinder zu sein" (10. September; S. 57).
15. Er ist ein Pedant, der „pünktlichste Narr" (24. Dezember; S. 61).
16. Sie gleicht Lotte und besitzt „viel Seele" (20. Januar; S. 65).
17. Werther „soll ganz (sich) selbst gelassen sein", und „bis auf einen gewissen Punkt" versteht er sich mit dem Fürsten (24. März; S. 72).
18. „Fühlbarkeit" (29. Julius; S. 76).
19. Seine unglückliche Leidenschaft für Lotte (1. Dezember; S. 93).
20. Er wird sich seines Unglücks nicht bewußt wie Werther und leidet deshalb weniger.
21. Das Schattenbild (S. 126).

2. Vorschläge für Klausuren

Textinterpretation

a) Belegen Sie bitte anhand einer inhaltlichen Detailanalyse, daß der Brief vom 4. Mai eine Art Exposition des Romans darstellt!

(Geeignet für einen Leistungs- wie für einen Grundkurs; das Thema deckt sich mit Phase 2 der Doppelstunde „Zwei Briefe".)

b) Vergleichen Sie die Briefe vom 10. Mai und vom 18. August miteinander!
   1. Stellen Sie formale und inhaltliche Übereinstimmungen und Unterschiede heraus; beachten Sie dabei besonders die Rolle der Natur!
   2. Beziehen Sie die inhaltlichen Unterschiede auf den Gang der Handlung und die innere Entwicklung Werthers!

(Geeignet für einen Grundkurs; das Thema deckt sich mit Phase 3 bzw. der Hausaufgabe B der Doppelstunde „Naturerfahrung und Naturdarstellung im ‚Werther'".)

Textvergleichende Interpretation

c) Vergleichen Sie bitte den Textauszug der ersten Fassung des „Werther" (Editionen „Werther", S. 140–142) mit der entsprechenden Version der zweiten Fassung (S. 121–124)!
   1. Arbeiten Sie die wesentlichen inhaltlichen Unterschiede heraus!
   2. Stellen Sie bitte Überlegungen zu der Frage an, warum Goethe diese Passage umgeändert hat (d. h. welche Verschiebung der Aussage er damit erreichen wollte)!

(Geeignet für einen Leistungskurs sowie für einen leistungsstarken Grundkurs.)

d) Der (in parodistischer Absicht verfaßte) Roman „Freuden des jungen Werthers. Leiden und Freuden Werthers des Mannes" von Friedrich Nicolai (1775) endet im ersten Teil glücklich für Werther:
   „Nach Hin- und Widerreden gestand Lotte (...) den ganzen Vorgang des gestrigen Abends", und „nach reifer Überlegung" gibt Albert „alle Ansprüche an sie auf", da er „eine zärtliche wechselseitige Liebe nicht stören" will.

Führen Sie aus, weshalb eine solche Lösung für Goethe nicht akzeptabel ist. Überlegen Sie sich bitte einen sinnvollen Aufbau für Ihre Begründung, die mehrere Aspekte enthalten sollte!

(Geeignet für einen Grundkurs.)

e) *Vorgabe:* Textauszug 1 zu Thomas Mann, Lotte in Weimar, mit Erläuterungen.
   1. Vergleichen Sie bitte den vorliegenden Textausschnitt aus „Lotte in Weimar" mit Goethes „Die Leiden des jungen Werther" (Brief vom 20. Dezember)!
   Wie wird Lotte jeweils charakterisiert, und wie wird ihr Verhältnis zu Goethe bzw. Werther dargestellt?
   2. Versuchen Sie herauszufinden, worin das Besondere von „Lotte in Weimar" im Unterschied zu den Ihnen bekannten Wertheriaden besteht!

(Schon aufgrund der schwierigen Diktion Th. Manns ausschließlich für einen Leistungskurs geeignet.)

f) *Vorgabe:* Textauszug 2 zu Thomas Mann, Lotte in Weimar, mit Erläuterungen.
   1. Arbeiten Sie Gemeinsamkeiten zwischen der Charakterisierung des jungen Goethe durch Lotte und der Figur Werthers heraus!
   2. Geben Sie Beispiele mit Erläuterungen für die Ironie des Erzählers Thomas Mann, und versuchen Sie diese zu begründen!

(Ebenfalls ausschließlich für einen Leistungskurs geeignet.)

g) *Vorgabe:* Textauszug 3 zu J. J. Rousseaus „Abhandlung" von 1750.
   Der junge Goethe hatte sich vor der Niederschrift des „Werther" mit Gedanken des französischen Philosophen Jean-Jacques Rousseau vertraut gemacht.
   1. Weisen Sie Bezüge zwischen dem vorliegenden Textausschnitt und Goethes Jugendroman nach!
   2. Beziehen Sie bitte Stellung zu der Frage, ob die von Rousseau vorgetragene Kritik heute noch Gültigkeit besitzt!

(Geeignet für einen Grundkurs; Bezug vor allem: Doppelstunden zu „Freiheit und Regeln" und „Gesellschaftskritik im ‚Werther'".)

h) Der Philosoph G. W. F. Hegel gab in seinen „Vorlesungen über die Ästhetik" folgendes Bild des Romanhelden:
„Mag einer auch noch soviel sich mit der Welt herumgezankt haben, umhergeschoben worden sein, zuletzt bekommt er meistens doch sein Mädchen und irgendeine Stellung, heiratet und wird Philister so gut wie die anderen auch. (...) Das Ende solcher Lehrjahre besteht darin, daß sich das Subjekt die Hörner abläuft, mit seinen Wünschen und Meinen sich in die bestehenden Verhältnisse und die Vernünftigkeit derselben hineinbildet, in die Verkettung der Welt eintritt und in ihr sich einen angemessenen Standpunkt erwirbt." (G. W. F. Hegel, Vorlesungen über die Ästhetik II. In: ders., Werke in zwanzig Bänden, Band 14, Frankfurt/Main 1970, S. 219 f. [Suhrkamp])

1. Zeigen Sie auf, inwieweit die Romanfigur Werther in diese Bestimmung eines Romanhelden nicht eingepaßt werden kann!
2. Stellen Sie auf der Grundlage des Textauszuges Vermutungen zu der Frage an, wie Hegel den „Werther" beurteilt haben könnte!

(Geeignet für einen Grundkurs.)

i) *Vorlage:* Johann Wolfgang Goethe, Ganymed. In: Editionen „Lyrik", S. 97.
Vergleichen Sie Goethes Hymne mit dem Brief vom 10. Mai, und arbeiten Sie bitte die inhaltlichen und formalen Gemeinsamkeiten heraus!

(Geeignet für einen Leistungs- wie für einen Grundkurs.)

j) *Vorgabe:* Textauszug 4 zu Eckermann, Gespräche mit Goethe.
Zeigen Sie bitte auf, inwieweit die von Goethe angesprochenen Beobachtungen und Gedanken bereits im „Werther" vorliegen!
(Geeignet für einen Grundkurs, sofern das Thema „Kinder und Kindheit" behandelt worden ist; keine allzu schwierige Aufgabenstellung.)

k) *Vorlage:* Textauszug 5 zu Friedrich Schiller, Über naive und sentimentalische Dichtung (1795).
1. Stellen Sie bitte Zusammenhänge zwischen den Ausführungen Schillers und den im „Werther" vorgetragenen Auffassungen her!
2. Setzen Sie sich bitte kritisch mit den Thesen Schillers sowie mit den entsprechenden Äußerungen Werthers auseinander!

(Geeignet für einen Grundkurs; Bezug: Doppelstunde zu „Freiheit und Regeln" sowie zur Einzelstunde „Kinder und Kindheit".)

l) Goethe schrieb am 23. 10. 1828 einen Brief an Graf Brühl:
„Betrachten wir uns in jeder Lage des Lebens, so finden wir, daß wir äußerlich bedingt sind vom ersten Atemzug bis zum letzten; daß uns aber jedoch die höchste Freiheit übrig geblieben ist, uns innerhalb unsrer selbst dergestalt auszubilden, daß wir uns mit der sittlichen Weltordnung in Einklang setzen und, was auch für Hindernisse sich hervortun, dadurch mit uns selbst zum Frieden gelangen können. Dies ist bald gesagt und geschrieben, steht aber auch nur als Aufgabe vor uns, deren Auflösung wir unsere Tage durchaus zu widmen haben. Jeder Morgen ruft zu, das Gehörige zu tun und das Mögliche zu erwarten."

1. Setzen Sie diese Äußerung des späten Goethe in Beziehung zu seinem frühen Roman „Die Leiden des jungen Werther"!

2. Versuchen Sie, unter Berücksichtigung des Romans und des Briefes eine eigene Bestimmung des Verhältnisses von Welt und Individuum zu formulieren, die für Sie Gültigkeit haben könnte!

(Geeignet für einen Leistungs- wie für einen Grundkurs.)

m) *Vorgabe:* Textauszüge 6 aus „Werther" und einem Trivialroman.
   1. Arbeiten Sie bitte heraus, worum beide Verfasser in den vorgelegten Textauszügen bemüht sind!
   2. Nehmen Sie auf der Ebene des Inhalts und des Stils einen Vergleich beider Texte vor, und kommen Sie zu einem ästhetischen Urteil!

(Geeignet für einen Grund- sowie für einen schwächeren Leistungskurs.)

Auseinandersetzung mit Sekundärliteratur

n) *Vorgabe:* Hermann August Korff, [Werther – der faustische Menschentypus] (1923). In: Editionen „Werther", S. 159–162.
   1. Fassen Sie mit eigenen Worten zusammen, worin Korff die Bedeutung der Liebe im „Werther" sieht!
   2. Setzen Sie sich kritisch mit der Auffassung Korffs zu den Gründen für Werthers Zugrundegehen auseinander!

(Geeignet für einen Leistungskurs.)

o) *Vorgabe:* Hans Jürgen Geerdts, [Werthers Tod als sozialer Protest] (1971). In: Editionen „Werther", S. 164f.).
   1. Stellen Sie dar, auf welche Passagen und Handlungszüge des „Werther" Geerdts sich bezieht!
   2. Überprüfen Sie bitte kritisch, ob seine Thesen zutreffen: Widerlegen bzw. modifizieren Sie sie!

(Geeignet für einen Leistungskurs.)

Freie Texterörterung

p) 1. Geben Sie bitte einen kurzen Vergleich zwischen dem Schicksal Werthers und dem des Bauernburschen!
   2. Zeigen Sie auf, an welchen Stellen der Werther-Handlung jeweils die Bauernburschen-Episode eingeblendet wird, und geben Sie eine Begründung dafür!
   3. Stellen Sie Überlegungen zu der Frage an, ob diese von Goethe erst nachträglich hinzugefügte Episode auch verzichtbar wäre!

(Geeignet für einen Grundkurs und für einen schwächeren Leistungskurs; für die Bearbeitung ist ausreichend Zeit einzuräumen; Bezug: Doppelstunde „Romanstruktur und Nebensachen und -figuren"; die Klausur ist nur möglich, wenn Alternative A gewählt wurde.)

q) 1. Zeigen Sie die Gründe auf, die zum Freitod Werthers führen!

2. Stellen Sie bitte dar, durch welche sprachlich-stilistischen Mittel Werthers Weg in den Freitod unterstrichen wird!

3. Halten Sie Werthers Untergang für unabänderlich? Nehmen Sie Stellung zu seiner Bewältigung der sich ihm stellenden Probleme!

(Geeignet nur für einen Grundkurs; Aufgabenstellung vorwiegend auf Reproduktion ausgerichtet; Bezug: Doppelstunde „Selbstmord und Selbstverwirklichung"; der Zusatz „Gründe für Werthers Scheitern" sollte im Unterricht nicht behandelt worden sein.)

Freie Themen

r) Werther, Albert und ich. Was gehen mich literarische Figuren an?

(Geeignet für Leistungs- und Grundkurs; Bezug: Einzelstunde „Werther – Lotte – Albert"; vgl. auch 3. Zusatz.)

s) „Es schreibt keiner wie ein Gott, der nicht gelitten hat wie ein Hund." (Marie von Ebner-Eschenbach)

Versuchen Sie bitte, einen Zusammenhang zwischen diesem Aphorismus und Goethes „Werther" herzustellen!

(Geeignet für einen Leistungskurs; zu diesem Thema sollten den Schülern die biographischen Hintergründe der Entstehung des Romans einigermaßen vertraut sein.)

Textauszug 1 zur Vorlage eines Klausurthemas

Im September und Oktober 1816 wird Goethe mehrfach von der inzwischen 63jährigen Charlotte Kestner, geborene Buff, besucht. Thomas Mann hat diese Begebenheit zum Thema seines Romans „Lotte in Weimar" (1939) gemacht. – Der Roman beginnt damit, daß Charlotte mit ihrer gleichnamigen Tochter im „Elephanten" zu Weimar absteigt. Wegen des mitgeführten weißen Ballkleides mit den rosa Schleifen ist es zu einer kleinen Verstimmung mit der Tochter gekommen.

Zweites Kapitel

Charlotte fand lange die Ruhe nicht, die – sie wohl nicht einmal aufrichtig suchte. Zwar verhüllte sie, nachdem sie die oberen Kleider abgelegt und sich, mit einem Plaid bedeckt, auf einem der Betten unter dem kleinen Mullhimmel ausgestreckt hatte, ihre Augen gegen die Helligkeit der Fenster, die ohne dunklere Vorhänge waren, mit einem
5 Schnupftuch und hielt darunter die Lider geschlossen. Dabei aber trachtete sie nach ihren Gedanken, die ihr das Herz klopfen machten, mehr als nach dem vernünftigerweise wünschenswerten Schlummer, und dies um so entschiedener, als sie diese Unweisheit als jugendlich, als Beweis und Merkmal innerster Unverwüstlichkeit, Unveränderlichkeit durch die Jahre empfand und sich mit heimlichem Lächeln darin
10 gefiel. Was jemand ihr einst geschrieben, auf einem Abschiedszettel: „Und ich, liebe Lotte, bin glücklich, in Ihren Augen zu lesen, Sie glauben, ich werde mich nie verändern –", ist der Glaube unserer Jugend, von dem wir im Grunde niemals lassen, und

daß er Stich gehalten habe, daß wir immer dieselben geblieben, daß Altwerden ein
Körperlich-Äußerliches sei und nichts vermöge über die Beständigkeit unseres Innersten,
15 dieses närrischen, durch die Jahrzehnte hindurchgeführten Ich, ist ein Beobachtung, die
anzustellen unseren höheren Tagen nicht mißfällt, – sie ist das heiterverschämte Geheimnis unserer Alterswürde. Man war eine sogenannte alte Frau, nannte sich spöttisch
auch selber so und reiste mit einer neunundzwanzigjährigen Tochter, die noch dazu das
neunte Kind war, das man dem Gatten geboren. Aber man lag hier und hatte
20 Herzklopfen genau wie als Schulmädel vor einem tollen Streich. Charlotte stellte sich
Betrachter vor, die das reizend gefunden hätten.
Wer lieber nicht vorzustellen war als Beobachter dieser Herzensbewegung, war Lott-
chen, die Jüngere. Trotz dem Versöhnungskuß hörte die Mutter nicht auf, ihr zu zürnen
der „humorlosen" Kritik wegen, die sie an dem Kleide, den Schleifen geübt, und die im
25 Grunde dieser ganzen, so würdig-natürlich zu begründenden und dennoch von ihr als
„extravagant" beurteilten Reise galt. Es ist unangenehm, jemanden auf Reisen zu
führen, der zu scharfblickend ist, um zu glauben, daß man seinetwegen reist, sondern
sich als vorgeschoben erachtet. Denn ein unangenehmer, ein kränkender Scharfblick ist
das, ein Scheelblick vielmehr, der von den verschlungenen Motiven einer Handlung
30 nur die zart verschwiegenen sieht und nur diese wahrhaben will, die präsentablen und
sagbaren aber, so ehrenwert sie seien, als Vorwände verspottet. Charlotte empfand mit
Groll das Beleidigende solcher, ja vielleicht aller Seelenkunde und hatte nichts andres
im Sinn gehabt, als sie der Tochter Mangel an Leutseligkeit vorgehalten.
Haben denn sie, die Scharfblickenden, dachte sie, nichts zu fürchten? Wie, wenn man
35 den Spieß umkehrte und die Motive ihres Spürsinns zu Tage zöge, die sich vielleicht
nicht ganz in Wahrheitsliebe erschöpfen? Lottchens ablehnende Kälte, – nun, auch sie
mochte ein boshafter Scharfblick durchschauen, auch sie bot zu Einblicken Anlaß, und
nicht zu sonderlich gewinnenden. Erlebnisse, wie sie ihr, der Mutter, zuteil geworden,
waren diesem hochachtenswerten Kinde nun einmal nicht beschieden gewesen, noch
40 würden sie ihm seiner Natur nach je beschieden sein: ein Erlebnis wie das berühmte zu
dritt, welches so fröhlich, so friedlich begonnen hatte, dann aber dank der Tollheit des
einen Teiles ins Quälend-Verwirrende ausgeartet und zu einer großen, redlich überwun-
denen Versuchung für ein wohlschaffen Herz geworden war, – um eines Tages, o stolzes
Entsetzen, aller Welt kundzuwerden, ins Überwirkliche aufzusteigen, ein höheres
45 Leben zu gewinnen und so die Menschen aufzuwühlen und zu verwirren wie einst ein
Mädchenherz, ja, eine Welt in ein oft gefährlich gescholtenes Entzücken zu versetzen.
Kinder sind hart und unduldsam, dachte Charlotte, gegen das Eigenleben der Mutter:
aus einer egoistisch verbietenden Pietät, die fähig ist, aus Liebe Lieblosigkeit zu
machen, und die nicht löblicher wird, wenn einfach weiblicher Neid sich darein mischt,
50 – Neid auf ein mütterliches Herzensabenteuer, der sich als spöttischer Widerwille gegen
die weitläufigen Ruhmesfolgen des Abenteuers verkleidet. Nein, das gestrenge Lott-
chen hatte so furchtbar Schönes und schuldhaft Todsüßes nie erfahren wie ihre Mutter
an dem Abend, als der Mann in Geschäften verritten gewesen und Jener gekommen
war, obgleich er vor Weihnachtsabend nicht mehr hatte kommen sollen; als sie
55 vergeblich zu Freundinnen geschickt und allein mit ihm hatte bleiben müssen, der ihr
aus dem Ossian vorgelesen hatte und beim Schmerze der Helden überwältigt worden
war von seinem eigenen allerdüstersten Jammer; als der liebe Verzweifelte zu ihren
Füßen hingesunken war und und ihre Hände an seine Augen, seine arme Stirn gedrückt
hatte, da denn sie sich von innigstem Mitleid hatte bewegen lassen, auch seine Hände zu
60 drücken, unversehens, ihre glühenden Wangen sich berührt hatten und die Welt ihnen
hatte vergehen wollen unter den wütenden Küssen, mit denen sein Mund auf einmal
ihre stammelnd widerstrebenden Lippen verbrannt hatte ...

Da fiel ihr ein, daß sie es auch nicht erfahren hatte. Es war die große Wirklichkeit, und unterm Tüchlein brachte sie sie mit der kleinen durcheinander, in der es so stürmisch
65 nicht zugegangen war. Der tolle Junge hatte ihr eben nur einen Kuß geraubt – oder, wenn dieser Ausdruck zu ihrer beider Stimmung von damals nicht passen wollte: er hatte sie von Herzen geküßt, halb Wirbelwind, halb Melancholicus, beim Himbeersammeln, in der Sonne, – sie geküßt rasch und innig, begeistert und zärtlich begierig, und sie hatt' es geschehen lassen. Dann aber hatte sie sich hienieden geradeso vortrefflich
70 benommen wie droben im Schönen, – ja, eben darum durfte sie dort für immer eine so schmerzlich edle Figur machen, weil sie sich hier zu verhalten gewußt hatte, wie auch die pietätvollste Tochter es nur verlangen konnte. Denn es war in aller Herzlichkeit ein wirrer und sinnloser, ein unerlaubter, unzuverlässiger und wie aus einer anderen Welt kommender Kuß gewesen, ein Prinzen- und Vagabundenkuß, für den sie zu schlecht
75 und zu gut war; und hatte der arme Prinz aus Vagabundenland auch Tränen danach in den Augen gehabt und sie ebenfalls, so hatte sie doch in ehrlich untadeligem Unwillen zu ihm gesagt: „Pfui, schäm' Er sich! Daß Er sich so etwas nicht noch einmal beikommen läßt, sonst sind wir geschiedene Leute! Dies bleibt nicht zwischen uns, daß Er's weiß. Noch heute sag' ich es Kestnern." Und wie er auch gebeten hatte, es nicht
80 anzusagen, so hatte sie es doch an dem Tage noch ihrem Guten redlich gemeldet, weil er's wissen mußte: nicht sowohl, daß jener es getan, als daß sie es hatte geschehen lassen; worauf sich denn Albert doch recht peinlich berührt gezeigt hatte und sie im Lauf des Gesprächs, auf Grund ihrer vernünftig-unverbrüchlichen Zusammengehörigkeit, zu dem Beschlusse gelangt waren, den lieben Dritten nun denn doch etwas kürzer
85 zu halten und ihm die wahre Sachlage entschieden bemerklich zu machen.

Thomas Mann: Lotte in Weimar (Frankfurter Ausgabe). © 1960, 1974 S. Fischer Verlag GmbH, Frankfurt am Main

Textauszug 2 zur Vorlage eines Klausurthemas

Im September und Oktober 1816 wird Goethe mehrfach von der inzwischen 63jährigen Charlotte Kestner, geborene Buff, besucht. Thomas Mann hat diese Begebenheit zum Thema seines Romans „Lotte in Weimar" (1939) gemacht. – Charlotte ist mit ihrer Tochter in einem Gasthof abgestiegen, wo sie überraschend Besuch erhält: Goethes Sekretär Friedrich Wilhelm Riemer möchte das Vorbild für Werthers Lotte kennenlernen; das Gespräch dreht sich natürlich um Goethe.

„Wozu also viel Zwang und systematische Lernquälerei? Man muß bedenken, daß die Jugend des Meisters selbst davon frei gewesen ist. Nennen wir die Dinge bei Namen: eine eigentliche Schulung hat er seinerzeit nicht erfahren und als Knabe und Jüngling nur weniges gründlich durchgearbeitet. Das wird ihm niemand so leicht abmerken,
5 höchstens bei sehr langem, genauem Umgange und eigenem ausnehmend gediegenem gelehrten Fundament, denn es versteht sich, daß er bei seiner hurtigen Auffassung, seinem festhaltenden Gedächtnis, der hohen Lebendigkeit seines Geistes trotzdem sehr viele Kenntnisse im Fluge errafft und assimiliert hat und sie vor allem dank Eigenschaften, die eher dem Bereiche des Witzes, der Anmut, der Form, der Beredsamkeit
10 angehören, mit mehr Glück zur Geltung zu bringen weiß, als manch anderer Gelehrte sein viel größeres Wissen . . ."

„Ich folge ihnen", sagte Charlotte, indem sie sich mit vielem Geschick bemühte, dem Zittern ihres Kopfes, das wieder bemerklich werden wollte, den Sinn rasch nickender Zustimmung zu geben, „ich folge Ihnen mit einer Spannung, über die ich mir zugleich Rechenschaft zu geben suche. Sie haben eine einfache Art zu sprechen, und dennoch hat sie etwas Erregendes; denn erregend ist es, von einem großen Mann einmal nicht mit gang und gäber Schwärmerei, sondern mit Ruhe und Trockenheit, einem gewissen Realism, aus der intimen Erfahrung des Alltags reden zu hören. Wenn ich mich selbst erinnere und meine eigenen Beobachtungen zu Rate ziehe – mögen sie auch lange her sein – aber sie galten gerade dem jungen Menschen, auf dessen bequeme Art sich zu bilden Sie hinwiesen –, nun, er hat es weit genug damit gebracht, um sie strengeren Systemen mit einem gewissen persönlichen Rechte vorzuziehen –, jedenfalls – diesen Jüngling, diesen Dreiundzwanzigjährigen, habe ich gut gekannt, ihm lange zugesehen, und kann nur bestätigen: mit seinen Studien, seiner Arbeitsamkeit, seinem Amtseifer war es wenig oder nichts, er hat recht eigentlich nie etwas getan zu Wetzlar, darin, das muß ich sagen, stand er all seinen Gesellen, den Praktikanten und Sollicitanten der Rittertafel nach, Kielmannsegge, Legationssecretär Gotter, der doch auch Verse schrieb, Born und den anderen, selbst dem armen Jerusalem, von Kestnern gar nicht zu reden, der schon das ernsteste, beschäftigste Leben führte und mich denn auch wohl auf den Unterschied aufmerksam machte, indem er mir zu bedenken gab, wie Einer gut habe den Schwerenöter machen, sich frisch, lustig, glänzend und geistreich erweisen und sich in Vorteil setzen bei den Frauenzimmern, wenn er in Gottes Welt nichts zu tun habe und vollster Freiheit genieße, da andere nach ernstem Tage, von Geschäftssorgen müde, sich bei der Liebsten einfänden und sich ihr nicht mehr darzustellen vermöchten, wie sie wohl wünschten. Daß hier eine Ungerechtigkeit liege, habe ich jederzeit eingesehen und sie meinem Hans Christian zugute gehalten, wenn ich auch meine Zweifel hatte, ob die Mehrzahl der jungen Leute bei größerer Muße – und einige Muße hatten sie doch auch – sich so blühenden Geistes und warmen, innigen Witzes erwiesen hätten wie unser Freund. Von der anderen Seite aber hielt ich mich an, einen Teil seiner Feurigkeit auf Rechnung seines Müßigganges zu setzen und darauf, daß er sein Naturell so ganz ungeschmälert der Freundschaft widmen durfte, – einen Teil; denn es war da eine schöne Kraft des Herzens und – wie soll ich es nennen – ein Lebensglanz, die mir in dieser Erklärung denn doch nicht aufgehen zu wollen schienen, und selbst wenn er sein langes Gesicht hatte, traurig und bitter erschien und auf Welt und Gesellschaft schmälte, so war er immer noch interessanter als die Arbeitsamen am Sonntag. Das sagt mir meine Erinnerung mit voller Deutlichkeit. Öfters ließ er mich an eine Damascener Klinge denken – ich wüßte nicht mehr genau zu sagen, in welchem Vergleichssinne –, aber auch an eine Leidener Flasche, und dies im Zusammenhang mit der Idee der Geladenheit, – denn er wirkte gleichsam geladen, hochgeladen, und es kam einem unwillkürlich die Vorstellung, man würde, wenn man ihn mit dem Finger berührte, einen Schlag empfangen, wie es bei einer Art von Fischen der Fall sein soll. Kein Wunder, daß andere, noch so vortreffliche Menschen einem leicht fade vorkamen in seiner Gegenwart oder selbst in seiner Abwesenheit. Auch hatte er, wenn ich meine Erinnerung befrage, einen eigentümlich aufgetanen Blick, – ich sage ‚aufgetan', nicht weil seine Augen, braun und etwas nahe beisammenliegend, wie sie waren, sonderlich groß gewesen wären, aber ihr Blick war sehr aufgetan und seelenvoll nach einer ausnehmend starken Meinung des Wortes, und sie wurden schwarz, wenn sie, wie das vorkam, vor Herzlichkeit blitzten. Ob er wohl heute noch diese Augen hat?"

„Die Augen", sagte Dr. Riemer, „die Augen sind mächtig bisweilen." Seine eigenen, glasig vortretenden, zwischen denen ein Kerbzeichen bemühten Grübelns stand, zeigten an, daß er schlecht zugehört und eigene Gedankengänge verfolgt hatte. Sich über das

Kopfnicken der Matrone aufzuhalten, wäre ihm übrigens nicht zugekommen, denn wie er die große weiße Hand vom Stockknauf zu seinem Gesicht hob, um irgendein leichtes Jucken an der Nase nach Art des feinen Mannes durch eine zarte Berührung mit der
65 Kupe des Ringfingers zu beheben, sah man deutlich, daß auch diese Hand zitterte. Charlotte selbst bemerkte es und war so wenig angenehm berührt davon, daß sie die entsprechende Erscheinung bei sich selbst, wie es ihr durchaus möglich war, wenn sie achtgab, sogleich abstellte.

Thomas Mann: Lotte in Weimar (Frankfurter Ausgabe). © 1960, 1974 S. Fischer Verlag GmbH, Frankfurt am Main

Textauszug 3 zur Vorlage eines Klausurthemas

Jean-Jacques Rousseau: Erste Preisschrift. Abhandlung über die von der Akademie gestellte Frage: Ob die Neubelebung der Wissenschaften und Künste dazu beigetragen habe, die Sitten zu läutern.

Während Regierung und Gesetze für die Sicherheit und das Wohl der in einem Gemeinwesen zusammengeschlossenen Menschen sorgen, fügen die Wissenschaften, die Künste und die Literatur, weniger gebieterisch, aber vielleicht um so mächtiger, den eisernen Ketten, mit denen diese Menschen gefesselt sind, Blütenbande hinzu, ersti-
5 ken in ihnen das Gefühl für jene ursprüngliche Freiheit, zu der sie geboren schienen, lassen sie Gefallen an ihrer Knechtschaft finden und machen aus ihnen das, was man zivilisierte Völker nennt. (S. 27)

Bevor die Kunst unsere Umgangsformen geschliffen und unsere Leidenschaften eine glatte Sprache zu sprechen gelehrt hatte, waren unsere Sitten einfach, aber unver-
10 fälscht; und der Unterschied im Verhalten verriet auf den ersten Blick den Unterschied im Charakter. Die menschliche Natur war im Grund nicht besser; aber die Leichtigkeit, mit der man sich gegenseitig durchschaute, gab den Menschen ihre innere Sicherheit; und dieser Vorteil, von dessen Wert wir uns keine Vorstellung mehr machen, bewahrte sie vor vielen Lastern.
15 Heute, wo ein gewähltes Benehmen und ein verfeinerter Geschmack die Kunst zu gefallen auf Regeln reduziert haben, sind unsere Sitten von einer erbärmlichen und trügerischen Gleichförmigkeit, und die Geister scheinen alle nach dem gleichen Muster gebildet: Immerzu fordert die Höflichkeit, gebietet die Schicklichkeit; immerzu folgt man der Konvention, niemals dem eigenen Wesen. Man wagt nicht mehr, sich so zu
20 zeigen wie man ist; und unter diesem ständigen Zwang werden die Menschen dieser ,Gesellschaft' genannten Herde in gleichen Situationen alle das gleiche tun, wenn nicht stärkere Beweggründe sie davon abhalten. Man wird daher nie genau wissen, wen man vor sich hat: Um seinen Freund kennenzulernen, wird man also die bedeutsamen Gelegenheiten abwarten müssen, das heißt abwarten, bis es dafür zu spät ist, denn
25 gerade dieser Gelegenheiten wegen wäre es wichtig gewesen, ihn zu kennen. (S. 28f.)

In: ders., Preisschriften und Erziehungsplan, (Hg.) Hermann Röhrs, Bad Heilbrunn/Obb. 1967 (Verlag Julius Klinkhardt)

Textauszug 4 zur Vorlage eines Klausurthemas

> **Goethe in einem Gespräch mit Johann Peter Eckermann am 12. 3. 1828:**
>
> Ich brauche nur in unserm lieben Weimar zum Fenster hinaus zu sehen, um gewahr zu werden, wie es bei uns steht. – Als neulich der Schnee lag und meine Nachbarskinder ihre kleinen Schlitten auf der Straße probieren wollten, sogleich war ein Polizeidiener nahe, und ich sah die armen Dingerchen fliehen, so schnell sie konnten. Jetzt, wo die
> 5 Frühlingssonne sie aus den Häusern lockt und sie mit ihresgleichen vor ihren Türen gerne ein Spielchen machten, sehe ich sie immer geniert, als wären sie nicht sicher und als fürchteten sie das Herannahen irgendeines polizeilichen Machthabers. – Es darf kein Bube mit der Peitsche knallen oder singen oder rufen, sogleich ist die Polizei da, es ihm zu verbieten. Es geht bei uns alles dahin, die liebe Jugend frühzeitig zahm zu machen
> 10 und alle Natur, alle Originalität und alle Wildheit auszutreiben, so daß am Ende nichts übrig bleibt als der Philister. (...) Von gesunden Sinnen und Freude am Sinnlichen ist (...) keine Spur, alles Jugendgefühl und alle Jugendlust ist (...) ausgetrieben, und zwar unwiederbringlich (...).
>
> Johann Peter Eckermann: Gespräche mit Goethe in den letzten Jahren seines Lebens. In: Goethe, Gedenkausgabe der Werke, Briefe und Gespräche, (Hg.) Ernst Beutler, Band 24, Zürich 1948, S. 688f. (Artemis)

Textauszug 5 zur Vorlage eines Klausurthemas

> **Friedrich Schiller: Über naive und sentimentalische Dichtung (1795)**
>
> Nicht weil wir von der Höhe unserer Kraft und Vollkommenheit auf das Kind herabsehen, sondern weil wir aus der *Beschränktheit* unsers Zustands, welche von der *Bestimmung,* die wir einmal erlangt haben, unzertrennlich ist, zu der grenzenlosen *Bestimmbarkeit* in dem Kinde und zu seiner reinen Unschuld *hinaufsehen,* geraten wir
> 5 in Rührung, (...). In dem Kinde ist die *Anlage* und *Bestimmung,* in uns ist die *Erfüllung* dargestellt, welche immer unendlich weit hinter jener zurückbleibt. Das Kind ist uns daher eine Vergegenwärtigung des Ideals, nicht zwar des erfüllten, aber des aufgegebenen, (...). (S. 7; Hervorh. im Original)
>
> Naiv muß jedes wahre Genie sein, oder es ist keines. Seine Naivität allein macht es zum
> 10 Genie, und was es im Intellektuellen und Ästhetischen ist, kann es im Moralischen nicht verleugnen. Unbekannt mit den Regeln, den Krücken der Schwachheit und den Zuchtmeistern der Verkehrtheit, bloß von der Natur oder dem Instinkt, seinem schützenden Engel, geleitet, geht es ruhig und sicher durch alle Schlingen des falschen Geschmackes, (...). (S. 17f.)
>
> hg. und mit Nachwort und Register versehen von Johannes Beer, Stuttgart 1972 (Reclam Universal-Bibliothek Nr. 7756/57)

Textauszüge 6 zur Vorlage eines Klausurthemas

A

Ich ging durch den Hof nach dem wohlgebauten Hause, und da ich die vorliegenden
Treppen hinaufgestiegen war und in die Tür trat, fiel mir das reizendste Schauspiel in
die Augen, das ich je gesehen habe. In dem Vorsaale wimmelten sechs Kinder von elf
zu zwei Jahren um ein Mädchen von schöner Gestalt, mittlerer Größe, die ein simples
5 weißes Kleid, mit blaßroten Schleifen an Arm und Brust, anhatte. Sie hielt ein
schwarzes Brot und schnitt ihren Kleinen rings herum jedem sein Stück nach Proportion
ihres Alters und Appetits ab, gab's jedem mit solcher Freundlichkeit, und jedes rief so
ungekünstelt sein: „Danke!" indem es mit den kleinen Händchen lange in die Höhe
gereicht hatte, ehe es noch abgeschnitten war, und nun mit seinem Abendbrote
10 vergnügt entweder wegsprang, oder nach seinem stillen Charakter gelassen davonging
nach dem Hoftore zu, um die Fremden und die Kutsche zu sehen, darin ihre Lotte
wegfahren sollte. – „Ich bitte um Vergebung", sagte sie, „daß ich Sie hereinbemühe und
die Frauenzimmer warten lasse. Über dem Anziehen und allerlei Bestellungen fürs
Haus in meiner Abwesenheit habe ich vergessen, meinen Kindern ihr Vesperbrot zu
15 geben, und sie wollen von niemanden Brot geschnitten haben als von mir." – Ich
machte ihr ein unbedeutendes Kompliment, meine ganze Seele ruhte auf der Gestalt,
dem Tone, dem Betragen, und ich hatte eben Zeit, mich von der Überraschung zu
erholen, als sie in die Stube lief, ihre Handschuhe und den Fächer zu holen.

„meine Kinder": Lottes jüngere Geschwister, die sie seit dem Tode ihrer Mutter versorgt.

B

Adolphine streckte ihre zarten Glieder auf das weiche Moos; das heilige Rauschen in
den Wipfeln der uralten Bäume, das Plätschern des zum Vater Rhein hinabeilenden
Baches, lullten die Schlummermüde ein. Der Champagner und die Freude hatten den
Liliensammet ihrer Wangen gerötet; das Köpfchen lag in der rechten Schwanenhand;
5 die linke ruhte auf dem schwellenden Moose. Freundlich lächelten die Purpurlippen, als
schwebe ihr der Scherz des Tages vor der freudetrunkenen Seele, der kleine Mund war
halb geöffnet, wie eine eben sich entfaltende Rosenknospe; der Lilienbusen wogte
ruhig, und das niedlichste aller Füßchen im ganzen Rheingau war nur bis zur Zwickel-
spitze des blütenweißen Strümpfchens sichtbar. Leise Lüfte vom flutenden Rhein herauf
10 küßten ihr kühlend die brennende Stirn und das geschlossene Auge und spielten
heimlich mit dem lockigen Haar und den flatternden Bändern und der lose Gott der
Träume, der ihr auf des Champagners leichtem Schaume ein ganzes, mit mancherlei
Gaukelwerk der Phantasie befrachtetes, buntgeflaggtes Schiffchen in des Herzens
stillen Hafen gesandt, umfing sie jetzt mit seinen Blumenarmen.

Richard Bochinger: Der Oberstufenaufsatz als Textaufgabe, Stuttgart ³1975, S. 171f. (Ernst
Klett Verlag)

7 Literaturverzeichnis

Literatur zur Epoche

Autorenkollektiv: Erläuterungen zur deutschen Literatur: Sturm und Drang, Berlin (0) 1983 (Volkseigener Verlag Volk und Wissen)

Druvins, Ute: Lyrik im Sturm und Drang. In: Gedichte in ihrer Epoche, (Hg.) D. Steinbach, Stuttgart 1985, S. 28–46 (Ernst Klett Verlag)

Herold, Theo / Wittenberg, Hildegard: Aufklärung. Sturm und Drang. In: Geschichte der deutschen Literatur, Bd. 1, (Hg.) Bark, Joachim / Steinbach, Dietrich / Wittenberg, Hildegard, Stuttgart 1983 (Ernst Klett Verlag)

Karthaus, Ulrich (Hg.): Sturm und Drang und Empfindsamkeit. In: Die deutsche Literatur. Ein Abriß in Text und Darstellung, Bd. 6, Stuttgart 1976 (bibl. erg. 1979) (Reclam Universal-Bibliothek Nr. 9621 (4))

Kaiser, Gerhard: Aufklärung. Empfindsamkeit. Sturm und Drang. In: Geschichte der deutschen Literatur, (Hg.) Kaiser, Gerhard, Bd. 3, München ³1979 (Francke; UTB 484)

Kimpel, Dieter / Naumann, Dietrich / Fischer, Jens Malte: Deutsche Literaturgeschichte. Von der Aufklärung bis zur Romantik, Düsseldorf 1981 (Pädagogischer Verlag Schwann)

Langen, A.: Deutsche Sprachgeschichte vom Barock bis zur Gegenwart. In: Deutsche Philologie im Aufriß, (Hg. Stammler, W.), Bd. I, Berlin 1952, Sp. 1070 ff. (Irrationalismus)

Pascal, Roy: Der Sturm und Drang, Stuttgart ²1977 (Kröners Taschenausgabe Bd. 335)

Schings, Hans-Jürgen: Melancholie und Aufklärung. Melancholiker und ihre Kritiker in Erfahrungsseelenkunde und Literatur des 18. Jahrhunderts, Stuttgart 1977 (Metzler)

Schlaffer, Hannelore: Epochen der deutschen Literatur in Bildern: Klassik und Romantik 1770–1830, Stuttgart 1986 (Verlag Alfred Kröner)

Literatur zu Goethe

Boerner, Peter: Johann Wolfgang von Goethe in Selbstzeugnissen und Bilddokumenten, Reinbek bei Hamburg 1965 (Rowohlts Bildmonographie 100)

Conrady, Karl Otto: Goethe. Leben und Werk. Erster Band: Hälfte des Lebens, Köngstein/Ts. 1982 (Athenäum)

Friedenthal, Richard: Goethe. Sein Leben und seine Zeit, München 1963 (R. Piper & Co. Verlag München)

Höllerer-März, Hilde / Ottenbreit, Roland / Wetzel, Christoph unter Mitarbeit von Erz, Reinhold / Wiese, Gerhard: Die großen Klassiker. Literatur der Welt in Bildern, Texten, Daten. Johann Wolfgang Goethe (2 Bände), Salzburg 1980 (Andreas & Andreas)

Literatur zu „Werther"

a) Gesamtdarstellungen

Assling, Reinhard: Werthers Leiden. Die ästhetische Rebellion der Innerlichkeit, (Europäische Hochschulschriften: Reihe I, Deutsche Sprache und Literatur, Band 437), Frankfurt/M.; Bern 1981 (Verlag Peter Lang)

Jäger, Georg: Die Leiden des alten und neuen Werther. Kommentare, Abbildungen, Materialien zu Goethes ‚Leiden des jungen Werthers' und Plenzdorfs ‚Neuen Leiden des jungen W.', München Wien 1984 (Carl Hanser Verlag)

Kaschuge, Heidrun: Goethe / Plenzdorf, Die (neuen) Leiden des jungen (W.) Werthers. Vergleiche und Untersuchungen, Hollfeld/Ofr. 1976 (Beyer Verlag: Analysen und Reflexionen)

Müller, Peter: Zeitkritik und Utopie in Goethes „Werther". (Germanistische Studien), Berlin (0) 1969 (Rütten & Loening)

Pniower, Otto: Werthers Leiden. In: ders., Dichtungen und Dichter, Berlin 1912 (Fischer Verlag)

Rothmann, Kurt (Hg.): Erläuterungen und Dokumente zu Johann Wolfgang Goethe:

Die Leiden des jungen Werthers, Stuttgart 1971 (Reclam Universal-Bibliothek Nr. 8113 (2))

Scherpe, Klaus: Werther und Wertherwirkung. Zum Syndrom bürgerlicher Gesellschaftsordnung im 18. Jahrhundert, Bad Homburg v. d. H. / Berlin / Zürich 1970 (Verlag Dr. Max Gehlen)

Trunz, Erich: Nachwort und Anmerkungen zu: Goethe, Johann Wolfgang: Die Leiden des jungen Werthers. In: Goethes Werke. Hamburger Ausgabe in 14 Bänden, hg. von Erich Trunz, Band 6, 10. neubearb. Aufl., München 1981, S. 542–605 (Verlag C. H. Beck)

b) Einzeluntersuchungen

Butzlaff, Wolfgang: Die Schlüsselwort-Methode – Grundlagen und Beispiele. In: Der Deutschunterricht, (Jg. 16) Heft 1 (1964), S. 93–120

Finsen, H. C.: Empfindsamkeit als Raum der Alternative. Untersuchungen am Beispiel von Goethes ,Die Leiden des jungen Werthers'. In: Der Deutschunterricht (Jg. 29) Heft 4 (1977), S. 27–38)

Hautumm, Hans L.: Kritische Reflexionen über die Möglichkeit einer Soziologie der Literatur. In: Der Deutschunterricht (Jg. 23) Heft 2 (1971), S. 28–60 (insbes. S. 50–54)

Jäger, Georg: Die Wertherwirkung. Ein rezeptionsästhetischer Modellfall. In: Walter Müller-Seidel et al. (Hg.). Historizität in Sprach- und Literaturwissenschaft. Vorträge und Berichte der Stuttgarter Germanistentagung 1972, München 1974 (Fink); (auszugsweise in: Erzählen 3, (Hg.) G. Köpf, S. 119–129)

Ketzler, Lore: Die Sprache des jungen Goethe. In: Der Deutschunterricht, (Jg. 1) Heft 2–3 (1948/49), S. 13–22

Lange, Victor: Die Sprache als Erzählform in Goethes Werther. In: Formenwandel. Festschrift für Paul Böckmann, Hamburg 1964, S. 261–272

Mattenklott, Gert: Briefroman. In: Deutsche Literatur. Eine Sozialgeschichte, (Hg.) Horst Albert Glaser, Band 4, Reinbek bei Hamburg 1980, S. 185–203 (Rowohlt)

Nutz, Maximilian: Die Sprachlosigkeit des erregten Gefühls. Zur Problematik der Verständigung in Goethes „Werther" und seiner Rezeption. In: literatur für leser. 82/4, S. 217–229

Oettinger, Klaus: „Eine Krankheit zum Tode". Zum Skandal um Werthers Selbstmord. In: Der Deutschunterricht, (Jg. 28) Heft 2 (1976), S. 55–74

Ritter, Joachim: Subjektivität. Sechs Aufsätze, Frankfurt/Main 1974 (Bibliothek Suhrkamp 379)

Roche, Reinhold: Skizzen als Unterrichtshilfen. In: Der Deutschunterricht (Jg. 17) Heft 3 (1965), S. 96ff. (insbes. S. 106–109)

Schlaffer, Heinz: Exoterik und Esoterik in Goethes Romanen. In: Goethe Jahrbuch 95, 1978, S. 212–226

Stephan, Arndt und Inge: Werther und Werther-Rezeption – Ein Unterrichtsmodell zur Aufarbeitung bürgerlichen Selbstverständnisses. In: Projekt Deutschunterricht, Bd. 9, (Hg.) Bodo Lecke in Verbindung mit dem Bremer Kollektiv, Stuttgart 1975 (Metzler)

Ulshöfer, Robert: Der Wandel des Menschenbildes in der Dichtung des 19. Jahrhunderts. Stilbetrachtungen auf der Oberstufe an Hand der dichterischen Menschenzeichnung. In: Der Deutschunterricht (Jg. 3) Heft 6 (1951), S. 4–43 (insbes. S. 13–15)

Ulshöfer, Robert: Gesellschaftskritische Literatur – Kritik an der gesellschaftskritischen Literatur im Deutschunterricht – Probleme einer Erziehung zur Kritik. In: Der Deutschunterricht (Jg. 25) Heft 2 (1973), S. 5–30 (insbes. S. 17–19)

Unterrichtsmaterialien zum Thema

Bürger, Christa / von der Heide, Herbert: Vom Sturm und Drang zur Klassik. Materialien zum Funktionswandel der Literatur. Kurs 11, (Schülerarbeitsbuch und Lehrerband) Stuttgart 1982 (Metzler)

Feiks, Dieter / Krauß, Ella: Training Erörterung und Interpretation für das 10. Schuljahr, Stuttgart 1986, S. 79–82 (Ernst Klett Verlag)

Heinze, Norbert / Schurf, Bernd: Deutschunterricht auf der Sekundarstufe II. Grundband (Text und Dialog), Düsseldorf 1982, S. 207–225 (Verlag Schwann-Bagel)

Heinze, Norbert / Schurf, Bernd / Stein, G.: Textverstehen: Sprache – Literatur. Kursbuch (Text und Dialog), Düsseldorf 1981, S. 40–47 (August Bagel Verlag)

Homberger, Dietrich / Madsen, Rainer (Hg.): Aspekte der Literatur. Literarisches Arbeitsbuch für die Oberstufe, Frankfurt/Main 1985, S. 22–28 (Diesterweg)

Hotz, Karl: „Werther" als Modell für kritisches Lesen. Materialien zur Rezeptionsgeschichte, Stuttgart 1974 (Ernst Klett Verlag)

König, Heinz / Muthmann, Gustav (Hg.): Wort und Sinn. Arbeitsbücher: Deutsch – Sekundarstufe II. Literatur – Struktur und Geschichte, Paderborn 1980, S. 127–140 (Ferdinand Schöningh)

Köpf, Gerhard (Hg.): Erzählen 3 (Roman), München 1979, S. 119–132 (R. Oldenbourg Verlag)

Leppla, Otmar / Fischer, Hartmut: Stundenblätter Plenzdorf „Die neuen Leiden des jungen W.". Sekundarstufe I. Stuttgart 1985 (Ernst Klett Verlag)

Schuster, Karl: Erschließen poetischer Texte (Studientexte Deutsch, [Hg.], J. Lehmann u. H. Glaser), Bamberg 1979, S. 167f. (C. C. Buchners Verlag)

Spittler, Horst: Struktur epischer Texte (hier: 1 Raumgestaltung, 1.3 Die „Seelenlandschaft", S. 9ff.), Bamberg 1983 (C. C. Buchners Verlag)

Ulshöfer, Robert (Hg.), Arbeitsbuch Deutsch. Sekundarstufe II. Begleitband. Unterrichtsmodelle 2. Literatur und Gesellschaft, Hannover 1982, S. 106–130 (Schroedel)

Ulshöfer, Robert (Hg.): Arbeitsbuch Deutsch. Sekundarbereich II. Literatur und Gesellschaft (Neubearbeitung), Hannover 1979, S. 173–201 (Schroedel)

Handbücher zur Literatur

Best, Otto F.: Handbuch literarischer Fachbegriffe. Definitionen und Beispiele, Frankfurt/Main ³1982 (Fischer Taschenbuch Verlag)

Beutin, Wolfgang u. a.: Deutsche Literaturgeschichte. Von den Anfängen bis zur Gegenwart. 2., überarbeitete und erweiterte Auflage, Stuttgart 1984 (Metzler)

Braak, Ivo: Gattungsgeschichte deutschsprachiger Dichtung in Stichworten, Teil II b Lyrik. Vom Barock bis zur Romantik, Kiel 1979 (Verlag Ferdinand Hirt)

Frenzel, H. A. und E.: Daten deutscher Dichtung. Chronologischer Abriß der deutschen Literaturgeschichte. Bd. I: Von den Anfängen bis zur Romantik, München ⁸1972 (Deutscher Taschenbuch Verlag)

Hoffmann, Friedrich G. / Rösch, Herbert: Grundlagen, Stile, Gestalten der deutschen Literatur. Eine geschichtliche Darstellung, Frankfurt/Main ⁷1975 (Hirschgraben-Verlag)

Schlosser, Horst Dieter: dtv-Atlas zur deutschen Literatur. Tafeln und Texte. Mit 116 farbigen Abbildungsseiten, München 1983 (Deutscher Taschenbuch Verlag)

Schülerduden. Die Literatur. Ein Sachlexikon für die Schule, (Hg.) Redaktion für Literatur des Bibliographischen Instituts unter der Leitung von Gerhard Kwiatkowski, Mannheim – Wien – Zürich 1980 (Bibliographisches Institut)

Wilpert, Gero von: Sachwörterbuch der Literatur, Stuttgart ⁶1979 (Kröners Taschenausgabe Bd. 231)

Nachbemerkung

Für die mühsame Überprüfung der Zitate danke ich meinem Vater; ein Dankeschön auch an die elf Schülerinnen meines Deutsch-Leistungskurses, die sich für die Erprobung der Unterrichtseinheit als ‚Versuchskaninchen' zur Verfügung stellten!

Syke-Heiligenfelde, April 1989